Histoire

DES FAUBOURGS

DE LA VILLE DE SAINT-OMER

DEPUIS LEURS ORIGINES
JUSQU'AU XXᵉ SIÈCLE

Nombreuses Gravures

DÉPÔT LÉGAL
Pas de Calais
92

Cliché BAURAIN

Une perspective du Faubourg du Haut-Pont

Gravure P. GAULTIER
Boulogne-Pont-de-Briques

Imp. de l'Indépendant
à Saint-Omer

Histoire des Faubourgs

de la Ville de Saint-Omer,

LE HAUT-PONT & LYSEL,

depuis leurs origines jusqu'au XXe siècle.

8° L.k7
41255

Cliché DAURAIN

L'Église Paroissiale des Faubourgs, dédiée à l'Immaculée Conception, 1854-1864

HISTOIRE DES FAUBOURGS

DE LA VILLE DE SAINT-OMER

LE HAUT-PONT & LYSEL

DEPUIS LEURS ORIGINES

JUSQU'AU XXeme SIÈCLE

PAR

L'Abbé Augustin DUSAUTOIR

Bénéficier à la Basilique Notre-Dame,
Membre titulaire
de la Commission des Monuments Historiques du Pas-de-Calais,
de la Société des Antiquaires de la Morinie
et de la Société Française d'Archéologie.

———

GRAVURES CHOISIES

———

SAINT-OMER
IMPRIMERIE DE L'INDÉPENDANT DU PAS-DE-CALAIS
Rue des Clouteries.

Gravures contenues dans ce volume

BIBLIOGRAPHIE

1. Hector Piers. — Histoire des Flamands.

2. Pagart d'Hermansart. — Les anciennes Communautés d'Arts et Métiers.

3. Justin de Pas. — A travers le Vieux Saint-Omer. — Mystères et Jeux scéniques aux XVᵉ et XVIᵉ siècles. — Les Coches d'eau de Saint-Omer vers la Flandre maritime, 17 et 18ᵉ siècles.

4. Nos Histoires paroissiales audomaroises.

AU LECTEUR,

Après avoir, Dieu aidant. mené à bonne fin, depuis vingt ans. nos travaux de « **Vulgarisation d'histoire locale audomaroise** ». dans les « Histoires paroissiales », — le « Guide des Touristes dans Saint-Omer ses environs et son arrondissement », — « Cloche de Victoire et Renouveau français », — « Saint Omer, apôtre de la Morinie et ses successeurs sur les sièges de Thérouanne, de Saint-Omer et d'Arras », — « La Tour Saint-Bertin », et différentes brochures hagiographiques ou d'intérêt social, il nous tardait de les compléter, par l' « **Histoire des faubourgs** », **non moins intéressante et pittoresque. que celle de notre antique cité elle-même.** Le lecteur trouvera d'abord dans ce volume **une étude sur les origines de nos faubourgs.** intimement liées à celles de l'illustre Abbaye de Saint-Bertin, et sur **la langue flamande,** qui constituait leur idiome. — Après avoir évoqué les souvenirs se rattachant aux anciennes paroisses de Saint-Martin et de Sainte-Marguerite, figurant parmi les premiers centres religieux audomarois, **nous décrirons les progrès successivement réalisés. au moyen-âge, pour le dessèchement. la culture et la pêche dans les marais.** où nous verrons à l'œuvre les « Broukaillers » et les « Maraîchers », sous la haute direction de leurs « Grands Maîtres » et de leurs « Connétables ». — **Les services rendus par les Hautponnais** au point de vue militaire, au cours de la Guerre de cent ans et des guerres des XVIᵉ et XVIIᵉ siècles, retiendront ensuite notre attention, ainsi que le **populaire Jaquemart « Mathurin »** sonnant les départs pour la Flandre, des « Barques de marché » de Bergues et de Gravelines,et des « Carrosses d'eau » de Dunkerque. — **En retraçant les destinées de l'antique Église de Sainte-Élisabeth. de 1612 à 1860, et celles de** l'**Église** de **l'Immaculée-Conception**, **édifiée de 1854 à 1868,** nous aimerons alors à rappeler au souvenir reconnaissant des habitants des faubourgs, tout ce qu'ils doivent au zèle apostolique de MM. les Abbés Delerue, Huguet, Macrez, Chanoine Paschal, Abbé Bloëme, Chanoine Soekeel, les Abbés Bret, Décrouïlle, Pillons, Chanoines Delattre et Parent, les Abbés Lesenne et Duquesne, qui, de 1802 à 1923, furent leurs dignes et dévoués pasteurs. **Enfin, nous décrirons la physionomie très différente, les traditions et les mœurs des deux faubourgs du Haut-Pont et de Lysel,** au xixe siècle, d'après une enquête officielle de 1821, et nous donnerons tous les renseignements désirables sur **la 7me section des Wateringues** chargée de veiller au desséchement des marais. **Les pages qui suivront, seront réservées à l'exacte statistique de l'importante exportation des légumes et des fruits de nos marais, à la nouvelle Gare monumentale** et à la parfaite installation de ses services, **aux rues et places** de nos deux faubourgs avec leurs souvenirs locaux et, enfin, aux noms des Édiles audomarois, qui méritent de figurer au « **Livre d'or** » de l' « **Histoire des faubourgs** ».

Dans la seconde partie de notre travail, après avoir fait la description complète de l'église paroissiale au point de vue archéologique et de son mobilier, nous la présenterons comme la « **Maison de Dieu** », grâce au don ineffable de la présence réelle de N.-S. J.-C. au divin Tabernacle, et comme le « **Temple sacré de la Prière** » en général, et, plus spécialement, de la prière par excellence, le Saint Sacrifice de la Messe. — Nous montrerons ensuite, comment cette Église paroissiale reste la « **Source vivifiante de la vie surnaturelle dans les âmes** », par les sacrements reçus dans son béni sanctuaire. — **La Paroisse, « Maison de la famille »,** nous permettra d'évoquer le souvenir du Souverain Pontife, premier père et chef de cette famille, de Nos Seigneurs les Évêques d'Arras, depuis 1802, et des dévoués Pasteurs qui l'ont dirigée dans les voies de Dieu. — Enfin **« la Paroisse », Merveilleuse source d'expansion des œuvres de piété et des œuvres sociales les plus variées,** sera pour nous l'occasion de passer en revue les Œuvres paroissiales de l'Immaculée-Conception au xxᵉ siècle.

Nous terminerons par un mot d'ordre de ralliement autour de l'invincible citadelle de la Paroisse, mot d'ordre que suivront tous ceux qui veulent goûter un peu de vrai bonheur ici-bas. Nous y préciserons le rôle néfaste du respect humain, le méprisable tyran des consciences, qui, nous en avons la ferme confiance, n'aura jamais de prise sur les âmes vaillantes des Paroissiens des faubourgs, convaincus de l'union indissoluble des immortelles destinées de l'Église et de la France sur le terrain paroissial.

On trouvera aussi, à la fin du volume, la liste complète des Enfants des Faubourgs, morts pour la France pendant la Guerre de 1914. Cette liste figure également dans notre volume **« Cloche de Victoire et Renouveau français »,** paru en 1920 et, offert en hommage d'auteur, à chacune des familles ayant perdu l'un des siens au champ d'honneur. Une fois de plus, gloire et merci à nos vaillants défenseurs.

L'Abbé Augustin DUSAUTOIR,

Bénéficier à la Basilique Notre-Dame,
Membre titulaire
de la Commission des monuments historiques du Pas-de-Calais,
de la Société des Antiquaires de la Morinie
et de la Société Française d'Archéologie.

Comme dans nos précédents ouvrages, de nombreuses gravures choisies ornent le texte de l' « Histoire des Faubourgs de Saint-Omer », et le talent de MM. Gaultier, Boitel, Gates et Baurain fait ressortir toutes les qualités de l'œuvre typographique des Ateliers de l' « Indépendant ».

Histoire des Faubourgs

de la Ville de Saint-Omer,

LE HAUT-PONT & LYSEL,

depuis leurs origines jusqu'au xxᵉ siècle.

CHAPITRE I

Les origines des faubourgs audomarois. - Etat actuel de la polémique sur le « Portus Itius de César. - Les Bénédictins se
font les éducateurs des premiers habitants de l'île de Sithiu. -
Influence bienfaisante des moines Cisterciens agriculteurs, de
l'Abbaye de Clairmarais. - Les Morins sont de race Gallo-
Belge et Franque. - Charlemagne à l'Abbaye de Saint-Bertin
et dans l'île de Sithiu. - Les résultats de la guerre qu'il fit en
Saxe. - D'où vient le surnom de « Sarrasins ». - Origines
de la langue flamande. - Importance du Comté de Flandre au
xiᵉ siècle. - La variété des dialectes de France. - Statistique des
idiomes en France, en 1860. - L'ancien idiome Germanique. -
Raisons de la disparition de la langue flamande dans nos
faubourgs. - Une place d'honneur doit être rendue à la langue
flamande. - Reconnaissance à ses vaillants tenants !

**Les origines des faubourgs audomarois du Haut-
Pont et de Lysel** se confondent dans l'Histoire, au
viiᵉ siècle, avec celles de l'illustre Abbaye de Saint-Bertin, restée célèbre entre tous les monastères du nord de
la France, et indignement sacrifiée par le vandalisme
révolutionnaire dont l'influence destructive s'étendit
hélas ! jusqu'en 1835. Seule, la Tour Saint-Bertin,
glorieux souvenir d'un illustre passé, trésor inestimable
pour le présent et superbe pierre d'attente pour l'avenir
projette encore sur notre antique cité son ombre protectrice et séculaire.

Les origines
des Faubourgs
audomarois.

Mandés par Omer, évêque de Thérouanne, sous Dagobert Ier, roi de France, trois religieux de l'Ordre de Saint-Benoît, éminents en sainteté, Bertin, Mommelin et Ébertram, quittèrent la Communauté de Luxeuil (Haute-Saône) et vinrent d'abord s'établir au sommet de la butte, dite aujourd'hui de Saint-Momelin, située entre Watten et le faubourg du Haut-Pont.

La prospérité de cette résidence qui portait le nom de « Vetus monasterium », l'ancien monastère, les obligea bientôt à essaimer et, c'est après avoir remonté, en barque, le cours de l'Aa, non encore canalisée, qu'ils fixèrent providentiellement leur nouveau séjour sur l'emplacement actuel du faubourg de Lysel, dans l'île de Sithiu. Pendant que l'évêque Omer consacrait son monastère à la Vierge Marie sur le sommet de la colline ; de leur côté, ils dédiaient le leur à saint Pierre, en attendant que saint Bertin, après sa mort, en devint lui-même le titulaire.

Etat actuel de la polémique sur le « Portus Itius » de César.

Nous n'avons pas ici à étudier la question tant débattue au siècle dernier entre les représentants du monde savant, et toujours restée insoluble, de l'identification du célèbre « Portus Itius » d'où Jules César, au cours de la conquête des Gaules, de 39 à 51 avant l'ère chrétienne, s'est embarqué pour envahir militairement la Grande-Bretagne, devenue aujourd'hui l'Angleterre. Les villes de Boulogne et de Calais, et les villages de Wissant et de Sangatte ont tour à tour réclamé l'honneur d'avoir été choisis par l'illustre général romain, comme point d'embarquement pour son expédition, et c'est Wissant qui a groupé la majorité des suffrages des historiens et des géologues du siècle dernier. Ce qui est certain c'est que le « Sinus Itius » c'est-à-dire le golfe de Saint-Omer, qui s'étend du littoral du détroit du Pas-de-Calais jusqu'à la vallée d'Arques et de Blendecques limitée par la colline d'Helfaut, a été, en grande partie, avant et sous la domination romaine, et même beaucoup plus tard, envahi par les eaux de la mer. Les craintes légitimées, ces dernières années, par la rupture de la digue moderne de Sangatte, en 1922, rendent cette tradition très vraisemblable.

Quand les Religieux bénédictins prirent officiellement possession du territoire de l'île de Sithiu, toute la vallée de l'Aa n'était composée que de bois et de marécages où les premiers habitants se livraient surtout à l'industrie de la pêche. Sitôt leur arrivée les moines se consacrèrent à l'œuvre du dessèchement et du défrichement des marais, et se firent les dévoués éducateurs des paysans disséminés un peu partout dans de misérables réduits, les initiant aux différents travaux de l'agriculture et à l'amélioration des constructions et du mobilier de leurs habitations tout à fait primitives. L'œuvre sociale accomplie par les Moines Bertiniens auprès des déshérités de ce monde fut également secondée par les Religieux Cirterciens de l'Abbaye de Clairmarais située à l'orée du bois du même nom, qui sépare la Ville de Saint-Omer de la Flandre.

Les Bénédictins se font les éducateurs des premiers habitants de l'île de Sithiu.

Cette célèbre Communauté, fondée vers 1140, eut pour principaux bienfaiteurs le comte Thierry d'Alsace et la comtesse Sybille sa noble épouse, et ce fut saint Bernard lui-même, parcourant les Flandres en attirant à lui les foules par le double et invincible prestige de son éloquence et de sa vertu, qui envoya de Clairvaux douze religieux et l'Abbé Gunfrid pour en prendre la direction. Le monastère cistercien possédait une église remarquable et des bâtiments claustraux parfaitement aménagés ; rien cependant ne trouva grâce devant la pioche sacrilège des démolisseurs de 1793, de sorte que, de nos jours, les audomarois ou les touristes dans leur agréable excursion au bois de Clairmarais n'ont plus sous les yeux que la vaste ferme de l'ancien monastère, dont les murs solidement construits et le colombier monumental sont les seuls vestiges d'un merveilleux ensemble architectural disparu. A Saint-

Influence bienfaisante des moines Cisterciens agriculteurs, de l'Abbaye de Clairmarais.

Bertin la Tour reste toujours et fièrement debout, à Clairmarais les ruines elles-mêmes ont péri. Au cours du présent travail nous étudierons ce que les ancêtres de nos faubouriens audomarois doivent aux deux Abbayes, qui encadraient pour ainsi dire leur terre natale. **On trouvera dans notre volume « Saint Omer apôtre de la Morinie et ses successeurs sur le siège de Thérouanne ».** l'exposé des bienfaits dûs aux Bénédictins et aux Cisterciens, moines civilisateurs par excellence.

L'examen des nombreuses opinions divergentes émises au sujet des premiers habitants des faubourgs nous permet de conclure que, plus probablement, ces derniers sont de race Gallo-Belge mélangée à la race Franque. Ils méritaient avec raison, plus que tous les autres, le nom de Morins, qui, étymologiquement, vient de « Moer, marais », puisqu'ils ne quittaient guère leurs marécages et leurs terrains tourbeux. Certains auteurs ont prétendu que leur langage particulier, tout au moins dans le faubourg de Lysel, les dénonçait comme des descendants d'une colonie saxonne, qu'à la fin du VIIIᵉ siècle, Charlemagne aurait déportée à Sithiu. Il est certain qu'après une guerre acharnée de trente ans menée par Widukind, l'Empereur ayant enfin défait tous ceux qui avaient coutume de lui résister, et les ayant réduits en sa puissance fit enlever dix mille hommes de ceux qui habitaient l'une et l'autre rive de l'Elbe, avec leurs femmes et leurs enfants, et les distribua entre les divers lieux de la Gaule et de la Germanie. **Il est également prouvé que Charlemagne vint à Sithiu** pour visiter l' « École dominicale » de l'Abbaye de Saint-Bertin d'où sont sortis de nombreux missionnaires qui évangélisèrent le pays ; mais, nous ne trouvons dans les manuscrits des anciens historiens bertiniens, Folquin et Ipérius, aucune allusion à une déportation de ce genre dans l'île de Sithiu, devenue plus tard le faubourg de Lysel. De plus, comme l'a fait remarquer un ancien auteur, les Saxons ainsi exilés ayant conservé dans leurs nouveaux milieux leur tempérament rebelle, chez les Flamands facilement portés eux aussi à la révolte, la réunion des deux peuples « d'un diable en avait fait deux ». Or nous verrons bientôt que le tempérament des habitants de Lysel n'a jamais, à travers les siècles, présenté ce caractère violent.

La guerre de Saxe une fois terminée, Charlemagne traita les vaincus avec une générosité qui fut une grande habileté politique. Il leur laissa leurs coutumes et leurs lois ; souvent, il les fit rédiger, et ce fut l'occasion de les amender. Au cours de ses campagnes guerrières, les Missionnaires marchèrent avec les soldats, et c'est ainsi que les Abbayes à côté des forteresses et que les limites des évêchés furent établies d'accord avec celles des comtés. Ainsi furent fondés sous Charlemagne et son successeur Louis le Pieux, les sièges épiscopaux d'Osnabruck, Munster, Verden, Brème, Paderborn, Minden, Halberstadt et Hildesheim. Autour d'eux naquirent des villes et cette organisation de la nation saxonne prépara les destinées de l'Allemagne du Moyen-âge, où la Saxe des Ottons joua un si grand rôle.

Les résultats de la Guerre qu'il fit en Saxe

On s'est demandé aussi pourquoi les Audomarois réservèrent pendant longtemps le surnom de « sarrasins » aux habitants du faubourg de Lysel. Il ne s'agit ici que d'un sobriquet mérité jadis par les faubouriens affectant de vivre isolés des bourgeois de Saint-Omer, qui leur en gardaient rancune. Très heureusement, la fusion et la sympathie sont devenues de nos jours complètes entre les deux catégories de citoyens. C'est la parole de l'Evangile, le « Sint unum » pleinement réalisé.

D'où vient le surnom de « Sarrasins » ?

La langue flamande en usage dans le faubourg de Lysel n'apporte aucune preuve en faveur de l'origine saxonne ou étrangère de ses habitants. Dans un capti-

Origines de la langue flamande.

vant travail sur l' « Idiome audomarois », M. Courtois, secrétaire-archiviste de la Société impériale des Antiquaires de la Morinie, a en effet prouvé que la langue romane et le flamand ou théotisque belge étaient jadis parlés à Saint-Omer et dans ses environs, dans le Bas-Artois, l'ancien Comté de Guînes, le Calaisis, l'Ardrésis, le Boulonnais et même en Picardie, et que le flamand parlé à Saint-Omer était identique à l'idiome des anciens Morins et des Gallo-Belges.

Importauce du Comté de Flandre au XIe siècle.

Au XIe siècle, sous la France féodale, le Comté de Flandre, limité d'un côté par l'Escaut, s'étendait, de l'autre, sur le littoral français jusqu'à la Canche. Il embrassait ainsi la plaine maritime de Gand, Bruges et Ypres, villes flamandes au patois germanique, et le pays « Wallon » où les gens de Lille, Douai, Arras et Saint-Omer parlaient un dialecte contracté et dur, la forme la plus septentrionale et la plus altérée de l'idiome français.

Avec ses grasses prairies entrecoupées de canaux, sa population robuste et exubérante, ses villes déjà bondées de marchands et d'ouvriers, ses nombreux châtelains qui commençaient à former presque partout des lignées héréditaires, ses comtés vassaux de Boulogne, de Guines et de Saint-Pol, la Flandre constituait un fief compact et imposant, que sa situation entre la France, l'Angleterre et l'Allemagne destinait au plus brillant avenir.

La variété des dialectes de France.

La langue parlée par les Français était fragmentée comme leur terre : et le particularisme du dialecte n'était pas moins intense et vivace que celui de la province et du fief. Depuis l'époque Mérovingienne, le latin vulgaire, langue parlée par les Gallo-Romains, se transforma et devint la langue romane. D'un bout à l'autre du territoire national, les dialectes dont se servaient le peuple et les nobles existaient à côté du latin savant que parlait et écrivait le Clergé ; ils étaient plus harmonieux et plus sonores dans le midi, plus assourdis et plus contractés dans le nord. Les différences entre le « Français proprement dit » ou langue d'Oïl, et le « Provençal » ou langue d'Oc, ne s'accusèrent que progressivement.

Il y a de grandes ressemblances entre le flamand, l'ancien saxon et la langue scandinave. Le flamand n'est pas un patois, mais bien un dialecte et un rameau de la langue primitive de la Germanie. — En 1850, M. de Baecker, vice-président du Comité flamand constatait que, malgré les nombreux édits, lois et arrêts lancés à toutes les époques pour interdire l'usage des divers idiomes pratiqués en France, dans le but de leur superposer exclusivement la langue française, les populations persistaient à conserver malgré tant d'obstacles l'emploi de leur langue maternelle. Sur 36 millions de français à cette époque : 19 millions parlaient le français proprement dit, 14 millions le romano-provençal, 1.200.000 l'allemand, 1 million le breton, 200.000 le flamand, 160.000 le basque et 100.000 l'espagnol.

Statistique des idiomes en France, en 1860.

Depuis les bords de l'Aa, en France, jusqu'à l'embouchure de l'Elbe et aux rivages danois de la mer Baltique, quinze millions d'hommes parlent une même langue, en Belgique, en Hollande, dans le Hanovre et le Mecklembourg, dont les variétés proviennent toutes de l'ancien idiome germanique. — L'unité d'orthographe du flamand a été réglée par un décret royal en date du 21 novembre 1864, par lequel le Gouvernement belge a ordonné son application pour l'enseignement du flamand dans les Athénées et les Écoles de l'État, pour les correspondances officielles, pour la traduction des lois et arrêtés et, enfin, pour tous les actes publics émanant des autorités constituées.

L'ancien idiome Germanique.

La population des faubourgs de Saint-Omer très attachée à sa langue et à ses habitudes a conservé son originalité pendant de longs siècles, sans se laisser envahir par l'influence française au milieu de laquelle elle vivait. Comme le fait judicieuse-

Raisons
de la disparition
de la langue
flamande
dans
nos faubourgs.

ment remarquer M. Decroos, président de la Société des Antiquaires de la Morinie, dans une communication au Comité Flamand, en 1906, il faut placer comme causes de la disparition de la langue d'origine dans nos faubourgs 1º l'établissement des écoles exclusivement françaises, le service militaire, ainsi que la suppression de la langue flamande dans les prédications paroissiales. 2º L'influence exercée sur le langage des habitants par l'envahissement de la classe ouvrière audomaroise, attirée par le bon marché des locations, et celui des employés de chemin de fer, dans la seconde moitié du xix⁰ siècle.

Depuis 1860, les jardiniers flamands ont peu à peu construit de nombreuses maisons dans le marais, à proximité de leurs terres et le long de la nouvelle route de Clairmarais. Par suite, leurs déplacements en bateau sont moins grands et la route leur permet de transporter plus facilement leurs légumes à la gare ou en ville. Pour les attelages, les ânes traditionnels sont en voie de disparaître, et sont remplacés par une race de petits chevaux fringants et de bonne allure, en attendant les auto-camions.

Ajoutons que l'absence d'écrits flamands a également contribué à compromettre l'existence de la langue. De plus, il faut reconnaître que si leur idiome est presque perdu, les jardiniers audomarois n'en possèdent pas moins les qualités et les vertus primitives de leur race : religion sincère, moralité, honnêteté, courage, ordre et économie. **Honneur à eux ! Puisse la lecture de leur propre histoire les aider à rester inébranlablement attachés à leurs traditions ancestrales.**

En résumé, la langue flamande encore en usage en Flandre, au xx⁰ siècle, dans les arrondissements d'Hazebrouck et de Dunkerque, n'est plus cette remarquable langue Néerlandaise, qui s'honore encore aujourd'hui de ses nombreux et estimables écrivains. Elle n'est plus qu'une langue « parlée » et, sous cette forme, elle constitue un des nombreux dialectes qui permettent à 15 millions d'hommes de se comprendre, depuis les rives de l'Aa jusqu'aux rivages les plus reculés de la Baltique. Nos jeunes soldats flamands en ont fait l'expérience pendant l'occupation de la Rühr, en 1923. Il existe quatre sous-dialectes se rapportant aux villes de Bailleul, Hazebrouck, Cassel et Dunkerque. Sans pousser à l'extrême, comme certains Belges activistes, secrètement excités par l'Allemagne, notre commune et irréconciliable ennemie, et prêts à oublier leur devise nationale « l'Union fait la force », pour réclamer la flamandisation intégrale de l'Université de Gand, nous sommes d'avis qu'une place d'honneur soit rendue dans les écoles et les universités à la langue flamande, au même titre que les autres langues vivantes, l'anglais, l'allemand, l'italien, etc., dont l'étude est devenue plus nécessaire que jamais pour la plus grande expansion de notre France coloniale et nos bons rapports avec la Belgique flamande, notre fidèle alliée.

Une place d'honneur doit être rendue à la langue Flamande.

La décentralisation. la reconstitution des anciennes provinces et de leur glorieux passé. voilà un excellent programme pour toutes les Fédérations régionalistes, qui surgissent très heureusement de toutes parts, et ont à cœur de travailler sans relâche au relèvement de la France et à sa grandeur, sans porter aucune atteinte à sa parfaite unité.

Aux lecteurs désireux d'approfondir cette intéressante question. nous signalons les noms des vaillants tenants de la cause flamande : MM. Ed. de Coussemaker, Bonvarlet, de Baecker, Abbé Carnel, Chanoine Dehaëne, Abbé Wyckaert, Abbés Van Costenoble et Pruvost, Chanoines Looten, Flahault et Jules Lemire, Abbé Crémon, Henry Cochin, Dr Desmyttère, Tack, E. Cortyl, F. de Coussemaker, Abbé Delanghe, G. Vandembussche, G. Lotthé, J. Beck, Jean Chocqueel, Abbé Decroocq, E. Galloo, Abbé Détrez, A. André, A. Ficheroulle, J. Belle, Chanoine

Reconnaissance à ses vaillants tenants.

Hameaux, Abbé Bellengier, Chanoine Leleu, Abbés
Robitaille, Lescroart et Hauw, sur lesquels on trouvera tous les renseignements désirables dans les Annales
et Bulletins du Comité Flamand de France, et de
l'Union Faulconnier de Dunkerque, et dans le « Beffroi
de Flandre », nouvelle revue régionaliste de la Flandre
Française, qui mérite d'être largement encouragée dans
ses légitimes et énergiques revendications.

Avec l'un d'eux nous concluons volontiers :

La langue, c'est le peuple, et le peuple, c'est la langue :
Et l'idiome flamand, c'est tout le sang flamand :
La délicatesse d'un goût fin,
La fierté d'un grand caractère,
La piété qui monte en prières
Comme la fumée d'un encensoir d'argent,
Le génie national avec la noblesse des mœurs :
Tout cela se trouve dans le flamand, ma langue maternelle.

CHAPITRE II

Ce qu'était primitivement le Faubourg du Haut-Pont. - Description de l'île de Sithiu, dite, plus tard, de Lysel. - Les origines
du jardinage dans les marais. - Le marais et les « Mottes
sarrasines » refuge en cas d'alerte. - La Porte d'eau, dite « de
l'Abbé ». - Création de la Paroisse de Saint-Martin-en-l'Ile. -
Les origines de la Paroisse Sainte-Marguerite. - Chartes
anciennes. - Fondation de la Communauté des Tertiaires, dites
Sœurs de Sainte-Marguerite. - Le clocher paroissial était le
plus élevé de la ville. - Les Sœurs hospitalières dites du
« Soleil » et les Franciscaines de Sainte-Catherine de Sion. -
Le « Refuge » des Moines de Clairmarais. - Les sceaux des
paroisses. - Les Confréries des Bateliers et des Maraîchers. -
Une tradition carnavalesque.

**Le faubourg du Haut-Pont tire son nom d'un
pont très élevé,** qui se trouvait à l'endroit du pont
rouge actuel, près de la place du Caspel, et dont l'élévation permettait aux bateaux de passer sous son arche,
toutes voiles dehors. Le mot « Hautpontais », s'il était
donné à ses habitants, serait donc plus en rapport avec
ses origines que celui de « Hautponnais ». Primitivement, ce faubourg comprenait non seulement, comme
de nos jours, les deux rives de l'Aa canalisée, mais
encore un étroit quartier dit de « Malevaut », où se trouve
maintenant les rues de Metz et de Belfort, et même le
bas quartier de la ville, à l'intérieur des murailles, autour
de la place nommée encore actuellement « Place du
Haut-Pont ». Ce dernier quartier comprenait le bas de
la rue de Dunkerque et s'étendait au nord jusqu'à la
rue du Soleil, englobant les rues adjacentes, y compris
le tronçon de la rivière d'Erbostade, dite plus tard des
Tanneurs, depuis le débouché de la rue du Soleil jusqu'à la place du Haut-Pont. L'activité commerciale qui

animait la rivière de l'Aa au moyen-âge favorisa de bonne heure la construction, le long des berges, de nombreuses habitations et hôtelleries. Il est vrai, comme nous le fait remarquer M. Justin de Pas, dans son curieux volume « A travers le vieux Saint-Omer », supérieurement documenté, que les faubourgs étaient ordinairement gênés dans leur extension par leur situation en dehors des abris des fortifications, et par conséquent plus exposés aux incursions de l'ennemi ; mais, ici, la rivière formait un abri naturel, et l'Histoire nous apprend qu'en général les grandes attaques de la ville ne vinrent pas de ce côté. Nous étudierons plus loin les vicissitudes par lesquelles passèrent nos faubourgs du fait des guerres continuelles et des fréquentes inondations.

Dascription de l'île de Sithiu, dite, plus tard, de Lysel.

De son côté, le faubourg de Lysel est ainsi appelé, de l'ancien quartier de « l'Ile » ou « l'Isle », comprenant l'île formée par la rivière de l'Aa qui, à son entrée dans la ville, actionne d'abord l'ancien moulin de l'Abbaye de Saint-Bertin, puis se sépare en deux bras, dont l'un suit les rues des Moulins, de l'Abbaye et la place du Vinquai ; l'autre oblique à l'est, longe les façades des immeubles particuliers donnant sur le côté Est du square Saint-Bertin, le mur du quartier du 6ᵐᵉ régiment de Chasseurs à cheval et remonte ensuite, sous la rue François Ringot, pour aboutir au canal de la Massue au coin du quai des Salines. C'est cette île qui, sur le conseil du saint évêque Omer fut donnée, au VIIᵉ siècle, par Adroald le seigneur converti au christianisme, à saint Bertin et ses compagnons pour fonder l'Abbaye, gloire et protectrice de notre région pendant onze siècles.

La fondation de l'Abbaye de Saint-Bertin fut pour le nord de la Morinie un imménse bienfait. Ce monastère s'éleva aux bords de nos marais comme un phare, qui rayonna sur ces contrées sauvages et presqu'inaccessibles, la lumière de la foi chrétienne et, avec elle, celle de la civilisation et de l'industrie. Elle fut le premier centre de population dans la ville de Saint-Omer qui ne tarda pas à rivaliser avec la ville de Thérouanne comme place de guerre ou comme cité marchande. C'est sur les conseils des religieux de Saint-Bertin que, sans abandonner complètement leur métier de « francs pêcheurs » dans l'étang de la Grande Mer et ses environs, moyennant une modique redevance, les habitants des faubourgs commencèrent à s'occuper de jardinage et prirent le nom de Brouckaillers. C'est ainsi qu'ils apprirent à dessécher leurs terrains marécageux en y élevant des digues et en y ouvrant des watergands et des fossés pour l'écoulement des eaux.

En 850, les Annales Bertiniennes constatent que l'Abbaye comptait déjà, dans les limites du territoire du marais de la rive droite, de nombreux jardins cultivés non pas par des serfs, mais par des « Prébendiers » qui louaient leur travail pour un salaire consistant en une prestation en nature et, le plus souvent, en un coin de terre qu'on leur abandonnait à titre de prébende pour leur entretien et celui de leur famille. Aussi les maraîchers de Lysel et du Haut-Pont ont-ils toujours joui des mêmes libertés et des mêmes privilèges que les habitants de la ville. En revanche, celle-ci les compta toujours au nombre de ses plus vaillants défenseurs.

Au moment des invasions normandes, au IXᵉ siècle, à l'approche de l'ennemi, les habitants des faubourgs emportèrent tout ce qu'ils possédaient de précieux et se réfugièrent, en barque, au fond de leurs marécages et du bois de Clairmarais, suivant en cela l'exemple des Morins leurs ancêtres fuyant jadis devant la conquête romaine dirigée par César, qui regardait ces derniers comme les hommes les plus éloignés du monde civilisé : « Extremi hominum Morini », dit-il, dans ses « Commentaires sur la guerre des Gaules. »

Dans les cas d'alerte et lorsqu'ils étaient prévenus à temps par des signaux à feux allumés par des guetteurs sur les hauteurs voisines, les paysans de la Morinie se retiraient derrière de grands monceaux de terre faits de terrain bien battu et qu'on appela plus tard « Mottes Sarrasines ». Ces mottes étaient rondes, finissaient en pointe et étaient revêtues d'un retranchement. On s'en servait comme de forts en les environnant d'archers ou d'arbalétriers qui, en s'élevant les uns au-dessus des autres, pouvaient tirer sans s'incommoder mutuellement.

Jusqu'à la fin du XIIIe siècle, le commerce fluvial, dit M. Justin de Pas, se faisant au moyen de bateaux jaugeant moins de quatre tonneaux, on déchargeait des vins sur le « Vinquai », des fagots, sur le rivage des « packes », ancienne rue de l'Arsenal, et des arbres et autres marchandises, rue de l'Abbaye, dite alors quai du « Staboem ». Pour alimenter les fossés des fortifications, on pratiqua de bonne heure une sortie des eaux qui, surmontée d'une voûte des remparts, devint une porte d'eau « Waterporte de l'Isle ou de la Flotte ». Elle se trouvait un peu à l'est de la porte de Lysel, construite au 18e siècle pour donner une issue à cette partie de la ville autrefois complètement fermée. Quant à la porte d'entrée de la rivière l'Aa, au moulin de Saint-Bertin, elle était flanquée d'un passage carrossable, affecté à l'usage exclusif des religieux, pour leur donner accès direct aux propriétés de l'Abbaye en banlieue et, en particulier, à Arques. Ce passage portait le nom de Porte de « l'Abbé ».

Les Abbés de Saint-Bertin ne se contentèrent pas, dès l'origine, d'être la Providence des Faubouriens au point de vue matériel, ils prirent surtout à cœur de pourvoir à leurs besoins spirituels. L'église du monastère, successivement consacrée à saint Pierre et à saint Bertin, devant être réservée uniquement pour les offices des religieux, l'Abbaye fit construire au seuil du monastère une petite église dédiée à saint Martin, et destinée à servir de paroisse aux habitants des faubourgs. Ce petit édifice fut à plusieurs reprises détruit par les Normands ou les incendies, très nombreux à cette époque où les constructions en bois étaient ordinairement recouvertes de chaume.

Le culte de saint Martin, apôtre des Gaules. et resté l'un des principaux patrons de la France contemporaine, qui l'honore tout spécialement dans la Basilique de Tours, était très suivi aux premiers siècles du Christianisme. De nos jours, dans le diocèse d'Arras, saint Martin est encore titulaire de 167 autels, et le patron de 3.075 paroisses de France. L'église de « Saint-Martin-en-l'Ile » servit primitivement pour les deux faubourgs et elle subsista jusqu'à la Révolution française. La rue Saint-Martin, dans Lysel, rappelle encore présentement son souvenir.

Au XIe siècle, la population des faubourgs s'était considérablement accrue, il fallut songer, en 1070, à créer une seconde paroisse qui portait le nom de Sainte-Marguerite et s'étendait au centre et au nord de la ville sur un territoire aujourd'hui partagé entre les paroisses du Saint-Sépulcre et de Saint-Denis. La nouvelle église se trouvait sur la place actuelle de Sainte-Marguerite et fut construite à frais communs par l'Abbaye de Saint-Bertin et un groupe de marchands audomarois faisant le trafic avec l'Angleterre. Héribert, Abbé de Saint-Bertin, et l'Abbé de Saint-Riquier, ayant été arrêtés à Wissant par une violente tempête, au cours de leur ambassade en Grande-Bretagne, où ils allaient défendre les intérêts bertiniens auprès de Guillaume, comte de Normandie, firent en effet le vœu d'élever un sanctuaire à sainte Marguerite, très honorée alors pour la protection spéciale qu'elle accordait aux navigateurs traversant le détroit. On affecta à cette nouvelle paroisse, toutes les habitations à gauche de l'Aa, soit dans l'intérieur de la cité, soit dans le faubourg du Haut-Pont, jusqu'au Bac de Saint-Momelin. D'autre part, on laissa à la juridiction de la paroisse Saint-

Les origines de le Paroisse Ste-Marguerite.

Martin-en-l'Ile, ainsi désignée pour la distinguer d'une autre église du même nom, construite par le saint évêque Omer lui-même, au vii* siècle, et située en dehors de la Porte Boulenisienne, à l'entrée du Jardin public actuel, tout ce qui était sur la rive droite de la rivière, en ville et dans le faubourg de Lysel. C'est ainsi que saint Martin et sainte Marguerite et, plus tard, saint Georges patron des combattants, saint Jacques patron des bateliers, et sainte Cécile furent, de tout temps, très honorés par les habitants de nos faubourgs.

Les paroisses de Sainte-Marguerite, de Saint-Martin et de Saint-Jean-Baptiste dépendaient du Patronat de l'Abbaye de Saint-Bertin, tandis que celles du Saint-Sépulcre, de Saint-Denis et de Sainte-Aldegonde étaient placées sous celui du Chapitre de la Collégiale de Saint-Omer.

Chartes anciennes. **Voici l'énumération de quelques chartes anciennes concernant l'Histoire de la Paroisse Sainte-Marguerite.** — En 1095, le Pape *Urbain II* confirme à l'Abbaye de Saint-Bertin par une bulle-privilège, la possession de l'autel de Sainte-Marguerite. — En 1121, *Pierre* cardinal légat du Saint-Siège, approuve les conventions entre l'Abbé Lambert et le clerc Gunzdinus au sujet du cens dû par ce dernier pour l'église de Sainte-Marguerite. — En 1181, le Pape *Alexandre III* autorise l'Abbé Simon à donner un successeur à Manassès, curé de Sainte-Marguerite, qui, devenu chanoine, veut faire desservir sa paroisse par un simple chapelain. — En 1193, *Jean de Seninghem* donne à l'Abbaye Bertinienne une terre située sur le territoire de Sainte-Marguerite, en reconnaissance des services rendus à sa famille pendant la croisade. — En 1208, *Pierre*, gardien de Sainte-Marguerite, signe l'acte de cession de deux terres, sur les rives de l'Aa, à Saint-Bertin, pour la célébration d'un anniversaire pour les père et mère de Gison de Clusa et d'Agnès, son épouse. — En 1227, le 5 mars et le 27 juin, les Souverains Pon-

L'Église   Sainte-Marguerite
anciennement   paroisse   des   Faubourgs.

Cliché BOITEL

MATHURIN

Jaquemart en bois, du XVIIe siècle

tifes *Honorius III* et *Grégoire IX* confirment, dans un privilège consistorial, les droits de patronat de l'Abbaye de Saint-Bertin sur Sainte-Marguerite. — En 1262, les curés de Sainte-Marguerite et de Saint-Martin-en-l'Ile sont chargés par l'Official de Cambrai de faire comparaître devant eux le bailli, le mayeur et les échevins de Saint-Omer, pour y répondre au sujet de leurs empiètements sur la juridiction de Saint-Bertin. — Nous voyons, en 1283, l'*Abbé Walter* adopter, avec les curés des trois paroisses urbaines de son patronat, un règlement relatif à la sépulture des associés, hommes et femmes, qui faisaient partie de la Confrérie, dite de la « *Charité Saint-Bertin* » et au partage des oblations et des cires, présentées à cette occasion soit dans le monastère, soit dans les paroisses, au choix des mourants et de leur famille.

C'est vers 1350 que vint s'établir près de l'église et du cimetière de Sainte-Marguerite. une communauté de jeunes filles pieuses qui, sans se lier par aucun vœu de religion, prirent cependant l'habit de saint François et *adoptèrent la règle du Tiers-Ordre* sous la conduite d'une supérieure. En 1388, les ferventes tertiaires afin d'arriver à une plus grande perfection, firent, au nombre de sept, des vœux solennels en présence du Père visiteur du Tiers-Ordre de Saint-François, délégué lui-même de l'évêque de Thérouanne, qui conservait la haute juridiction sur leur communauté. En 1447, les religieuses de Sainte-Marguerite furent admises à la participation de tous les mérites des bonnes œuvres des frères du Tiers-Ordre. Le *Pape Martin V* en réglant leur situation vis-à-vis des Frères mineurs et le Curé de Sainte-Marguerite, leur accorda une chapelle avec le privilège d'y conserver le Très Saint Sacrement et, en 1464, *Henri II de Lorraine*, évêque de Thérouanne, promulgua pour elles la bulle du Pape Pie II leur donnant participation à toutes les grâces accordées par lui et ses prédécesseurs aux religieux de Saint-François

Fondation
de la communauté
des Tertiaires,
dites
« Sœurs de Sainte-
Marguerite ».

dits de la stricte observance. *La vie régulière* que menaient les Sœurs de Sainte-Marguerite leur attira la protection des supérieurs ecclésiastiques qui vinrent souvent à leur secours, car le couvent, fidèle aux traditions franciscaines, était fort pauvre.

L'année 1369 vit s'élever sur la tour paroissiale de Sainte-Marguerite, une imposante flèche de pierre qui, par sa hauteur (117 pieds), surpassait toutes les autres flèches des monuments religieux de la ville. *Ce clocher* dans le style de celui de l'église Sainte-Aldegonde, aujourd'hui aussi disparu, et de celui de l'église du Saint-Sépulcre, réédifié en 1891, *fut abattu* le 26 thermidor de l'an II *par le vandalisme révolutionnaire*, au nom des trop fameux principes égalitaires. La merveilleuse élévation de ce gracieux trait-d'union entre le ciel et la terre, offusquait probablement les pygmées de la libre pensée sectaires et persécuteurs sous tous les régimes.

La Communauté des *Sœurs* dites « *du Soleil* » fondée en 1320, par l'illustre famille de Sainte-Aldegonde, dans le faubourg du Haut-Pont, et dont nous avons parlé dans notre ouvrage sur la Paroisse du Saint-Sépulcre, appartint à la paroisse de Sainte-Marguerite jusqu'en 1578, époque où elle fut transférée en ville, dans la rue actuelle « du Soleil » où se trouve, de nos jours, la *Maison de retraite* des Frères des écoles chrétiennes. Ces religieuses étaient tenues de nourrir un certain nombre de pauvres et d'héberger les voyageurs sans ressources. Les distributions de soupe qu'elles faisaient chaque jour aux nécessiteux, leur valut le nom de « Sœurs à la soupe ».

Les Sœurs Franciscaines de Sainte-Catherine, de Sion, établies en 1433, au Haut-Pont, furent également paroissiennes de Sainte-Marguerite jusqu'en 1549, époque où elles furent admises en ville. Le suffragant de Thérouanne, *Louis Widebien*, évêque de Ghebel *(in partibus)*, avait béni solennellement leur chapelle en 1511, dans le faubourg. C'est grâce à la protection de *Valentin de Pardieu*, seigneur de la Motte et gouverneur de Gravelines, qu'elles purent s'installer *(intrà muros)* sur la paroisse du Saint-Sépulcre, dans l'emplacement aujourd'hui limité par le côté droit de la rue basse Le Sergeant, la rue Courteville du numéro 34 au numéro 50 et une rue actuellement disparue et qui coupait la propriété des religieuses de Notre-Dame de Sion jusqu'à la rue Édouard Devaux.

C'est aussi sur le territoire de Sainte-Marguerite que se trouvait le « Refuge » de la célèbre *Abbaye de Clairmarais*, l'une des plus anciennes de l'Ordre de Cîteaux. Autrefois les moines des abbayes et des couvents situés dans les campagnes se retiraient dans les villes, en temps de guerre, et ils y avaient, en propriété, des maisons, dites *« Maisons de refuge »*. Ce *« Refuge »* que nous voyons désigné dans un acte de 1492, sous le nom de « Maison de pierre des moines », se trouvait dans la rue dite aujourd'hui du « Quartier de Cavalerie ». Son ancien jardin est en partie occupé par le manège de la caserne du 6ᵉ Chasseurs construit en 1824. Il s'étendait jusqu'à la place du Vinquai et jusqu'à l'esplanade de la caserne qui sert aux exercices de la cavalerie. Cette esplanade constituait, au moyen-âge, un marais communal appelé *Wyn-brouck*, marais au vin, à cause des quais de l'Aa, à proximité, où se déchargeaient les vins et autres marchandises sous le contrôle et les murs mêmes de l'Abbaye de Saint-Bertin. — Une charte de Robert d'Artois, frère du roi saint Louis, céda, en 1268, aux religieux de Clairmarais, l'emplacement dit la *« Motte de la Warenne »*, pour agrandir leur *« refuge »* et leur permit de construire un pont sur l'Aa, moyennant une légère redevance annuelle. L'origine de ce refuge remonte donc aux premiers temps de l'Abbaye Cistercienne. — Rappelons que les religieux de Clairmarais honoraient *sainte Marguerite* d'un culte spécial et que des reliques de cette sainte se trouvaient expo-

Le « Refuge »
des Moines
de Clairmarais.

sées dans leur splendide église abbatiale, sur l'autel situé dans le chœur, derrière le maître-autel.

Les sceaux des paroisses.

Dans les actes passés au xve *siècle,* le sceau de la paroisse *Sainte-Marguerite* représente la patronne de l'église foulant aux pieds le dragon qu'elle châtie d'une sorte de discipline; sur celui de *Saint-Martin-en-l'Ile,* on voit saint Martin l'Apôtre des Gaules, nimbé.

Les Confréries des Bateliers et des Maraîchers.

Parmi les Confréries qui avaient leur siège dans l'église de Sainte-Marguerite, nous trouvons celle *des Bateliers,* des faiseurs de bateaux et des bélandriers qui avaient adopté saint Jacques comme patron commun. Ce dernier avait une chapelle spéciale. Les bateliers portaient à la procession du Très Saint Sacrement, quatre grands mâts peints au bout desquels étaient adaptés quatre vaisseaux en miniature, gracieusement enjolivés, et ils marchaient trois par trois, dans l'ordre de leur entrée au métier. De leur côté les faiseurs de bateaux qui logeaient dans le faubourg du Haut-Pont, où une rue rappelle encore leur souvenir, portaient dans le cortège, au haut d'une perche, un petit bateau sur le pont duquel se trouvaient représentés des charpentiers. Le mât du petit navire constituait la chandelle de la Confrérie. *Les Bélandriers* faisaient le service des transports par eau entre Saint-Omer et Dunkerque trois fois par semaine. *Les Broukaillers ou maraîchers,* eux aussi, se réunissaient à l'église de Sainte-Marguerite dans la chapelle de Saint-Fiacre, leur patron, qui était administrée par des confrères. Les « *Plackeurs de terre* » (constructeurs en torchis) avaient pris saint Louis comme patron et faisaient, chaque année, célébrer à 7 heures du matin, le lendemain de la procession, une messe dans l'église Sainte-Marguerite pour les défunts de la Confrérie ; les membres qui manquaient, sans raison grave, à cet office, étaient passibles d'une amende de 12 deniers.

La Corporation des Brouetteurs.

Enfin, c'est également à Sainte-Marguerite que se groupait *la Corporation des Brouetteurs.* Ces derniers qui habitaient dans le quartier voisin du Haut-Pont, aux environs de la rue dite encore, actuellement, de « *la Brouette* », étaient officiellement chargés des petits transports et se servaient à cet usage de brouettes et de charrettes. — Ils figuraient, en corps, aux processions, et firent placer, en mars 1418, une nouvelle statue de la Sainte Vierge, sur le marché, contre la halle des cordonniers.

Les ouvriers de ce métier avaient le privilège d'organiser, chaque année, le mardi-gras, un cortège carnavalesque, connu sous le nom populaire de « *Papa Lolo* », que les garçons brasseurs et les portefaix continuèrent jusque dans les dernières années du XIXe siècle. Cette exhibition burlesque de « Papar ». c'est-à-dire, « Bébé-Lolo », s'entretenait par une fondation de six pots de lait réduit en bouillie, faite, jadis, à la Confrérie de la Très Sainte Trinité pour la rédemption des captifs, établie dans l'église Sainte-Marguerite. Elle a seulement cessé de parcourir nos rues à la fin du XIXe siècle. Le cortège composé d'une charrette recouverte d'une toile blanche ornée de fleurs, dans laquelle se trouvaient deux portefaix déguisés en bébé et en nourrice, escortés de plusieurs quêteurs travestis et dansant comme des ours sous le fouet de leurs gardiens vêtus de blancs et coiffés de bonnets de coton. Il a disparu sans laisser de regrets, comme étant vraiment d'un autre âge.

CHAPITRE III

Evénements paroissiaux aux xvie et xviie siècles. - Transformation
du couvent des Franciscaines qui adoptent la règle de Saint
Dominique. - Les Confréries de « Notre-Dame de Charité »
et de la « Rédemption des captifs » à la paroisse Sainte-Mar-
guerite. - Saint Fiacre et les jardiniers. - Visite canonique de
Mgr Louis-Alphonse de Valbelle. - Destinées de la maison
des Dominicaines de Sainte-Marguerite. - Etablissement des
Frères des Ecoles chrétiennes, en 1719, à Sainte-Marguerite. -
Les Frères, grands bienfaiteurs de la classe ouvrière. - Derniers
souvenirs des paroisses de Sainte-Marguerite et de Saint-Martin.
- La paroisse Saint-Martin-en-l'Ile, d'après les chartes. - Les
Bénédictines Bertiniennes au xiiie siècle. - Le droit d'asile à
Saint-Martin. - Les « Recluses » audomaroises. - Reconstruction de la tour paroissiale en 1492. - Légitimes revendicatione
des habitants des faubourgs pour obtenir une église paroissials
sur la place de « la Ghière ». - Honneur aux dévoués Hautponnais. - Partage des territoires des deux paroisses.

<table>
<tr><td>

Evénements
paroissiaux
aux XVIe
et XVIIe siècles.

</td><td>

En 1507, on installa dans l'église de Sainte-Margue-
rite *des fonts baptismaux* du poids de 3.500 kilos, en
métal, qui furent fondus à Tournai. — Seize curés se
succédèrent dans cette paroisse, de 1525 à 1710, et c'est
à partir de 1585, comme pour Saint-Denis, Sainte-Alde-
gonde et Saint-Sépulcre, qu'il n'y eut plus qu'un seul
curé titulaire au lieu de deux.

</td></tr>
<tr><td>

Transformation
du couvent
dss Franciscaines
qui adoptent
la règle
de
Saint Dominique.

</td><td>

**En 1564, le 24 mai, l'Evêque Gérard d'Haméri-
court consacra la nouvelle chapelle des Sœurs du
Tiers-Ordre de Saint-François,** établies en 1350, nous
l'avons dit, sur le cimetière de la paroisse Sainte-Mar-
guerite. De nombreuses indulgences furent attachées à
la visite de cette chapelle, dans la pierre d'autel de
laquelle *les reliques de sainte Marguerite,* patronne du

</td></tr>
</table>

couvent, furent scellées par le prélat consécrateur. A la même époque, Gérard ordonna aux religieuses domini- caines, dites du Saint-Esprit, exilées après la complète destruction de Thérouanne, de se réunir aux Sœurs franciscaines de Sainte-Marguerite, et bientôt la Communauté entière quitta les livrées franciscaines pour prendre la robe blanche des enfants de Saint Dominique. L'évêque assura au couvent qui était très pauvre, une rente annuelle de 400 florins et obtint du roi d'Espagne Philippe II que les biens des religieuses du Saint-Esprit, de Thérouanne, reviendraient au couvent audomarois de Sainte-Marguerite.

L'évêque *Jean de Vernois*, 1591-1599, qui était domini_ cain, favorisa toujours ses consœurs de la communauté de Sainte-Marguerite et leur continua les munificences de Gérard d'Haméricourt qui, en 1573, avait béni solennellement les abbés de Lobbes, d'Auchy et de Samer-au-Bois, dans leur chapelle particulière.

En 1596, la paroisse Sainte-Marguerite prit part aux prières solennelles demandées, en action de grâces, par le cardinal Albert d'Autriche, gouverneur des Pays-Bas, vainqueur à Calais et à Ardres, qui passa une vingtaine de jours à Saint-Omer.

En 1611, *Mgr Blasœus*, procéda à la bénédiction de huit nouvelles cloches destinées au beffroi de Sainte-Marguerite. Depuis 1523, par suite de la décision de *Florys d'Egmond*, lieutenant général de l'empereur, aux Pays-Bas, le guet du jour se faisait sur cette dernière tour au clocher si remarquable, tandis que la tour Saint-Bertin servait au guet nocturne. — En 1626, un religieux de Saint-Bertin, *Charles Delattre*, fonda à Sainte-Marguerite, un obit annuel, dit de Saint-Charles, auquel deux religieux de l'abbaye assistaient régulièrement. — En 1648, Mgr Christophe de France, approuva la Confrérie dite de *Notre-Dame de Charité*, dont une bulle du Pape Innocent XI avait confirmé, en 1647, l'érection dans la chapelle consacrée à sainte Anne. —

Les Confréries de « *Notre-Dame de Charité* » et de la « *Rédemption des Captifs* » à la paroisse Sainte-Marguerite.

Cette confrérie avait, jadis, placé une statue de Notre-Dame et un tronc dans la rue du Mortier (rue Guil_laume-Cliton). Le règlement fut imprimé en 1648, sous le titre de « La couronne des douze étoiles de Notre-Dame ». Les confrères récitaient un chapelet spécial à 12 grains. L'année 1657 vit l'établissement par *Robert Roberti*, curé de la paroisse, de la *Confrérie de la Très Sainte Trinité*, pour la rédemption des captifs. Les confrères portaient le scapulaire, aux trois couleurs, encore en usage aujourd'hui, et professaient une dévotion spéciale aux saints *Jean de Matha* et *Félix de Valois*, fondateurs de l'ordre dit de « la Merci », qui a tant contribué à la disparition de l'esclavage. Les indulgences à gagner étaient considérables.

Saint Fiacre et les jardiniers. En 1678, par une commune entente entre les administrateurs de la Confrérie paroissiale de Saint-Fiacre et les maraîchers des faubourgs, les statuts de cette confrérie furent révisés. C'est cette même confrérie qui a été transportée dans l'église du Haut-Pont au xixe siècle. Nous voyons le Pape Sixte-Quint accorder, en 1598, des indulgences à la Confrérie du Très Saint-Sacrement, dont le siège était à Sainte-Marguerite. — La Confrérie du Saint-Sacrement, érigée à Saint-Sépulcre, en 1551, sous l'Empereur Charles-Quint, était la plus ancienne de la région.

Visite canonique de Mgr Louis-Alphonse de Valbelle. Enfin, le 12 août 1696, *Mgr de Valbelle,* qui avait le titre de conseiller du Roi en ses conseils privés et d'Etat, et celui de maître de l'oratoire de Sa Majesté Louis XIV, fit la *visite solennelle et canonique* de l'église Sainte-Marguerite. A cette occasion, on inaugura un nouveau tabernacle, on plaça le banc des marguilliers sous le jubé et les portes du cimetière, autour de l'église, furent renouvelées.

Nous avons vu, au xvie siècle, les Religieuses Franciscaines de Sainte-Marguerite adopter la règle de Saint-Dominique. Le 27 mars 1629, *Mgr Pierre Paunel,* évêque de Saint-Omer, révisa le règlement de cette Communauté et fit prononcer à ses membres le vœu de pauvreté absolue. De son côté, *Mgr Morlet*, en 1633, établit la clôture pour les religieuses et se chargea des dépenses entraînées par cette nouvelle mesure. *Mgr de France* encouragea également beaucoup la Communauté de Sainte-Marguerite ; mais, malgré leur désir de s'affilier au grand ordre dominicain, les religieuses durent rester sous la juridiction épiscopale, conformément à la décision du Concile de Trente. Jusqu'à la Révolution, *les Pères dominicains* continuèrent à être les aumôniers de la maison. On ensevelit, en 1638, dans la chapelle, Agnès de Wissocq, religieuse professe, décédée à l'âge de 19 ans.

Parmi les nobles sépultures de la paroisse Sainte-Marguerite, nous citerons celle de Thomas Liot et de Jeanne de Moncheaux, son épouse, qui firent construire en 1528, la chapelle dite de « *Sainte-Croix* », dont le vitrail reproduisait les noms et les armoiries des fondateurs — et celles d'*Anne Liot de Walle* et d'*Antoinette Vaillant*, épouse de *Jacques-Bernard Liot d'Eglegatte*, inhumées dans la même chapelle de famille, « *Sainte-Croix* ».

C'est sur le territoire de la paroisse Sainte-Marguerite, dans une maison bâtie sur une partie du cimetière de cette paroisse, que *le Frère Barthélemy*, premier supérieur général des Frères des Ecoles chrétiennes vint établir, en 1719, quatre de ses religieux, *les Frères Bernardin, Clément, Hyacinthe et Zozime*. La population fit un chaleureux accueil à ces éducateurs modèles qui, pendant près de deux siècles, furent chargés de l'enseignement de la jeunesse ouvrière à Saint-Omer. Aux deux premières écoles, l'une à Sainte-Marguerite et l'autre dans le cloître de la cathédrale, sous la salle capitulaire, portant le nom d'école de Sainte-Aldegonde, l'on dut bientôt ajouter une troisième école de Frères, sur la paroisse du Saint-Sépulcre. Les Frères comptaient déjà *600 élèves* en 1725, et les Evêques de

Destinées
de la maison
des Dominicaines
de
Sainte-Marguerite.

Etablissement
des Frères
des
Ecoles chrétiennes
en 1719,
à Sainte-Marguerite.

Saint-Omer, de concert avec la Municipalité, encouragèrent toujours les fils dévoués de Saint Jean-Baptiste de la Salle dans leur admirable mission, toute gratuite, auprès des enfants du peuple. Bientôt les Frères construisirent également un pensionnat payant, pour les jeunes gens de la classe aisée de la ville et des environs. En 1765, un incendie ayant détruit cette maison, maîtres et élèves trouvèrent un refuge provisoire au Collège anglais, rue Saint-Bertin.

Les Frères, grands bienfaiteurs de la classe ouvrière.

Le pensionnat et l'école des Frères de Sainte-Marguerite bientôt reconstruits, retrouvèrent, sans tarder, une nouvelle prospérité. Leurs services appréciés de tous, et leur popularité universelle ne devaient pas sauver cependant les Frères, du naufrage révolutionnaire. Comme le fait justement remarquer *M. le chanoine Bled*, dans sa brochure publiée en 1906 sur « *les Frères des Écoles chrétiennes* », la même haine de l'Église et de Dieu qui a inspiré, au xxe siècle, les promoteurs des lois proscriptives et sectaires contre l'enseignement congréganiste, animait, il y a plus de cent ans, les grands ancêtres dans leurs lois iniques de confiscations, d'exil et de mort. Comme les prêtres et les autres religieux, *les Frères* refusèrent de prêter le serment schismatique et durent quitter leurs écoles. *Ils étaient dix-sept* au moment de leur départ pour l'exil, en 1792. Cet exil devait durer douze ans, au plus grand détriment de la jeunesse audomaroise. La maison des Frères de Sainte-Marguerite resta propriété communale.

Derniers souvenirs des paroisses de Sainte-Marguerite, et de St-Martin-en-l'Ile.

Les derniers curés de la paroisse Sainte-Marguerite furent MM. Roty, Isaert et Sockeel. — Le 10 août 1790, les Administrateurs du district procédèrent à l'inventaire de la maison des Sœurs de Sainte-Marguerite. A la fermeture de cette communauté paroissiale, les religieuses étaient au nombre de vingt-trois.

Le dernier curé de Sainte-Marguerite, *M. Sockeel*, mourut, au Haut-Pont, en 1807, après avoir rempli les fonctions de vicaire général. La Révolution rasa com-

plètement son église paroissiale dont nous avons reproduit une gravure dans ce volume, d'après le plan en
relief de la ville de Saint-Omer, moulé par les ingénieurs du roi, à la fin du XVIIIe siècle et, présentement,
encore exposé dans les combles de l'Hôtel des Invalides,
à Paris. On reconnaîtra que la véritable place de ce
plan est au musée de Saint-Omer, puisse la Municipalité obtenir, bientôt, son retour dans son vrai milieu.

La seconde paroisse des faubourgs, Saint-Martin-en-
l'Ile est également citée dans l'Histoire audomaroise,
dans les circonstances suivantes : Dans une charte de
1095, le Pape *Urbain II* mentionne l'église *Saint-Martin*,
comme faisant partie du patronat de l'Abbaye de Saint-
Bertin, et en 1163, le 26 mai, le Pape *Alexandre III* y
fait aussi allusion, dans une bulle consistoriale. *Symon*
curé de Saint-Martin, sert de témoin à Eustache, fils de
Lidbert de Quelmes, qui donne, en 1145, dix mesures
de terre à Saint-Bertin ; de son côté, en 1175, le curé
Radulfe signe l'acte par lequel Richard, archevêque de
Cantorbéry, reconnaît aux religieux de Saint-Bertin la
possession de l'église anglaise de Thrawley et de la
chapelle de Levelande. En 1205, le prêtre *Walter* est
appelé à confirmer de son autorité, l'acte de Guillaume,
châtelain de Saint-Omer, autorisant les serfs et les
manants de son avouerie à établir leur résidence dans
les villes d'Arques, de Poperinghe et de Coyecques
dépendant de l'Abbaye de Saint-Bertin, et les déclarant
libres de toute redevance envers lui pendant le séjour
qu'ils pourront y faire. — La paroisse Saint-Martin
figure encore dans les deux bulles des Papes Honorius III et Grégoire IX renouvelant, en 1227, le privilège
consistorial bertinien.

L'ordre chronologique nous amène à rappeler ici le
souvenir, consigné par l'historien audomarois Hendricq,
des *Religieuses Bénédictines* qui, au XIIIe siècle, furent
admises à s'établir dans un petit couvent séparé, dans
la cour nord de l'Abbaye de Saint-Bertin et à côté de

Les Bénédictines
bertiniennes
au XIIIe siècle.

l'église Saint-Martin. La durée de cette communauté fut très éphémère et, en 1222, elle fut officiellement dissoute par l'Abbé Jean qui établit pour la remplacer trente prébendes pour des femmes pauvres.

Les chartes font mention, en 1335, de la réfection du quai dit « de *Staboem* », s'étendant de la « porte d'eau » de Saint-Bertin jusqu'à l'église Saint-Martin, l'Abbaye se réservant son droit de seigneurie sur ce quai.

Le « Droit d'asile » à Saint-Martin.

L'Official de Thérouanne, en 1364 et 1368, informé que des malfaiteurs se réfugient, comme en un lieu d'asile, dans l'église de Saint-Martin-en-l'Ile, mande au doyen de chrétienté à Saint-Omer, de faire cesser cet abus ; il lui ordonne d'avertir les réfugiés que, si dans les trois jours qui suivront la sommation du Magistrat, ils n'ont pas quitté l'église, ils seront livrés à la justice échevinale sans aucun préjudice pour la juridiction ecclésiastique.

Les « Recluses » audomaroises.

Les premiers comptes de la Ville qui remontent à 1413, et qui ont été tout spécialement explorés par Messieurs Pagart d'Hermansart et Justin de Pas, mentionnent, dès 1416, l'existence de trois « *Recluses* » à Saint-Omer, dont l'une résidait près du mur de la rivière, à côté de l'église de Saint-Martin-en-l'Ile et vis-à-vis de l'Abbaye de Saint-Bertin. Pendant tout le XIVe siècle, la Ville leur faisait déjà distribuer un lot de vin à chacune des grandes fêtes de l'année, et elles n'étaient pas non plus oubliées dans les dons testamentaires. — Prier non seulement pour elle, mais pour tous, telle était l'occupation continuelle de la « Recluse ». Aux temps où la foi était ardente et universelle, les fidèles se plaçaient volontiers sous la protection de cette prière qui ne se lassait point. La loge de la recluse était souvent construite et entretenue aux frais de la Ville et elle ne s'ouvrait qu'au candidat agréé par les officiers municipaux qui l'installaient eux-mêmes solennellement. — Aux frais de nourriture s'ajoutaient la fourniture du costume blanc et bleu pour la recluse, et noir ou brun s'il s'agissait d'un reclus, et le paiement des gages d'une servante chargée d'apporter, chaque jour, les aliments aux internés. Ces extraordinaires pénitents volontaires que la foi seule pouvait soutenir, se recrutaient non seulement dans la classe pauvre, mais encore dans les classes supérieures de la société. — En 1648, le curé de Saint-Martin, Jean Stodenecque, reconnait, avec ses autres confrères de Saint-Jean, de Sainte-Marguerite et de Longuenesse, le droit à l'Abbé Guillaume Fillastre de visiter son église paroissiale. — Citons aussi les noms des curés de Saint-Martin Jacques Fallon et Pierre de Millam enregistrés dans les chartes bertiniennes de l'époque.

Enfin, c'est en 1492 que les Marguilliers de l'église de Saint-Martin-en-l'Ile demandèrent au Magistrat la permission de démolir la tour qui menaçait ruine, en offrant de la faire reconstruire aux frais des paroissiens. L'autorité municipale approuva le projet, et, en 1496, les travaux étaient heureusement terminés. La nouvelle tour de l'église Saint-Martin, contemporaine de la superbe tour de l'église abbatiale de Saint-Bertin, devait durer jusqu'aux jours néfastes du nihilisme révolutionnaire.

Reconstruction de la tour paroissiale en 1492.

Nous retrouvons, au xviᵉ siècle, le souvenir de la paroisse Saint-Martin-en-l'Ile, dans les chartes de Saint-Bertin : Le 23 mai 1592, *Dom Vaast de Grenet*, abbé de Saint-Bertin, consacra dans cette paroisse, trois nouveaux autels. Le maître-autel fut dédié à saint Martin, saint Maurice et saint Chrysogon. C'est le jour de la fête de ce dernier saint martyr, le 24 novembre 1594, que les Audomarois repoussèrent victorieusement *l'attaque du duc de Longueville*, à la porte Sainte-Croix. — L'évêque *Jean de Vernois*, établit en 1595, une *procession commémorative* d'action de grâces, qui eut lieu, chaque année, jusqu'à la réunion définitive de l'Artois à la France en 1678. — Du xiv au xviiⁱᵉ siècle, treize curés se succédèrent dans la direction de la paroisse

L'église paroissiale de Sᵗ-Martin-en-l'Ile.

Saint-Martin. En 1616, Mgr Blasœus ayant établi une Confrérie de la Sainte Vierge dans toutes les paroisses de la ville, la paroisse Saint-Martin avait une procession du Saint Sacrement le jour de l'Annonciation. A Sainte-Marguerite, cette procession avait lieu le jour de l'Immaculée-Conception.

Légitimes réclamations des habitants des faubourgs, pour obtenir une église paroissiale, sur la place de « la Ghière ».

Les communautés des *Religieuses du Soleil et de Sainte-Catherine de Sion* qui se trouvaient à l'entrée des faubourgs, ayant été démolies en 1578 et 1580, comme trop voisines des fortifications, les Hautponnais trouvant, avec raison, considérable, l'éloignement des églises de Sainte-Marguerite et de Saint-Martin, leurs paroisses, sollicitèrent l'établissement d'une église spéciale pour les faubourgs. Le Nonce du Pape et les évêques de Saint-Omer, *Jean Six* et *Jean de Vernois*, appuyèrent leur demande, mais il fut, à ce moment, question de supprimer l'église Saint-Martin et de rattacher cette paroisse à celle de Sainte-Marguerite. Les curés de ces deux paroisses s'opposèrent énergiquement à toute modification de leur territoire et bien que les Hautponnais et les habitants de Lysel offraient de démolir l'église de Saint-Martin-en-l'Ile et de réédifier, à leurs dépens, une église sur la Ghière, la Municipalité refusa de supprimer Saint-Martin, et permit seulement l'*érection d'une chapelle en bois*, pour servir à l'administration des sacrements, en cas d'urgence.

En 1599, les habitants des faubourgs revinrent à la charge, et avec l'appui de l'archidiacre de Flandre Taelboom et de l'archiprêtre Sabel, ils obtinrent de construire une église de 80 pieds de longueur, 32 de largeur et 18 de hauteur. Le chapelain devait être entretenu aux frais des faubourgs. *Le nouveau* sanctuaire fut consacré à *sainte Elisabeth*, par *Guillaume Lœmel*, abbé de Saint-Bertin, qui en posa solennellement la première pierre, le 18 juin 1612, à l'extrémité de la rue de la Poissonnerie et au sud de la Ghière, sur un terrain qu'il avait lui-même payé au curé de sa paroisse. Cette église dont nous redirons plus loin les destinées, fut remplacée, par l'élégante église gothique moderne, construite, en 1854, au nord de la Ghière, et ses ruines ne disparurent complètement que pour faire place, au xxe siècle, à une nouvelle école municipale de jeunes filles.

Il nous paraît intéressant de faire passer ici, une fois de plus, à la postérité, les noms de nos concitoyens des faubourgs, relevés aux archives municipales par M. le chanoine Bled et qui ont vaillamment défendu les droits religieux de tous, auprès des autorités du xvie siècle. *Ce sont, pour le Haut-Pont :* Eustache et Jean de Doncquerre, Christian de Cupere, Guilbert de Wert, Maraud Flandrin, Jehan Gilliers, Castiau Stopin, Lambert Colin, Jean et Pierre de Grave, Nicolas Binard, Mathis de Maecht, Jehan Masquélier, Guillaume de Vienghelaere, Michel de Wert et Simon Coëne. — *Pour la rue de la Poissonnerie :* Jehan de Doncquerre, Jehan de Grave, Jehan Berteloot et Maraud Arnould. — *Enfin, pour Lysel :* Castiau Flandrin, Ghys Flandrin, Jean de Baest, Pierre Monsterlet et Jean de Cupre.

L'église Saint-Martin-en-l'Ile subit le même sort que celles de Saint-Jean-Baptiste et de Sainte-Marguerite. Ses derniers curés furent MM. *Florent, Sockeel* et *Delerue,* celui-ci fut, jusqu'au bout, le vaillant défenseur des droits de sa paroisse devant les administrateurs du district. — La confrérie du Saint-Viatique de Saint-Martin-en-l'Ile fut, après la Révolution, ainsi que celle de Saint-Corneille, transportée dans la paroisse *Sainte-Elisabeth du Haut-Pont.* La vente des orgues de Saint-Martin produisit 275 livres, et celles de Sainte-Marguerite furent acquises pour 350 livres.

Comme l'Abbaye de Saint-Bertin, dont les splendeurs elles-mêmes ne trouvèrent point grâce devant le fanatisme du vandalisme révolutionnaire, les deux paroisses de Sainte-Marguerite et de Saint-Martin-en-l'Ile disparurent donc, avec la fin du xviiie siècle. En 1730, une des cloches de la Tour de Saint-Martin fut vendue aux Jésuites anglais, établis rue Saint-Bertin où se trouve actuellement l'Hôpital militaire. L'horloge de la paroisse Saint-Denis n'ayant pas été restaurée depuis la chute du clocher en 1705, ils utilisèrent cette cloche pour la sonnerie des heures dans le quartier central de la ville, pour la plus grande satisfaction des Audomarois. Le nom de *Sainte-Marguerite* a été donné à la place moderne, plantée de tilleuls, dont elle occupait jadis le centre ; quant au souvenir de *l'église Saint-Martin*, il se retrouve seulement dans la rue « *Saint-Martin* », au faubourg de Lysel, rue fréquentée, autrefois, par ses paroissiens. Son ancien emplacement ne laisse plus aux regards du passant, que l'inesthétique perspective des cloehes géantes de la moderne usine à gaz, doublement disgracieuses au pied de notre incomparable *Tour Saint-Bertin. Le Clergé constitutionnel* essaya bien de créer une nouvelle paroisse avec l'église de l'Abbaye, pour remplacer les trois sanctuaires disparus, mais les destinées de cette paroisse furent bien éphémères, et elle ne réserva que des déboires au curé constitutionnel *Michaud. — Le rétablissement du culte catholique par le* « *Concordat* » attribua, définitivement, *à la paroisse Saint-Denis*, les territoires des anciennes paroisses de Saint-Jean-Baptiste et de Saint-Martin *(intrà muros)* et lui laissa partager, avec la paroisse du Saint-Sépulcre, celui de *Sainte-Marguerite*. Nos concitoyens nous sauront gré, nous en avons la confiance, d'avoir remis au jour, une partie de l'histoire de leur antique cité, si intéressante et cependant, jusqu'ici, presque complètement ignorée des Audomarois.

CHAPITRE IV

Les anciennes fortifications des faubourgs. – Les enceintes défensives de Saint-Omer. – Nombreux moulins comme en Hollande. – Création et restauration des ponts. – Amélioration successive des habitations. – Les inondations et les mesures préventives. – Les Maîtres Maraîchers. – Rôle im ortant des Connétables du Haut-Pont. – Les méfaits du « Feu de malheur ». – Les « Amans » justiciers et le Conseil des Vierschaires. – Les Vicomtes du Haut-Pont. – Les droits de pêche dans les marais. – La « Garenne aux cygnes ». – Place importante occupée par les cygnes dans nos traditions. – La pêche générale du 23 juin et le coup de filet du Procureur de la Ville. – Les oiseaux aquatiques des marais. – Récompenses aux habitants des marais pour leur loyauté et leur courage. – La corporation des Faiseurs de bateaux, Bateliers et Bélandriers. – Les « Brouetteurs » et la rue de la Brouette. – La culture des légumes par les Broukaillers et les Maraîchers. – Le chanvre. – L'industrie de la faïence dans le Haut-Pont au xviiie siècle. – Ce qu'était la faïence de Saint-Omer.

Les destinées des deux faubourgs audomarois ont toujours été intimement liées à travers les siècles à celles de la ville de Saint-Omer, mais leur histoire respective comporte une foule de particularités intéressantes que nous allons exposer successivement.

Il existait jadis quatre portes depuis la place du Haut-Pont, en ville, jusqu'à l'endroit dit des Quatre Moulins, et la plus ancienne remontait jusqu'au dixième siècle. Simon Ogier le célèbre poëte latin, qui célébra si bien les rives enchanteresses de l'Aa, raconte au xvie siècle, qu'en revenant d'un voyage à Bruges, il vit, non sans effroi, les gueules des canons braqués en permanence à cette dernière porte. La ville protégée par

Les anciennes
fortifications
des faubourgs.

3

l'Aa, les marais et quatre portes fortifiées était donc relativement en sûreté de ce côté. Chaque soir et en cas d'alarme, après une sonnerie d'un quart d'heure dans le clocher de Sainte-Aldegonde, les portes étaient fermées. Nous voyons qu'en 1640 toutes les clefs des portes et des ponts du Haut-Pont et de Lysel étaient recueillies, au coucher du soleil, par un portier en charge qu'accompagnaient deux soldats en armes.

Quant au faubourg de Lysel il ne pût, pendant de longs siècles, communiquer avec la ville que par voie d'eau et par deux portes ; l'une, celle de l'Abbé, citée plus haut, par où entra saint Thomas de Cantorbéry, exilé et venu de l'Abbaye de Clairmarais pour visiter le monastère de Saint-Bertin, et l'autre, également porte d'eau, qui subsista jusqu'en 1782, époque où l'ancienne porte de Lysel, par terre, fut ouverte pour faciliter les communications entre la ville et le faubourg. Le Génie militaire favorisa lui-même cette transformation d'autant plus utile, qu'elle aidait au déchargement des marchandises arrivant par le canal de Neuffossé, reliant la Lys à l'Aa, d'Aire à Saint-Omer, commencé en 1754 et terminé en 1784.

Etymologiquement, le mot « Aa » veut dire « eau » : On trouve plusieurs rivières portant ce même nom dans les Pays-bas, une en Westphalie et même en Russie. — La superficie des faubourgs comprend environ 13 kilomètres carrés limités, au sud, par la ville de Saint-Omer, à l'ouest, par Saint-Martin-au-Laërt, au nord, par Saint-Momelin et Nieurlet et, à l'est, par Clairmarais et Arques. Pour abriter la ville contre les incursions normandes, l'Abbé de Saint-Bertin, saint Foulques, avait créé au ix° siècle, une première enceinte de fortifications ; au x° siècle, Baudouin II comte de Flandre, en la modifiant, lui substitua, surtout pour le bas de la ville, une muraille et des fossés extérieurs d'un plus ample développement. Les remparts de Saint-Omer, comme ceux des places fortes voisines, étaient en terre

Les enceintes
défensives
de Saint-Omer.

avec de grosses tours en briques qui les flanquaient de distance en distance, et un fossé très profond et plein d'eau avec escarpe et contre-escarpe. Le bord extérieur de ce fossé, relevé en forme de parapet, était fermé par de hautes palissades appelées « Bailles », très serrées et défendues elles-mêmes par un « Chingledic » ou fossé de pourtour.

En 1617, l'Abbé de Saint-Bertin, Guillaume Lœmel, s'inspirant de ce qui se faisait en Hollande, fit établir dans les prairies de l'Abbaye des moulins pour dessécher les terrains inondés. A son exemple, le Magistrat de Saint-Omer employa le même système de dessèchement dans les faubourgs et au lieu dit les Quatre Moulins. Ces derniers étaient échelonnés sur un espace de 1500 mètres : Le premier qui fut abattu en 1847, se trouvait près de l'ancien « Jardin de la Gaité » devenu aujourd'hui une « Blanchisserie Modèle », et les autres furent démolis en 1864 et 1869. — La multiplicité des moulins établis autrefois à Saint-Omer sur les remparts et dans les prairies avoisinantes lui donnait la physionnomie d'une ville Hollandaise : citons comme déjà existant aux xv⁰ et xvi⁰ siècles : un moulin à l'huile dans les pâtures, en 1442 ; un moulin près de la porte du Haut-Pont, en 1490 ; un autre près de la porte l'Abbé, en 1563 ; un moulin près de l'église Saint-Sépulcre, un autre pour l'huile et la poudre à canon près de la rivière de l'Erbostadts, dite ensuite des Tanneurs, en 1628 ; enfin les moulins aux grains ou à poudre, dans les marais, à l'extrémité du faubourg du Haut-Pont, vers Saint-Momelin, 1627 ; derrière la Motte Châtelaine, 1631 ; auprès de la porte de l'Ysel, 1636 ; sur le rempart, derrière le Château de l'Esplanade, 1631 ; enfin, sur le rempart, près de la Communauté des Sœurs Noires, sur la Motte du Brûle, 1642 ; à l'arbre de la Madeleine, 1611 ; près de l'église du Nard, en 1681.

En 1730, on comptait encore cinq moulins sur le rempart et deux dans le Haut-Pont, sur quatre anciennement établis. Chacun pouvait moudre 720 quintaux de farine en 24 heures, par vent favorable. — Quant aux trois moulins à eau de Saint-Bertin, ils donnaient 244 quintaux de farine dans le même laps de temps.

C'est en 1409, que le Bac de Saint-Momelin fut supprimé et remplacé par un pont, le Magistrat y louait le droit de passage.

Dans le faubourg du Haut-Pont, le pont le plus ancien était le Pont-Rouge, en pierre, près de la place du Caspel ; c'est lui qui, par son élévation, a donné son nom au faubourg. Il fut remplacé en 1722 par un pont-levis, puis par un pont tournant en 1728, restauré en 1754 et en 1798. En 1727, il est question d'un pont placé près du cabaret de Sainte-Cécile. — En 1753, le pont de la Ghière, dit Pont-Vert, primitivement en bois, fut construit en pierres de taille et démoli au cours d'une émeute révolutionnaire au sujet des vivres. Devenu pont tournant au XIXe siècle et renouvelé en 1896, on lui a adjoint l'ancienne passerelle de Lysel, en fer, haute de 20 marches, pour les piétons, lancée en cet endroit depuis qu'elle était devenue inutile après l'établissement du Pont fixe conduisant de l'ancienne porte de Lysel à la nouvelle gare. Au cours de son installation, cette passerelle fit la culbute dans le canal, au grand émoi des riverains, mais les ingénieurs des ponts et chaussées ne tardèrent pas à la repêcher et à la remettre rapidement, à leur honneur, en équilibre. Depuis cet événement les faubouriens ne manquent pas de l'utiliser lors du passage de plusieurs lourdes bélandres voguant sur le canal avec une lenteur, de circonstance, mais plutôt désespérante pour les habitants se rendant à leur travail, en ville ou vice-versâ.

Le pont tournant de la porte de Lysel fut renouvelé en 1827 par le Génie militaire, et le pont de la place du Haut-Pont en 1834. Les nombreux ponts-levis de Lysel reliant les habitations au quai de la rue Saint-Martin, très primitifs avant le grand incendie de 1814 dont

Création
et
Restauration
des ponts.

nous parlerons plus loin, se perfectionnèrent au XIXe siècle et sont transformés de nos jours en ponts fixes aux
formes les plus variées et même de style, en bois, fer
et ciment armé.

**Avant le XVIe siècle, les maisons des faubourgs,
construites en torchis et couvertes de roseaux
étaient éparses çà et là.** Pendant la domination espagnole, on commença à bâtir quelques maisons bien
meublées sur les deux rives de l'Aa, pendant que les
habitants de Lysel continuaient à vivre sous le chaume ;
mais, si les habitations étaient simples et pauvres, elles
étaient parfaitement tenues. En 1560, le quai du Haut-
Pont fut pavé en grès ; au XIXe siècle une partie des
matériaux de la démolition de l'Abbaye de Saint-Bertin
fut employée à l'entretien de ce même quai. — En 1581,
le Magistrat, par ordre du prince de Parme, fit abattre
plus de cent maisons le long de la rivière et tous les
arbres, pour la défense et la sûreté de la place, jusqu'au
fossé de pourtour le Chingledick. — Mécontents, et avec
raison, les faubouriens menacèrent de quitter le pays,
c'est alors que pour les retenir on leur céda tant dans le
Haut-Pont que dans Lysel de nouveaux terrains avec
permission d'y bâtir de nombreuses demeures en bois
et sans briques ni tuiles. En 1763, les géographes signalent 500 maisons.

Sous l'Empire, en 1813, le Conseil municipal secondé
par Monsieur Allent, pair de France, rappelant les encouragements que Napoléon, pendant son séjour au
château de Salperwick, avait donnés à l'Agriculture,
obtint une décision du ministre de la guerre autorisant
les Hautponnais à reconstruire et à réparer leurs bâtisses
et clôtures, au-delà du rayon de deux cents mètres à
partir des murailles de la ville. Au cours des guerres
incessantes dont notre pays fut le perpétuel champ de
bataille, les arbres de nos faubourgs furent toujours les
grands sacrifiés. — Une plantation de 800 pieds eut lieu
en février 1809 sur la rive gauche de l'Aa,

Améliorations
successives
des habitations.

**Les inondations
et les mesures
préventives.**

**Nous exposerons plus loin l'immense service
rendu par l'Administration des Wateringues pour
obvier aux graves inconvénients des envahissements des eaux de l'Aa,** au moment des pluies d'au-
tomne et du printemps ou des dégels : nous signalerons
seulement ici les inondations dont l'Histoire a conservé
le souvenir. Les principaux curements officiels de l'Aa
eurent lieu en 1489, 1575 et 1613, 1721, 1736, 1760, 1813 et
1827. Le curage de 1722 coûta jusqu'à 60.000 livres à la
Ville. Des inondations extraordinaires dévastèrent le territoire en 1496, 1608, 1632 et 1644. En 1635, certains habitants de Lysel furent contraints de se réfugier dans leurs
greniers. Les faubourgs furent également inondés pendant le siège de Saint-Omer en 1638, comme moyen efficace de défense, ce qui s'accomplissait facilement en
moins de douze heures, en ouvrant les digues. En 1918,
par précaution contre l'invasion allemande qui occupait
Bailleul et Estaires, une partie des marais fut de cette
même façon couverte par les eaux. L'année 1809, très
pluvieuse, fut désastreuse pour la récolte. Il fallut plus
d'un siècle de travaux pour que le quai du Haut-Pont
fut revêtu entièrement de pierre. Vers 1830, des boites
de secours pour les noyés furent aménagées à l'entrée
des deux faubourgs.

**Les Maîtres
Maraîchers.**

Dès 1447, nous constatons qu'il existe déjà un Maitre
maraicher, ayant le droit de porter une robe de drap
comme les échevins, et un surveillant du curage des fossés et rivières, dits, de nos jours, watergands. Ce fonc-
tionnaire fournissait des bateaux au Magistrat inspecteur des rives, de l'écoulement des eaux et de la coupe
des herbes. Il contrôlait aussi la gestion des Connétables.

**On appelait Connétables, les officiers à qui était
confiée, nous dit M. J. de Pas, la direction pratique
de l'organisation et du service des Compagnies de
la Milice Urbaine** chargée de la défense de la Ville, en
tout temps et surtout en cas d'alarme. Ils entretenaient
des relations directes avec les hommes enrôlés dans la

Connétablie, tandis que les officiers supérieurs, capitaines et lieutenants restaient en dehors des détails quotidiens et complexes du service du guet et de la garde. A la fin du XVIe siècle, la Ville comprenait 16 Connétablies ou capitaineries dont 3 pour les faubourgs, en ville ou hors la ville. Les Connétables avaient la charge de visiter les maisons et de dresser un rôle de tous les étrangers et non bourgeois. Ils tenaient de même au courant les listes des hommes enrôlés par eux, et poursuivaient ceux qui faisaient défaut à leurs obligations. C'est sur leur rapport que l'Echevinage punissait les délinquants d'amende ou même de prison. Ils procédaient enfin à l'inspection des armes possédées par les habitants, ainsi qu'à la réquisition des chevaux, La Milice urbaine était à la fois chargée du guet, de la garde et de la défense de la place, elle cessa d'exister après la conquête de la Ville par Louis XIV, en 1677, et un officier royal, ayant sous ses ordres un état-major, fut chargé de la direction générale des opérations de défense, y compris le service de garde des portes. Il existait trois Corps de garde dans les faubourgs. A partir de ce moment, les Connétables ne furent plus que des préposés au service d'incendie.

Ce n'est pas seulement en effet contre les eaux envahissantes que les habitants de nos faubourgs eurent à se défendre à travers les siècles, le « Feu de malheur » selon l'expression d'antan, fut aussi pour eux l'occasion de bien dures épreuves. En effet, sans parler des incendies provoqués par les Normands au IXe siècle, l'Histoire a conservé le souvenir des incendies de 1406 et 1417, au magasin de guerre établi par le Duc de Bourgogne dans la lutte contre les Anglais ; de 1623, dans Lysel, et de 1637 et 1663, dans le Haut-Pont. En 1547, à l'occasion d'un incendie en ville, rue de l'Œil, les Hautponnais se firent remarquer par leur courage à combattre le feu et, en 1694, lors d'un incendie à la Chapelle de N.-D. des Miracles sur la

Rôle important
des Connétables
du Haut-Pont.

Les méfaits
du
« Feu de malheur ».

Grand'Place, ils reçurent, comme récompense de leur dévoûment, une boule d'argent de 30 livres, qui devait être disputée, le mardi de la Fête-Dieu au Jeu de Paume de la Confrérie, et en cinq parties réglées de tamis. Ils furent de plus exemptés de droits sur quatre tonnes de bière. L'incendie du 13 juillet 1627, consuma plus de cinquante maisons avec leurs granges et leurs étables. — En 1633, plus de soixante corps de bâtiments du Haut-Pont furent réduits en cendres et une quête fructueuse vint en aide aux sinistrés. Le 9 mai 1637, trente maisons du Haut-Pont disparurent également dans les flammes. Nous voyons, déjà au xve siècle, le mayeur Jacques de Ste Aldegonde faire établir une prise d'eau au Haut-Pont, par prévoyance, et édicter un règlement par lequel les menuisiers, les couvreurs et les portefaix, ainsi que les Religieux franciscains et dominicains, et plus tard, en 1656, les Carmes, à leur arrivée à St-Omer, étaient astreints à combattre les incendies qui se déclaraient durant les guerres continuelles. Le Guet se faisait, de jour, au clocher de Ste Marguerite et, de nuit, à la Tour Saint-Bertin. En retour, ces dévoués citoyens étaient exempts du guet, de la garde de la ville et du logement militaire, alors très lourd.

Les « Amans » justiciers et le Conseil des « Vierschaires ».

Il existait dans le Haut-Pont, une Amanie, seigneurie foncière et vicomtière, qui fut, dit M. Pagart d'Hermansart dans son intéressant volume sur les Communautés d'Arts et Métiers à Saint-Omer, de bonne heure réunie au domaine du Comte d'Artois. L'Aman, du mot « Ampt, office, et man, homme », synonyme de bailli, était un officier représentant le seigneur dans l'administration de la justice. L'Aman et les échevins, apposaient les scellés, dressaient les inventaires dans les maisons mortuaires, dans les arrêts au corps, en vertu de la loi privilégiée de la Ville de Saint-Omer, c'est-à-dire les captures et arrêts de personnes pour dettes, etc.

Au mois de novembre 1424, les mayeur et échevins de la Ville, avec le bailli et un conseiller des domaines, de l'avis du procureur du roi au bailliage, firent un règlement concernant les fonctions des amans ; et, pour la meilleure exécution des ordonnances, sur la réquisition des amans du Haut-Pont et de la châtellenie du Brûle, il leur fut fixé, de même que pour l'aman nommé par la ville pour les fiefs lui appartenant, un lieu de réunion commun dans l'une des salles de la Ville pour y tenir leur siège et leurs audiences. Il fut aussi facultatif à tous les propriétaires de fiefs, ayant aman, d'y tenir leurs plaids. — **C'est ainsi que fut établi le siège des Vierschaires** (mot flamand désignant un groupe de quatre personnes, savoir : l'aman, le juge, le demandeur et le défendeur), qui fut l'assemblée de toutes les justices seigneuriales subalternes, réunies dans un seul corps et dans un même siège.

Dans Lysel, toutes les maisons et terrains du côté sud de la rivière l'Aa, depuis la porte à l'eau jusqu'à l'extrémité du faubourg, toutes les maisons au sud de la rivière du Chingledick dans la rue de la Fraîche Poissonnerie, partant de la place de la Ghyère en droite ligne sur la porte de Lysel et traversant par conséquent tous les terrains occupés de nos jours par la gare, enfin sept maisons sur la Ghyère dépendaient de l'Amanie de Saint-Bertin. La rue actuelle de la Poissonnerie fut créée en 1582 le long du ruisseau le Chingledyck, après la suppression de la rue de la Fraîche Poissonnerie, ainsi appelée de la Poissonnerie de mer dont les marchands faisaient partie d'une Confrérie très prospère, ayant son autel dans l'église Saint-Denis. (Voir notre Histoire de cette paroisse, parue en 1902.)

En 1513, pour éviter des conflits sans cesse renaissants à l'occasion des exploits d'amans sur le territoire du Winquebroucq, situé sur les trois paroisses de Sainte-Marguerite, de Saint-Jean et de Saint-Martin-en-l'Ile, Antoine de Berghes, abbé de Saint-Bertin, acheta l'Amanie du Haut-Pont à Jean Bournel, chevalier seigneur de Boncoud, qui la céda pour le prix de 1.200 l.

Les Vicomtes du Haut-Pont.

36 s. A l'occasion de cette vente, les auditeurs du Roi en la Prévôté de Montreuil donnèrent « Vidimus » d'un titre ancien renseignant sur les droits et les revenus de l'Amanie du Haut-Pont. Cette Amanie, constituant un fief relevant immédiatement du Comte d'Artois, était donc vicomté, et le possesseur pouvait prendre le titre de vicomte du Haut-Pont comme le faisait d'ailleurs le sieur de Boncoud son ancien propriétaire.

En 1151, le Comte Thierry d'Alsace, fondateur de l'Abbaye de Clairmarais, concéda des droits considérables de pêche à l'Abbaye de Saint-Bertin, à la « Grande Mer », aux environs de Nieurlet. Ces droits furent confirmés aux xii⁰ et xiii⁰ siècles par de nombreuses chartes. De son côté, le Roi de France, Philippe-Auguste, accorda « à toujours » à la Ville de Saint-Omer le droit de pêcher dans les eaux et les fossés qui lui formaient ceinture. — En septembre 1231, le grand roi Saint-Louis, de passage à Saint-Omer, avec la reine Blanche de Castille sa mère, eut à régler les conditions dans lesquelles, les moines bertiniens et cisterciens pouvaient naviguer dans les innombrables fossés des marais, formant alors un véritable labyrinthe.

A Saint-Omer, comme dans plusieurs villes de Flandre et de Picardie l'usage était autrefois d'élever des cygnes dans les fossés et les étangs. — C'est à proximité de l'ancien hôpital de la Maladrerie, construit en face du fort de N.-D. de grâce, à gauche sur la route d'Arques, et dans les pâtures dites des Madeleines et contigües au marais d'Arques, que se trouvaient la « **Garenne aux cygnes** ». Jadis, ces intéressants palmipèdes, dit Diegerick, étaient bien plus nombreux qu'ils ne le sont de nos jours : aussi nos ancêtres veillaient-ils avec un soin tout religieux sur ces hôtes gracieux, s'ébattant joyeusement à la surface des eaux et nageant majestueusement comme un navire à pleines voiles. C'est ainsi que les règlements municipaux pour les garantir contre les attaques des malveillants commi-

naient des peines très sévères non seulement contre
ceux qui les tuaient ou les maltraitaient, mais même
contre ceux qui se permettaient de toucher aux œufs de
ces animaux quasi sacrés, en raison du rôle important
qu'ils jouèrent dans les légendes du moyen-âge. **Souvenir curieux**, quand l'Empereur Charles-Quint, au
xvie siècle, donna l'ordre de réorganiser sa garenne de
cygnes, Robert Ducellier, son watergrave, lui proposa
le règlement de Saint-Omer, comme modèle à suivre. A
différentes époques l'Abbé de Saint-Bertin, le sire de
Noircarme, et le comte de Houchain obtinrent de placer
une ou deux couples de cygnes avec leurs nourrissons
dans les eaux de la garenne communale. Chaque année,
en mémoire de la Famille de Sainte-Aldegonde, leur
fondatrice et bienfaitrice, les religieuses de l'Hospice
dit du Soleil, primitivement placé dans le faubourg du
Haut-Pont et transféré en ville, rue du Soleil, en 1578,
se rendaient à l'église paroissiale de Sainte-Aldegonde,
pour y offrir deux cygnes enrubannés et portant au col
une bourse renfermant un chapelet d'ambre et quelques
pièces d'or. L'après-midi ces deux oiseaux étaient
envoyés à la « Garenne aux cygnes » des Madeleines.

La fontaine de l'enfant au cygne, en haut de la rue
Saint-Bertin, la caserne Bueil, pouvant contenir cinq cents
hommes, dite anciennement du Cygne, place Victor
Hugo, parce qu'elle était autrefois l'Hôtellerie du Chevalier du Cygne, la rue du Château autrefois dite « du
Cygne » et conservant encore, au xxe siècle, l'enseigne
d'un beau cygne blanc sculpté dans la pierre et encastré
dans le pignon de la maison à l'angle de cette rue et de
la Grand'Place, une enseigne, au cygne noir, rue des
Tribunaux, une autre, aujourd'hui disparue, au cygne
blanc, rue d'Arras, rappellent la place relativement
importante, que les cygnes occupaient dans nos traditions. Au xixe siècle, un de nos compatriotes M. Blanchard, poète de talent, a consacré une émouvante élégie
à la mémoire des cygnes audomarois. Faut-il ajouter

que les cygnes du bassin de notre moderne et ravissant jardin public, plus vivants que tous ces vieux souvenirs, continuent à faire, chaque jour, par leurs gracieux ébats la joie des petits et des grands enfants tout à la fois.

Au xive siècle, l'Abbaye de Clairmarais obtint de notre administration communale l'autorisation de pêcher en tout temps jusqu'à l'endroit dit la « Grande mer ». Les annales bertiniennes rappellent qu'en 1447, lors de la confirmation de l'élection de l'Abbé Jean de Medon 63e abbé de Saint-Bertin, les pêcheurs capturèrent des carpes et des brochets d'une grosseur extraordinaire. — Les archives municipales renferment plusieurs chartes du xiie et du xve siècles et l'adjudication du 3 novembre 1804 concernant les droits de pêche dans les marais, qui engendrèrent à travers les âges des contestations à l'infini.

Les Hautponnais avaient jadis la réputation d'être bons nageurs et excellents patineurs. Les hivers peu rigoureux de notre époque ont naturellement ralenti leur élan pour ce dernier genre de sport.

Avant la Révolution, la veille de la Saint-Jean-Baptiste, le 23 juin, il se faisait une pêche annuelle dans toutes les rivières de la ville et de la banlieue, pour laquelle le Magistrat accorda aux pêcheurs, en 1648, une somme de 60 florins. Comme l'autorité locale avait un droit de pêche général à sa volonté dans tous les canaux et rivières, notamment dans la grande rivière conduisant de la « Grande mer » à l'Abbaye de Saint-Bertin, le Procureur de la Ville se rendait solennellement, ce jour-là, dit Hector Piers, dans le faubourg du Haut-Pont, près d'un corps-de-garde devant lequel se trouvait un poteau indicateur de la séparation de la pêche de la Ville d'avec celle de Saint-Bertin. Il faisait alors jeter un vaste filet dans les eaux de l'Aa, en signe formel de la conservation du privilège du Magistrat.

Si le poisson était abondant dans les multiples canaux de nos faubourgs, les marais voisins

étaient remplis d'oiseaux aquatiques très divers :
La plupart des cygnes, des canards sauvages que l'on
prenait au filet, des plongeurs et des bécassines furent
immolés, au cours du célèbre siège de 1638, pendant
lequel un vaillant Hautponnais dont le nom ne nous
est pas parvenu, arrêté par l'ennemi, préféra mourir
plutôt que de livrer certains renseignements militaires.
Honneur à lui ! De nos jours le gibier est devenu plutôt
rare, et, seuls, quelques adroits chasseurs continuent à
tirer dans le marais le jour et, surtout, la nuit, les
canards sauvages et les autres oiseaux de passage qui,
avides de repos, doivent trouver l'accueil qu'on leur
ménage plutôt désagréable.

Les oiseaux aquatiques du marais.

Le 2 juin 1717, le Maréchal de Villars adressa au
Magistrat de Saint-Omer le témoignage le plus flatteur
au sujet de la loyauté des Hautponnais. Le Régent, en
cette circonstance, leur accorda le droit de pêcher et de
chasser dans nos marais communaux, et le Comman-
dant de place reçut l'ordre de ne les troubler aucunement dans ces exercices. Cette faveur leur fut octroyée
à cause des services signalés rendus par eux dans la
guerre précédente, et le port d'armes leur fut permis en
considération de leur fidélité éprouvée, et pour la défense de leurs habitations. Il paraît que nos faubouriens
étaient extrêmement adroits au tir, soit à l'arc, soit au
fusil.

Récompenses aux habitants des faubourgs pour leur loyauté et leur courage.

En dehors des importants travaux de jardinage
auxquels se livraient les habitants des faubourgs et sur
lesquels nous reviendrons plus loin, **les Hautponnais
en particulier s'occupaient à la construction des
bateaux.** Le Magistrat soumettait cette construction
jusqu'à trois vérifications successives et marquait d'un
clou à tête portant la double croix des armoiries de la
Ville chaque bateau avant son utilisation. Capacité,
hauteur, largeur, force du bois, épaisseur des planches
tout était réglé officiellement. C'est ainsi que pour le
fond des bateaux les menuisiers ne devaient employer

La Corporation des Faiseurs de bateaux.

que des planches de chêne, garantie de plus grande sécurité. Les statuts de ce corps de métier étaient très anciens, l'apprentissage y durait trois ans. Il avait pour patron saint Jacques, dont la chapelle particulière se trouvait à l'Eglise Sainte-Marguerite, et figurait en corps à la procession annuelle du Saint-Sacrement. Les bateaux se distinguaient d'après leur grandeur en yckinghes, bacoghes, bercoghes, bélandres et doubles bélandres.

Bateliers et Bélandriers.

Les Bateliers portaient différents noms suivant la capacité du bateau qu'ils conduisaient. Les Scondenaires conduisaient les bateaux pouvant porter trois tonneaux de vin, les yckenaires tiraient leur nom de l'yckinghe contenant six tonneaux, venaient enfin les Bélandriers. Le Magistrat marquait ces bateaux d'une rose d'étain pour en constater la capacité. Jusqu'en 1610, époque où la corporation des Bélandriers leur fit une sérieuse concurrence, les Bateliers entretinrent les relations commerciales entre la ville de Saint-Omer et le point où jusqu'alors commençaient seulement la grande navigation ; ils jouissaient de nombreux privilèges, notamment dans les transports pour Bergues et Gravelines. La Communauté des maîtres faiseurs de bateaux et bateliers du Haut-Pont portait dans ses armoiries « de gueules à un chef d'argent chargé d'un annelet d'azur ».

Les Bélandriers, qui avaient également adopté saint Jacques comme patron, faisaient exclusivement, dès 1704, le transport des marchandises de Saint-Omer à Dunkerque. Ils possédaient une chambre particulière dans la maison dite de la « Garde-de-Dieu » que la Ville leur avait cédée en 1723, à charge des rentes foncières la grevant. En 1804, ils léguèrent à la paroisse des faubourgs une croix d'argent provenant de leur ancienne confrérie de Saint-Jacques, à Sainte-Marguerite. Cette croix était portée au décès de chaque confrère. — L'Echevinage audomarois fit publier le 20 mars 1784, à son de trompe, tant à la bretècque de la Ville qu'à celle du Haut-Pont, un règlement pour l'entrée en ville des marchandises venues des villes voisines, ou pour celles des denrées introduites par les Faubouriens au quai des Salines et dans la rivière des Tanneurs.

Pour les transports en ville, ils étaient officiellement confiés aux corporations des Carwinders, Brouetteurs, Winscroders (avaleurs de vin), c'est-à-dire descendant les tonneaux dans les caves, Globers, Charretiers et Porteurs au sac ou portefaix, et un Connétable était chargé de l'application rigoureuse du règlement. Les **Brouetteurs avaient leur chambre dans la petite rue de la Brouette,** contre le rempart de la Porte du Haut-Pont, en ville, où on accède encore de nos jours par un étroit passage voûté. Les brouettes peuvent seules y avoir accès. — Ce sont eux qui organisaient, chaque année, le cortège carnavalesque de « Papar Lolo » décrit plus haut. — La Chapelle des Brouetteurs se trouvait à l'Eglise Sainte-Marguerite. Réunis plus tard à la corporation des mesureurs et des porteurs au sac, leurs armoiries portaient : « d'argent à une barre de gueules chargée d'une molette d'or ».

Les légumes étaient cultivés par les Broukaillers, dont les statuts furent rédigés pour la dernière fois, en flamand, en 1534, et par les Maraîchers. Les terres se travaillaient alors exclusivement à la bêche. Ces corporations honoraient tout spécialement saint Fiacre dans l'église Sainte-Marguerite. Les marchés aux légumes se tenaient sur la Grand'Place et dans la rue du Marché aux Herbes, aujourd'hui rue Allent. La plupart des laitiers, réunis au corps des Broukaillers, habitaient également les faubourgs. — Enfin les Poissonniers d'eau douce avaient placé leur Confrérie sous la protection de la Sainte Vierge, tandis que les Poissonniers de mer honoraient saint Pierre, comme leur patron, dans une des chapelles de la nef latérale droite à l'église Saint-Denis. L'autel de cette dernière confrérie y subsiste toujours.

Le Chanvre était autrefois très cultivé dans les « Quatre marais » et cette culture était protégée par

Les « Brouetteurs »
et la rue
de la Brouette

La culture
des légumes
par
les Broukaillers
et les Maraîchers

Le Chanvre.

des règlements très sévères, et il était défendu de mêler sa vente à celle du chanvre de provenance étrangère. Cinq Cœuriers, ou commissaires maîtres cordiers étaient chargés de veiller à la stricte observation de ces règlements. Les Cordiers comme les Fourbisseurs et les Vitriers avaient pris saint Luc comme patron, et portaient les mêmes armoiries. Outre la Manufacture municipale de corderie, dite « Limbane », établie en ville, une seconde manufacture appartenant au Roi avait été élevée dans le faubourg du Haut-Pont vers 1621, on y faisait des cordages et des câbles pour la Marine. Cette dernière corderie fut construite le long de l'Aa, sur les pâtures communales, du côté de Nieurlet et en face des Quatre-Moulins.

En 1583, Pierre de Blanmicq, d'Amsterdam, fut autorisé à établir une Savonnerie dans la maison de la « Clef » sur la place du Haut-Pont.

L'industrie de la Faïence dans le Haut-Pont au XVIIIᵉ siècle.

Une dernière industrie Hautponnaise qui a obtenu une certaine célébrité, surtout au XVIIIᵉ siècle, a été celle de la Poterie en faïence. Déjà, au XVᵉ siècle, nous voyons l'Echevinage multiplier les statuts concernant les Potiers de terre groupés en corporation sous le patronage de sainte Catherine. Les briques moulées de Saint-Omer, les tuiles, les ustensiles en terre et les carreaux avec sujets en relief, du XVIᵉ siècle, étaient très recherchées autrefois par les villes avoisinantes aussi bien en Belgique qu'en France. Nos artisans employaient la terre de Nieurlet de préférence à celle de Saint-Momelin pour leurs différents travaux qu'ils étaient très habiles à vernisser et à colorier. Leur émail, jaune clair sur fond brun, rappelle les carreaux en terre cuite émaillée avec lion debout accompagné d'ornementation aux angles, que l'on rencontre encore dans certaines anciennes maisons de la ville et surtout des faubourgs. Les spécimens les plus remarquables de ces carreaux, datant du XIIIᵉ siècle, forment encore, au XXᵉ siècle, le dallage de la salle supérieure de la tour octogonale de

LA TOUR SAINT-BERTIN

XVe siècle

la Basilique Notre-Dame, réservée aux archives de
l'ancien évêché, la salle du bas servant autrefois de
sacristie aux Chanoines. On y voit dessinés les chefs de
saint Louis et de Blanche de Castille, des cerfs et de
nombreuses chimères. Ce carrelage antique, constitue
une véritable merveille, estimée à juste titre de tous
les amateurs d'art.

**L'industrie de la Faïencerie parvint, elle aussi,
à une certaine perfection** dans le Haut-Pont, grâce
à deux fabricants, Louis Minart en 1709, et Louis Saladin
de Dunkerque en 1750, qui eut pour directeur un
nommé Lévèque en 1751. Ce dernier avait obtenu un
premier prix à Rouen en 1750, c'est pourquoi l'on rencontre souvent les décors des faïences Rouennaises sur
les produits de la Fabrique du Haut-Pont. Après quelques années de prospérité, Lévèque dut cesser sa fabri-
cation à cause de la concurrence.

**La Faïence de Saint-Omer présente une pâte
blanche légèrement jaunâtre d'une composition
plutôt serrée.** Son émail, blanc pur, couvre en couche
épaisse les aspérités de la terre. Le dessin est toujours
tracé de la même couleur que le ton général du décor :
c'est un Camaïeu vert ou bleu. Il imite le genre chinois
et ses « marlis » sont formés de feuillage et de fleurs se
rapprochant des faïences de Lille. Les sujets chinois
sont parfois remplacés par des fleurs. La marque de
Saint-Omer consiste en lettres entrelacées en vert ou
en violet. Saladin prétendait qu'il possédait un secret
lui permettant de fabriquer des pièces aussi fines que
celles de Hollande. Ces produits de notre faubourg dont
les ornements étaient polychromés avaient un mérite
artistique suffisant, dit M. Pagart d'Hermansart, dans
son ouvrage très complet sur les « Arts et Métiers »
audomarois, pour qu'ils soient aujourd'hui l'objet
d'imitations. On en pourra admirer à loisir plusieurs
beaux spécimens au Musée Communal, rue Carnot, et au
Musée Henri Dupuis.

Ce qu'était
la Faïence
de Saint-Omer.

4

CHAPITRE V

Le don de Robert le Frison aux Audomarois. - Intrépidité des habitants des faubourgs pour la défense de leur territoire. - Une révolte en 1467. - Vaillance des Faubouriens pendant le siège de 1638. - Services rendus pour le ravitaillement, en 1610, par Jacqueline Robins, directrice de la barque de Saint-Omer à Dunkerque. - L'Ecole de ménestrels de Saint-Omer. - Les représentations théâtrales ou « Mystères » exécutées par les Compagnons de Lysel. - Saint-Omer, centre stratégique pendant la Guerre de cent ans. - Les entrées solennelles des princes dans les faubourgs. - La Communauté des Religieuses, dites du Soleil. - Confrérie de Notre-Dame de Milan à Saint-Bertin, chère aux Hautponnais. - La Communauté des Sœurs de Sainte-Catherine s'installe en ville. - Première école du Haut-Pont, en 1610. - Les Frères des Ecoles chrétiennes s'établissent à Saint-Omer. Leur admirable dévoûment au XVIIIe siècle. - Construction d'une école pour les Frères, en 1825, sur la place de la Ghière. - L'ancienne Porte du Haut-Pont. - Son horloge. - Le populaire « Jaquemart » de la Porte d'eau. - Mathurin tient bon rang parmi tous les autres « Jaquemarts ». - Le bateau de marché de Saint-Omer à Bergues. - Les « Carrosses d'eau » faisant le service de Saint-Omer à Dunkerque.

<table>
<tr><td>Le Don
de
Robert le Frison
aux
faubourgs
audomarois.</td><td>

Nous aimerons à relater dans ce chapitre la part importante prise par les habitants des faubourgs du Haut-Pont et de Lysel aux principaux événements de la vie civile, religieuse et militaire de la Ville de Saint-Omer depuis le XIe siècle jusqu'à la Révolution de 1789. L'Histoire ne nous a rien transmis sur l'état des faubourgs au moment des sièges de Saint-Omer par Philippe Ier roi de France en 1071, et Baudouin IX comte de Flandre en 1198, mais nous les voyons déjà, en 1072, retirer de très grands avantages de l'immense donation faite par Robert le

</td></tr>
</table>

Frison, comte de Flandre, à la Ville de Saint-Omer,
donation hélas ! bien réduite depuis, par les malheurs
des temps et diverses nécessités. Ils eurent en effet pour
partage 1200 mesures et 75 verges, dans les marais à
partir des Quatre-Moulins ; 280 mesures au Bac, le long
de la rivière de l'Aa, sur la rive opposée ; 302 mesures
le long de la rivière de Nieurlet ; 20 mesures au nord de
cette rivière et 3 mesures derrière le moulin du Haut-
Pont.

Baudouin VII, successeur de Robert, fit exécuter de
nombreux travaux pour l'amélioration de la navigation
sur l'Aa. — En 1214, une attaque de Ferrand de Portu-
gal et une autre, en 1304, des Flamands contre la Ville,
sous Philippe le Bel, amenèrent le complet incendie des
faubourgs. — Après l'inutile tentative de Robert d'Artois en 1340 contre la ville, ce fut la garnison anglaise
de Calais qui en faisant une excursion sur les frontières
de l'Artois ravagea et incendia en 1406, les mêmes faubourgs, en emmenant prisonniers jusqu'au château de
Guines plusieurs notables Hautponnais dont ils exigèrent une forte rançon. En 1436, sous la conduite du duc
de Glocester, l'armée anglaise réédita de nouveau cette
scène de pillage.

Quand Louis XI essaya d'assiéger Saint-Omer en 1477,
et fut repoussé particulièrement par la vaillance des
habitants de Lysel, qui perdirent dans les combats l'un
de leurs meilleurs capitaines, Pierre Wedemaire, on
sacrifia encore un certain nombre de maisons, pour la
défense de la Place. C'est par l'une des portes à l'eau,
près de l'Abbaye Saint-Bertin, qu'en 1487 une partie des
Français réussit à pénétrer dans la ville. Lorsqu'en 1483,
les Bourguignons expulsèrent à leur tour le Maréchal
d'Esquerdes et ses troupes, ce furent surtout les Hautponnais qui les aidèrent dans cette difficile entreprise.
Les noms d'Aléames Zortonnel, Michel Compère et
Michel de Langel méritèrent, en cette circonstance, de
passer à la postérité. Ce fut également grâce au courage

de nos Faubouriens, dirigés par le duc Charles de Saveuse, officier de Maximilien d'Autriche, qu'une attaque de soldats allemands pillards fut victorieusement repoussée. — Une révolte au sujet d'un impôt sur la cervoise où s'étaient compromis un certain nombre de Hautponnais en 1467 se termina par une amende honorable faite solennellement sur la grand'place par deux cents d'entre eux, tenant un cierge à la main. Plusieurs furent même condamnés à se rendre en pèlerinage au sanctuaire de Notre-Dame de Boulogne. Le chef des émeutiers du faubourg, Talmarkéro et Lepanetier, bourgeois audomarois, furent exécutés et leurs biens confisqués.

Nous trouvons également les habitants des faubourgs, constamment sur la brèche, pendant les troubles qui s'élevèrent entre les Orangistes et les partisans de Dom Juan, et les travaux de défense entrepris, au xvie siècle, par le duc de Parme, gouverneur des Pays-Bas et le Cardinal Albert, Archiduc d'Autriche, pour fortifier davantage les abords du faubourg du Haut-Pont. Enfin, pendant le temps de la domination espagnole, Saint-Omer fut presque continuellement harcelé par les Français, regrettant toujours d'avoir perdu cette place militaire importante depuis l'époque du roi Philippe-Auguste (1180-1223) et conservant toujours l'espoir de la reconquérir. Cette espérance se trouva enfin heureusement réalisée, en 1677, par la victoire de Cassel et le traité de Nimègue le 17 septembre 1678.

Au cours du siège célèbre de 1638, qui ne dura que sept semaines, Brouckaillers et Maraîchers firent des prodiges de valeur pour défendre Clairmarais et la Grande mer, mais ne purent cependant empêcher un nouveau pillage du Haut-Pont, le 30 juin, par un détachement de la cavalerie espagnole qui n'avait pu s'y loger. — Le 3 juillet, le Père Ange, carme déchaussé, habile architecte et qui rendit de notables

services aux assiégés, fit une sortie par la porte du
Haut-Pont, avec quelques courageux mariniers et réussit
à inonder tout le pays jusqu'au pont de Saint-Momelin
en lâchant les écluses et en rompant les digues de l'Aa.
Les travaux de défense tant pour le Haut-Pont que
pour Lysel furent dirigés par les Connétables le capitaine
d'Escault et le général Becke. — Une attaque du Maréchal de Gassien échoua complètement aux Quatre Moulins, grâce à l'héroïsme du vaillant chevalier Jacques
Decroix et de Pierre Vandembergue de Lysel. — En
1654, le Magistrat fit de nouveau fortifier le Haut-Pont
à la nouvelle de l'approche de Turenne qui campait
dans les environs. Enfin, dans la nuit du 18 au 19 avril
1677, les Français ayant réussi à combler les fossés,
les faubourgs furent abandonnés et la prise du Haut-
Pont fut officiellement annoncée le 20 avril, à Louis XIV
alors à Béthune. « L'attaque du Haut-Pont, rapporte
Pellisson, l'historien du temps, qui est un grand faubourg duquel on prit une partie, n'était pas propre à
avancer, car il fallait aller par une digue, où par des
coupures l'une sur l'autre, on pouvait nous arrêter
longtemps. »

Les Hautponnais, dit Hector Piers, qui furent si fermement attachés à la domination espagnole pendant
150 ans, montrèrent de suite un dévouement semblable
à la France et lui rendirent de nouveaux et signalés
services pendant la campagne de 1710, au cours de laquelle Jacqueline-Isabelle Robins, épouse de François
de Boyaval, capitaine des mousquetaires gris, demeu-
rant sur la place du Haut-Pont dans la maison dite du
Grand Hollande, et propriétaire de la barque chargée
des transports entre Saint-Omer et Dunkerque, rendit
en différentes circonstances, en bonne royaliste qu'elle
était, de grands services pour les approvisionnements
de la Ville. — La statue de bronze de cette dévouée
audomaroise, en modifiant l'erreur historique que comporte la plaque commémorative du socle, avec sa ruie

et sa cargaison de choux-fleurs, serait beaucoup mieux placée sur la place de la Ghière que sur la place du Vinquai, sur les rives de l'Aa, à l'endroit même où elle fit preuve d'un remarquable courage patriotique. Ce bronze n'est pas sans mérite au point de vue artistique et fait honneur au sculpteur audomarois Edouard Lormier. L'épitaphe de Jacqueline Robins, gravée sur le marbre blanc, se trouvait à l'ancienne église de Sainte-Marguerite, elle a été retrouvée dans ces derniers temps chez un collectionneur audomarois, et a servi ainsi à mettre la question historique au point.

A part quelques mouvements populaires et plusieurs pillages de grains, il fut peu question des faubourgs pendant la période révolutionnaire de 1793 et leur pacifique population conserva avec raison un calme précieux et bienfaisant, au milieu des malsaines et toujours troublantes agitations de la politique et de l'anarchie.

Au XVe siècle, les fêtes publiques, les jeux et les festins étaient très recherchés par nos aïeux et, malgré les guerres continuelles et leurs charges écrasantes, le peuple du Moyen-âge créait sans cesse de nouveaux divertissements. Tantôt avaient lieu des tournois où les hommes d'armes de la garnison venaient joûter contre les soldats Abbevillois ; tantôt les villes d'Arras, de Lille, de Saint-Omer, de Saint-Amand et même de Bruges, envoyaient des hommes d'armes pour annoncer leurs fêtes aux Abbevillois. Dans les joûtes comme pour le jeu d'arbalète, les prix consistaient le plus souvent en bijoux d'or.

L'Ecole
de Ménestrels
de Saint-Omer.

Les Audomarois avides de ces sortes de plaisirs s'y rendaient en foule. Le peuple appréciait beaucoup la poésie et la musique et Saint-Omer, comme Beauvais et Soissons possédait une « **Ecole de Ménestrels** » où l'on venait de toutes parts y apprendre des chansons nouvelles. Cette école forma tour à tour des poètes, des jongleurs, des chanteurs et des improvisateurs soumis à

un règlement spécial édicté par l'Échevinage. — La Ville
de Saint-Omer, proche d'Arras, nous dit M. Justin de
Pas, dans une intéressante brochure sur les « Mystères
et Jeux scéniques » à Saint-Omer aux xvᵉ et xviᵉ siècles,
a dû subir l'influence des célèbres trouvères artésiens ;
mais, elle n'eut jamais, comme certaines villes de Flandre, d'associations dites « Chambres de Rhétorique ».
En 1413, nous voyons le Magistrat subventionner les
Compagnons du faubourg du Haut-Pont, chargés de
représenter **un mystère** pendant et après la procession
du Saint-Sacrement. En 1436, c'est l'Arbre de Jessé ; en
1493, un « Jeu de la paix » à la fête de Saint-Jean-
Baptiste et, en 1518, des « **Jeux de plaisance** » aux
jours des Saints Innocents et de l'an, que ces mêmes
Compagnons Hautponnais représentaient sur des
estrades ou « hourts », selon l'expression du temps, ou
sur des chars, dans les rues de la ville.

**De leur côté, les Abbés de Saint-Bertin utili-
saient les Compagnons de Lysel pour les mêmes
spectacles et divertissements.** Ces représentations
populaires se donnaient surtout sur le Grand et sur le
Vieux marché, Place Victor Hugo ; mais, les jours de
grandes réjouissances, les mystères se jouaient à la fois
dans les principales rues et carrefours de la ville. —
Les scènes étaient ou mimées ou dialoguées, et ces dernières pouvaient être divisées, en scènes de comédies
ou farces, en scènes historiques, en moralités ou scènes
allégoriques et symboliques, visant à une conclusion
moralisatrice, et enfin en mystères proprement dits ou
sujets tirés de l'histoire religieuse.

Parmi ces derniers, le Mystère de la Passion était
certainement le plus fréquemment exécuté. Enfin deux
documents de 1476 et 1498, tirés des archives de l'Échevinage permettent d'affirmer que certains jeux scéniques
étaient même dialogués en flamand, et cela, non seulement sur le territoire de la Paroisse Sainte-Marguerite
où cette langue prédominait, mais dans toutes les autres

Les
représentations
ou « Mystères »
exécutées
par
les Compagnons
de Lysel.

rues de la ville. De leur côté, le Chapitre, l'Abbaye de Saint-Berlin, les Communautés religieuses et, surtout, les Jésuites Wallons. aux xvie et xviie siècles, encouragèrent également ces représentations théâtrales dans lesquelles l'idée religieuse entrait pour une large part.

Ordinairement, c'était à l'occasion d'événements historiques et politiques heureux tels : la réception des Souverains et des Gouverneurs d'Artois à Saint-Omer, la conclusion d'un traité de paix ou une naissance illustre, que la Ville, pour manifester sa joie, organisait les plus beaux spectacles publics, à la portée de tous.

Sans parler des visites de princes antérieures, telles que celles de Charlemagne, de Baudouin V, de Guillaume Cliton, comtes de Flandre, du roi saint Louis, de Robert-d'Artois, son frère, de la comtesse Mahaut, du roi Philippe le Bel, de Philippe le Hardi et de Jean sans Peur, et du roi Charles VI, comme le fait remarquer M. J. de Pas, ce fut la période du xve siècle qui fut la plus brillante, tant par le nombre que par la solennité des séjours de souverains à Saint-Omer. Les événements de la douloureuse guerre de Cent ans, firent d'abord de notre ville un centre stratégique où les Princes devaient se rendre fréquemment; puis, le gouvernement fastueux de Philippe le Bon, duc de Bourgogne, produisit un mouvement inusité de fêtes inséparables des faits historiques importants dont la cité audomaroise fut tour à tour le théâtre : conférences préliminaires, à l'Abbaye de Saint-Bertin, traités de paix, vi^e et x^e Chapitres de la Toison d'or, deux célébrations de mariages princiers, etc.

Nous signalerons seulement ici les entrées solennelles qui eurent lieu par les faubourgs : Le 24 novembre, Louis XI, alors Dauphin de France, arrivant de Gravelines, fut reçu par le Grand Bailli et toutes les autorités échevinales, à cheval, au Bac de Saint-Momelin, dit du Vieil-Moustier, en souvenir du premier monastère bertinien qui y fut édifié au viie siècle. — Le 14 juin 1479, on construisit un pont de bateaux au même endroit pour permettre à Maximilien duc d'Autriche et roi des Romains, gendre de Charles le Téméraire, et à sa brillante suite, de traverser la rivière de l'Aa. En 1534, un pont de bateaux fut aussi établi à l'arrivée de la reine de Hongrie, régente et gouvernante des Pays-Bas, sœur de Charles-Quint, et pour ce dernier, le 15 novembre 1540. — A l'entrée en ville du Prince de Ligne, Gouverneur d'Artois, le 5 août 1610, par la Porte du Brûle (plus tard d'Arras), il est dit que 300 Hautponnais avec leur rouge « laïette » et leurs arquebuses faisaient la haie sur le passage du cortège, le long de la route d'Arques. Quand l'Archiduchesse Isabelle, Souveraine des Pays-Bas, venant de Dunkerque, fit son entrée solennelle à Saint-Omer, le 6 novembre 1625, le Magistrat se rendit au-devant de son Altesse à Watten et deux barques l'accompagnèrent jusque sous les murs de l'Abbaye de Saint-Bertin. — Le 18 octobre 1644, une inspection militaire des faubourgs fut faite par le Général Piccolomini, chef d'armée des Pays-Bas. — Le grand roi Louis XIV et Philippe d'Orléans, le vainqueur de Cassel en 1677, honorèrent de leur visite nos faubourgs et s'en montrèrent très satisfaits, ils poussèrent même leur excursion dans les marais jusqu'aux « Iles flottantes », que nous décrirons plus loin. L'une d'elles, sur laquelle le roi mit pied à terre, conserva même, depuis lors, le nom d' « Ile royale ». Enfin, c'est dans les eaux du Haut-Pont que Louis XV s'embarqua, le 4 juillet 1744, pour la ville de Calais. Tous les hommes valides du faubourg étaient, à cette occasion, sous les armes, et escortaient la gondole du roi qui partit à dix heures du matin, avec sa cour, et aux acclamations de la foule.

Le XVᵉ siècle nous a laissé le souvenir de la célèbre Confrérie de N.-D. de Milan. Sous le soixante-huitième abbé de Saint-Bertin, Engelbert d'Espagne, eurent lieu *les guérisons* de quatre enfants devant l'autel

Confrérie
de
Notre-Dame
de Milan
à Saint-Bertin,
chère
aux Hautponnais.

de Notre-Dame de Milan, érigé dans l'église de l'Abbaye. On voyait encore à l'Abbaye, en 1789, un grand tableau représentant les quatre miracles obtenus par l'intercession de la Très Sainte Vierge.

Cette précieuse peinture sur bois existe toujours, la Sainte Vierge y reçoit les hommages de deux pèlerins et les quatre miracles cités plus haut se trouvent en arrière plan, autour du sujet principal. Emportée par Dom Joscio Dallesnes, dernier abbé de Saint-Bertin, pour la soustraire aux profanations des iconoclastes révolutionnaires, elle passa successivement entre les mains de M. Dallesnes, frère de l'Abbé et ancien maire d'Aire-sur-la-Lys, et dans celles de M. Bret, notaire. Elle est enfin devenue la propriété de M. l'abbé Bret, curé du Haut-Pont, puis celle des Religieuses Clarisses qui l'ont transportée dans leur communauté de Malone, en Belgique, en attendant qu'elle soit replacée dans son vrai milieu, l'église paroissiale des Faubourgs, à défaut de l'illustre Abbaye de Saint-Bertin où elle fut si longtemps à l'honneur.

Il existait une confrérie très prospère et très bien organisée, de Notre-Dame de Milan, fondée le 5 septembre 1481 par Jean de Lannoy, à la suite d'un voyage en Italie où il avait vu la Sainte Vierge, invoquée à Milan contre les dangers des inondations fréquentes, dans ce pays au moment de la fonte des neiges dans les montagnes. Les habitants du Haut-Pont et de Lysel, si souvent menacés autrefois par ce même danger des inondations, avaient une grande dévotion à Notre-Dame de Milan, et, à chaque fête de Marie, les ressources de la Confrérie, dirigée par douze administrateurs, dont six du Haut-Pont et six de Lysel, servaient à distribuer à quinze veuves recommandables et désignées par le clergé des différentes paroisses de la ville, un pain, de la viande et du vin. Ces secours étaient distribués après la grand'messe à laquelle assistaient les personnes secourues,

Là encore, la Très Sainte Vierge Marie était, comme dans sa chapelle du grand marché, la providence des pauvres et des affligés.

Au XVI⁰ siècle, le Couvent des Religieuses dites du Soleil parce qu'elles occupèrent une maison portant cette enseigne, située en dehors des murs de la ville, dans le faubourg du Haut-Pont, fut démoli, pour les nécessités de la défense de la place et reconstruit en ville dans la rue actuelle du Soleil, où se trouve, de nos jours, la maison de retraite des Frères des Écoles Chrétiennes. Fondé primitivement, en 1320, par la famille de Ste-Aldegonde, cet hospice devait entretenir un certain nombre de pauvres de la ville et, de plus, héberger les voyageurs indigents. En ville, les Religieuses faisaient une distribution de soupe, dans la rue de la Poulouche, nom rappelant la large louche dont se servaient les généreuses distributrices, et, en temps d'épidémie, elles se dévouèrent admirablement auprès des pestiférés.

A la même époque, et pour les mêmes raisons, la Communauté des Sœurs dites de Sainte-Catherine qui habitait le Haut-Pont depuis 1433, fut obligée de s'installer en ville, sur l'emplacement aujourd'hui limité par le côté droit de la rue Le Sergeant basse, la rue Courteville du numéro 34 au numéro 50 et, une petite rue, actuellement disparue et qui coupait la propriété des Religieuses de Notre-Dame de Sion (autrefois des Dames Blendecques), jusqu'à la rue Edouard Devaux (ancien quai des Tanneurs). Leur principal protecteur dans cette installation fut l'illustre guerrier Valentin de Pardieu, seigneur de la Motte. L'évêque Jean Six, consacra leur chapelle en 1584, et, en 1625, elles obtinrent l'autorisation d'être cloîtrées. En 1791, elles étaient trente religieuses de chœur et cinq converses. En 1793 on transforma le couvent en une fonderie dans les creusets de laquelle furent jetées la plupart des cloches de la ville de Saint-Omer, pour être, bien indigne sort, transformées en gros sous,

Première école
du Haut-Pont,
en 1610.

Au mois de mai 1609, l'entrée dans le faubourg d'un navire Hollandais chargé de bois de sapin, de lard et de jambon de Mayence, fut l'occasion d'un grand concours de peuple. La Municipalité offrit six florins et un lot de vin au capitaine et aux matelots, comme témoignage de bienvenue. Ce fut en 1610 que, pour la première fois, un maître d'école, fut admis à prêter le serment de fidélité aux décisions du Synode de Mons et au règlement de l'Évêché de Saint-Omer. En 1713, après une réunion des Marguilliers à l'Évêché et l'avis favorable des Connétables, du Procureur Syndic et de l'Évêque, on accorda la permission de reconstruire l'école primitive près de l'église Sainte-Elisabeth et, le 14 mars 1714, on fournit un logement au Maître chargé d'enseigner gratuitement des enfants de toute condition. — En 1743, on nomma aussi une maîtresse d'école, qui prêta également serment.

Les Frères
des
Ecoles chrétiennes
s'établissent
à Saint-Omer.
Lsur admirable
dévoûment
au XVIII° siècle.

En 1719, Mgr François de Valbelle, évêque de Saint-Omer de 1707, à 1728, passa avec le Frère Barthélemy, le successeur immédiat de saint Jean-Baptiste de la Salle, chanoine de Reims et fondateur de l'Institut des Frères des Écoles Chrétiennes, l'acte de fondation de l'établissement de ces derniers à Saint-Omer et de deux écoles, l'une à Sainte-Marguerite et l'autre près de la Cathédrale. Plus de 600 enfants suivaient ces classes. Les succès constants de leurs élèves, depuis cette époque jusqu'au xx° siècle, constituent le plus bel éloge de ces humbles et dévoués éducateurs de la jeunesse ouvrière audomaroise. Les premiers professeurs furent les chers Frères Bernardin, Clément, Hyacinthe et Zozime. Saint Jean-Baptiste de la Salle vint lui-même, en 1716, à Saint-Omer, au sujet de cette fondation et il célébra le Saint-Sacrifice de la messe dans la chapelle, dite, aujourd'hui de Saint-Antoine de Padoue. Le vitrail du fond de cette chapelle, de style xiii° siècle, reproduit dans trois médaillons les souvenirs de la vie du Saint Fondateur, canonisé en 1900. — **Réouvertes**

après la Révolution, les écoles de Sainte-Marguerite, de Notre-Dame et du Saint-Sépulcre, retrouvèrent bien vite une grande prospérité et, en 1825, une nouvelle école était fondée dans le Haut-Pont.

En attendant la construction des deux nouvelles classes du faubourg, deux vastes salles de l'Hôpital général, rue du Saint-Sépulcre, furent mises obligeamment, nous dit M. le Chanoine Bled, dans sa notice sur les Frères des Écoles chrétiennes, en 1906 (très complet résumé de l'Œuvre admirable accomplie par eux à Saint-Omer depuis les origines jusqu'à leur douloureux départ pour l'exil,) à la disposition de la Municipalité par M. Pley, administrateur des hospices, et elles servirent tout particulièrement à recevoir les enfants du Haut-Pont. — **L'école des faubourgs fut donc construite, pour les Frères, à l'extrémité nord de la place de la Ghyère,** en face de la nouvelle église édifiée plus tard en 1854, et elle reçut le nom de Sainte-Elisabeth. Il y eut alors dix classes à Saint-Omer, quatre à Sainte-Marguerite, deux à Saint-Sépulcre, deux à Sainte-Aldegonde et deux dans le Haut-Pont, groupant environ un millier d'élèves. Les membres de la Commission de l'instruction primaire n'eurent jamais qu'à se louer du zèle des maîtres et de la bonne tenue de l'école des faubourgs. Dans sa séance du 17 octobre 1834, le Conseil municipal de Saint-Omer vota la création d'une École d'adultes au Haut-Pont dans le même local, et cette école, ouverte aux jeunes gens du 1er novembre au 1er mars, leur rendit les plus grands services, prouvant une fois de plus, l'inlassable dévoûment des Frères pour les enfants du peuple audomarois.

Nous terminerons l'histoire des faubourgs pour la période précédant la Révolution, par la description de la Porte d'eau du Haut-Pont, de son populaire gardien l'antique et respectable Jaquemart « Mathurin », et du service des « Coches d'eau ».

d'après M. J. de Pas, dans une brochure, publiée en 1908.

L'ancienne porte du Haut-Pont, dite aussi de Dunkerque, dont l'on trouvera la gravure dans ce volume, comprenait un passage voûté disparu au moment du démantèlement, et une porte d'eau avec grille en fer, par laquelle se faisait jadis un important trafic fluvial avec les villes de Gravelines, Dunkerque et Bergues, avec Calais et Bourbourg, Furnes, Bruges, et le centre de la Hollande. Cette porte d'eau est encore présentement surmontée d'un pavillon dont l'origine remonte à la fin du xvie siècle, mais qui a été réédifié au xviie siècle, dont il a le cachet. Ce pavillon est surmonté d'un campanile abritant une horloge à double cadran accompagnée d'un Jaquemart, dit « Mathurin », chargé de sonner les heures. — L'horloge doit son origine à la réclamation des Hautponnais qui l'exigèrent de la Municipalité, en remplacement de celle de la Communauté religieuse du Soleil dont le cadran leur rendait grand' service, avant la démolition de ce couvent pour raison de stratégie militaire, et son installation en ville en 1578.

Le Magistrat souscrivit à cette dépense, mais à la condition que les habitants des faubougs, ceux de la Place du Haut-Pont et les étrangers se servant de la porte à l'eau pour leur commerce y contribueraient pour leur part respective. Ce fut Me Antoine Engueran « orlogeur audomarois », renommé, qui avait construit l'horloge astronomique de l'ancienne Collégiale de Saint-Omer, et Me Thomas Darschot, peintre de valeur, qui furent chargés de ce travail. Il était convenu dans le contrat que Mathurin ferait face à la ville. — En 1711, cette horloge fut transportée à l'Hôtel de ville et réparée aux dépens de l'impôt du Guet. Les églises de St-Denis, du Saint-Sépulcre, de Sainte-Aldegonde et l'Hôtel de ville possédaient également une horloge municipale. Il existait aussi un cadran au petit clocher du transept de la cathédrale, au xvie siècle. On trouvera dans notre « Guide des Touristes » tous les détails désirables sur la merveilleuse horloge astronomique construite en 1558, et restaurée en 1913 par M. Jullien, ingénieur de Bruxelles.

Le « Mathurin » actuel ne date que du XVIIe **siècle et porte le costume des bourgeois du temps de Louis XIV :** l'origine de son nom n'a pas été conservée par l'Histoire. En restaurant le pavillon en 1896, on a eu tort de sacrifier sur la façade qui regarde la ville, un haut-relief Louis XV, d'une élégante exécution et représentant deux anges soutenant un écusson à l'endroit où se trouve, de nos jours, le millésime de 1896. Le conservateur de l'horloge, au xviiie siècle, avait pour gages 44 florins et recevait aussi, annuellement, une robe de six florins. — En 1730, la cloche du Haut-Pont, pesant 128 livres, fut vendue par le Magistrat au Collège anglais au profit des pauvres. — En 1779, un audomarois a composé une chanson satirique intitulée le « Voyage de Gilles Dindin » où il raconte les plaisantes aventures d'un bourgeois audomarois s'embarquant sous les yeux de Mathurin pour se rendre, par la voie du canal, à Dunkerque. Au xixe siècle, c'est sous le pseudonyme de « Mathurin » qu'un de nos concitoyens a publié dans le journal le « Mémorial Artésien » de nombreux articles concernant tous les projets susceptibles d'améliorer les services publics, et cela sous le couvert d'une saine gaîté moralisatrice. Dans certaines fêtes publiques, un habile carillonneur audomarois travesti sous le costume de Mathurin, et monté sur un char avec carillon charmait dans les rues, les foules ravies d'entendre ses mélodieux et très variés concerts.

Mathurin tient donc bon rang parmi tous les autres Jaquemarts de France et de Navarre, et, depuis plus de trois cents ans, il a pris une part active à la vie municipale audomaroise dont il a tour à tour sonné les réjouissances, les deuils et les alarmes. Le fidèle petit guetteur a survécu au démantèlement de la Ville en 1892, qui a fait disparaître à cet endroit, une porte monumentale voûtée sous laquelle les soldats du

Le populaire
» Jaquemart »
de
la « Porte d'eau »

« Mathurin »
tient bon rang
parmi
tous les autres
« Jaquemarts ».

corps de garde voisin avaient mission d'assurer. les entrées et les sorties des voitures et des piétons dans un passage à la fois très étroit et toujours très encombré, et, en reconnaissance, il continue gravement à sonner les heures. Perpétuel prédicateur, il rappelle aux habitants de Saint-Omer et à ceux des faubourgs, en annonçant les heures fugitives, que chacun des coups de marteau qu'il frappe dans le temps rapproche les âmes de leur éternité. Naturellement, Mathurin n'a pas bronché pendant la Guerre de 1914, et bien qu'une torpille formidable ait éclaté à proximité, du haut de son poste aérien, il a « tenu » avec la ténacité flamande traditionnelle, et n'a pas cessé un instant de donner l'exemple du courage civique aux audomarois. En un mot, « Mathurin » reste populaire, car il a été « Mathurin au-dessus de tout », comme l'on dirait au-delà du Rhin et de la Rühr.

Quand, au XVIIe siècle, le service des Messageries s'organisa d'une façon régulière en France et dans les pays limitrophes, on l'étendit au transport des voyageurs par les rivières et les canaux. C'est surtout sur Dunkerque et, par voie d'eau, au détriment de Gravelines qui perdit de sa première importance, qu'au xviie siècle le trafic maritime et les relations commerciales convergèrent, jusqu'à la création des deux grandes chaussées vers Lille, l'une en 1700, par Ypres et Warneten, l'autre en 1759, par Cassel et Armentières. Avant 1670, c'est la rivière de la Colme, entre Watten et Bergues d'où s'ouvraient les canaux de Dunkerque et de Furnes qui fut utilisée. **Déjà, au XVe siècle, il existait un bateau de marché « Marschip »,** faisant le service entre Bergues et Saint-Omer, chaque samedi, seulement pour les denrées ; mais, ce ne fut qu'en 1669 que, par un accord passé entre le Magistrat de Saint-Omer et celui de Bergues, un service quotidien fonctionna pour les voyageurs de Saint-Omer à Wattendam, (hameau de Watten) et de Wattendam à Bergues. Le

Le bateau de marché, de Saint-Omer à Bergues.

DRAPELET DE ST-CORNEILLE. — XVIIIe siècle

tarif n'était que de deux sous par lieue et par grande personne, chaque voyageur ayant, de plus, droit au transport gratuit de 15 livres de bagages. — En 1719, deux barques commencèrent à fonctionner quotidiennement entre les deux villes, à leurs frais communs et sans transbordement en cours de route pour les marchandises. Vers 1754, un entrepreneur essaya d'établir deux coches d'eau spécialement réservés aux voyageurs pour Bergues, mais la concurrence des barques de Saint-Omer à Dunkerque, par Bourbourg, ne tarda pas à mettre obstacle au plein développement de ce projet. C'est en effet en 1678 que le canal creusé entre Dunkerque et le Guindal (son point de jonction avec l'Aa) devint navigable et que les premières barques pour voyageurs traînées par deux chevaux, ne relayant qu'au Guindal furent mises en circulation. L'installation des passagers n'avait rien de confortable et les arrêts forcés en route obligeaient de temps en temps de coucher à Bourbourg. Ce sont ces inconvénients qui ont donné lieu à la « chanson de Gilles Dindin », citée plus haut.

Enfin, en 1750, les Magistrats de Dunkerque et de Saint-Omer, firent construire des carrosses d'eau à l'instar des « treckschuyten » employés en Hollande et destinés au seul transport des voyageurs et de leurs bagages personnels. **Ces carrosses d'eau étaient des bateaux légers à quille,** comprenant trois chambres ou classes et pouvant être facilement traînés par deux chevaux, trottant d'une façon continue, ce qui était rendu possible par l'amélioration des digues de halage et la multiplication des relais au nombre de cinq. Les départs, tant de Saint-Omer que de Dunkerque, étaient fixés à sept heures du matin en été et, à huit heures en hiver. Le voyage durait sept à huit heures. Le départ des barques à Saint-Omer était annoncé par une volée de la cloche suspendue au-dessus de la porte du Haut-Pont. De décembre au mois de mars, les chambres étaient chauffées. — Le tarif du voyage était de

Les
« Carrosses d'eau »,
faisant le service
de Saint-Omer
à Dunkerque.

40 sous en première, 24 en seconde, et 15 en troisième. La gratuité était accordée aux officiers ministériels, aux religieux pauvres et aux enfants en dessous de trois ans. Ce service fonctionna jusqu'au moment où, au xixe siècle, la construction d'excellentes routes et celle du chemin de fer, lui enlevèrent toute importance au point de vue du transit des voyageurs, pour ne laisser place qu'à celui des marchandises auquel il resta désormais uniquement affecté. Il existait aussi des barques de Saint-Omer à Gravelines et à Calais, mais de bien moins grande importance.

CHAPITRE VI

Descri tion et destinées de l'Eglise Sainte-Elisabeth, 1612-1860.
– Le ministère de M. l'Abbé Delerue. – Le rétablissement de
la Confrérie de Saint-Corneille, établie jadis à Saint-Martin. –
Le culte très suivi de saint Corneille dans les Flandres. – Le
coutumier liturgique paroissial. – La thésaurie des reliques de
la paroisse. – La fondation du Monastère des Clarisses, date
mémorable pour les faubourgs. – Elle fut l'œuvre de prédilection de M. l'Abbé Bouquillion. – Les Clarisses dirigeaient
en même temps, six classes, un ouvroir et une salle d'asile. –
La Chapelle de Notre-Dame de Bon voyage, aux Quatre
Moulins, – L'humble sanctuaire de Notre-Dame de Bonne fin,
dans Lysel. – Projet de le transformer en une élégante chapelle de style gothique. – Ministère de M. le Chanoine
Paschal, 1829-1850. – Ministère de M. l'Abbé Bloëme,
successeur de M. le Chanoine Paschal, 1850-1851. – Travaux
littéraires de M. l'Abbé Bloëme.

Nous avons vu précédemment dans quelles conditions, au commencement du xviie siècle, et grâce à la
puissante intervention du Nonce du Pape, de NN. SS.
les Evêques de Saint-Omer Jean Six et Jean de Vernois,
Guillaume Lœmel, Abbé de Saint-Bertin, posa, en 1612,
la première pierre du nouveau sanctuaire paroissial
consacré à Sainte Elisabeth et construit à l'extrémité de
la rue de la Poissonnerie, au coin sud de la place de la
Ghière, où a été élevée, au xxe siècle, l'école des filles.
Cette petite église fut longtemps réclamée par les Habitants des faubourgs, trop éloignés pour se rendre régulièrement aux offices des paroisses de Sainte-Marguerite
et de Saint-Martin, en ville. De plus, comme très souvent,
à cause de l'état de guerre perpétuel aux xvie et xviie
siècles, les portes de la ville étaient fermées de très
bonne heure le soir, les malades et les mourants étaient

exposés à être privés de tout secours religieux pendant la nuit. — Bien qu'étroite et ne pouvant contenir qu'environ quatre cents assistants, c'est ce petit monument qui servit d'église paroissiale de 1614 à 1860, époque de l'achèvement de la nouvelle église actuelle, dite de l'Immaculée-Conception et dont nous parlerons plus loin. A l'occasion de l'inauguration de l'antique édifice, on fit pour la première fois la procession des Rogations dans le Haut-Pont, en 1614. Un millésime datant de 1665, sculpté sur la façade, rappelait encore, au XIXᵉ siècle, une importante restauration de l'église. En 1804, on reconstruisit le clocher ; l'intérieur était orné dans le goût des églises flamandes. — L'inventaire dressé par le Gouvernement révolutionnaire en 1791, fit constater que l'argenterie et le mobilier de l'église étaient de valeur très modeste. — La chapelle de Sainte-Elisabeth fut d'abord, par un décret du 4 mai 1791, conservée au culte catholique et mentionnée comme succursale de la nouvelle paroisse de Saint-Bertin, qui n'eut qu'une durée très éphémère sous la direction de l'Abbé Michaux, curé constitutionnel. Puis, sous le régime lamentable de la « Terreur » dont les excès furent en partie évités par les habitants des faubourgs, le sanctuaire resta vacant et, le 12 juillet 1798, on procéda à sa vente en même temps qu'à celle du nouvel arsenal établi à l'ancienne porte de Lysel. Achetée par deux Hautponnais, Leroy et Berteloot, qui la revendirent à J.-B. Pannier, administrateur, elle fut enfin rachetée, en 1805, pour 1.396 francs par le Conseil municipal de Saint-Omer, qui la rendit au culte catholique, à la grande joie de nos faubouriens.

Le premier desservant de l'église Sainte-Elisabeth fut M. l'Abbé Delerue, ancien curé de la paroisse Saint-Martin, prêtre très zélé et qui avait défendu jusqu'au bout les droits de son église, contre les envahissements révolutionnaires. Il resta en charge jusqu'à sa mort en 1812 et fut secondé dans son ministère par les Révérends Pères Lagache et Benoît Brasseur qui lui servirent de vicaires. La reconnaissance nous oblige à signaler ici également le Curé d'Estaires, un prêtre anglais, un prêtre proscrit et le R. P. Marcel capucin, qui assurèrent le service religieux dans les faubourgs pendant la Révolution avec le plus grand dévoùment, comme en font foi les anciens registres où ont été consignés les baptêmes et les mariages administrés par eux. Le 24 novembre 1805, on établit une société pieuse dite de Sainte-Elisabeth. En 1806, M. Delerue assista à la cérémonie de la récupération des reliques de Saint Bertin et à leur installation solennelle dans l'église Saint-Denis où elles se trouvent encore dans une châsse sous l'autel actuel du Sacré-Cœur. En 1807, furent célébrées les funérailles de M. Sockeel, ancien curé de Sainte-Marguerite ; la mort de ce vétéran du sacerdoce fut l'objet d'un deuil général. C'est également en 1807, que fut rétablie la Confrérie de Saint-Corneille, jadis établie dans la paroisse Saint-Martin. Le rescrit apostolique fut signé par le Cardinal Caprara, légat *a latere* en France, M. Delaune, vicaire général et archidiacre de Saint-Omer et M. Crépieux, secrétaire général. Saint Corneille pape et martyr, fut exilé, battu de verges et décapité, en 252, sous la persécution de l'empereur romain Gallus, successeur de Dèce. Il fut enseveli sur la Voie Appienne à Rome. — Son nom est inscrit au Canon de la Messe, et sa fête liturgique se célèbre le 14 septembre. La paroisse de l'Immaculée-Conception possède encore le précieux registre de la Confrérie contenant tous les noms des associés depuis 1710. Elle a également obtenu, en 1880, une relique des ossements du Saint, placée dans un reliquaire d'argent de forme ovale ; l'authentique est contresigné par M. Proyart, vicaire général. Saint Corneille est tout particulièrement invoqué contre les convulsions des petits enfants, et les maladies nerveuses. Une tradition romaine rapporte que pendant que le saint Pape était conduit au supplice, il guérit Salustie, paralytique depuis quinze ans, et épouse

Le rétablissement
de la Confrérie
de
Saint-Corneille,
établie jadis
à Saint-Martin.

de Céréalis le chef de l'escorte. A la vue de ce miracle, tous les assistants réclamèrent aussitôt le baptême. — Dans certains endroits saint Corneille est aussi invoqué contre les maladies des animaux à cornes. — Son culte est très répandu dans le nord de la France et en Belgique, par exemple à Quaëdypre, Hazebrouck, Drinckam, Rosendaël, Hem, Englos, Zwyndrecht près d'Anvers, la paroisse Saint-André à Anvers, Dieghem près de Vilvorde, dans la province du Brabant. Cette dévotion paraît s'être établie dans nos pays au IXe siècle, époque où Charles le Chauve rapporta d'Italie des reliques du Saint primitivement placées dans une église construite en son honneur par le Pape Adrien Ier. Ces ossements furent par la suite partagés entre les Bénédictins de Compiègne, le monastère de Saint-Corneille près d'Aix-la-Chapelle, Reims et l'Abbaye de Gosnay. Dans la Flandre on a conservé l'usage d'ajouter le nom de Corneille aux autres noms de baptême des enfants. Notre évêque regretté, Mgr Emile-Louis-Cornil Lobbedey en fournit un remarquable exemple.

Le culte très suivi de Saint Corneille dans les Flandres.

Au siècle dernier, les pèlerins qui suivaient la neuvaine célébrée à Hazebrouck au 16 septembre, portaient à la main un drapelet de forme triangulaire de 27 centimètres de longueur sur 17 centimètres de hauteur. Le cliché avait été gravé par Morlot, un audomarois, en 1773, et copié sur le drapelet de Saint-Folquin, gravé par Guillaume Duthielt, en 1643. Il représentait un prêtre, un châtelain et une châtelaine prosternés aux pieds du Pape les bénissant. — (Voyez la gravure encartée dans notre volume). — Le texte, en flamand, portait : « Saint Corneille nous prions pour que ceux qui réclament votre assistance, soient exaucés par N.-S.J.-C. Ainsi soit-il. — Corneille le véritable ami de Dieu est servi à Hazebrouck ». — Le buste qui se trouve à l'honneur, à droite en haut près du chœur dans l'Église de l'Immaculée-Conception, date de 1883, est l'œuvre du sculpteur audomarois Lambert.

C'est sous les successeurs de M. l'Abbé Delerue MM. Huguet ei Macrez de 1812 à 1829 que la vitalité paroissiale reprit peu à peu son cours et que furent rétablies toutes les fêtes et traditions des deux paroisses de Sainte-Marguerite et de Saint-Martin dont l'église Sainte-Élisabeth était devenue la légitime héritière au sortir du bouleversement anarchique révolutionnaire. M. le Chanoine Huguet fut ensuite, curé-doyen de Notre-Dame à Calais de 1821 à 1841. — Quant à M. le Chanoine Macrez, grand-doyen de Boulogne-sur-Mer, et curé de la Haute-Ville dans la Chapelle des Religieuses Annonciades, il fut jusqu'en 1835, un grand propagateur de la dévotion à N.-D. de Boulogne. Les registres nous signalent, au 2me dimanche après l'Épiphanie, la célébration d'un service expiatoire pour Louis XVI ; on y lisait, chaque année, le testament laissé aux Français par le pieux roi martyr, mort victime pour son peuple. Les processions de **Saint-Marc,** des Rogations, du Saint-Sacrement et du 15 Août se faisaient régulièrement sur la Ghière. Au 3me dimanche après Pâques, les Constructeurs de bateaux faisaient chanter une messe solennelle pour leur fête patronale de l'Invention de la Sainte-Croix. En juillet, c'était la messe de Sainte-Anne ; au 15 août une messe chantée en l'honneur de N.-D. de Bonne fin, sur la demande des paroissiens de Lysel. Le jour de Saint-Fiacre, patron des jardiniers, il y avait messe, procession sur la Ghière et prédication en flamand. La confrérie de Saint-Fiacre, avait été autrefois fondée à la paroisse Saint-Martin par le curé, M. Monsterlet. Grande solennité également pour la fête de Saint-Corneille et celle de Saint-Hubert, procession, prédication et bénédiction de petits gâteaux. En octobre, procession du Rosaire et « Te Deum », ce dernier chant liturgique terminait toutes les cérémonies extraordinaires de la paroisse. Le 3me dimanche de l'Avent, on fêtait Saint-Folquin, Évêque de Thérouanne, depuis qu'en 1806, Mgr de la Tour d'Auvergne avait reconnu comme authentique et donné à la paroisse, un os de saint Folquin (le radius) provenant de l'Abbaye de Saint-Bertin et remis officiellement à M. Delerue, en 1787, pour être exposé dans l'église Saint-Martin. — Pendant la moisson un salut était chanté tous les vendredis, pour obtenir une bonne récolte. — Enfin, chaque année, l'élite des paroissiens se rendait à la Paroisse Notre-Dame, l'un des jours de l'octave du saint évêque Omer, en septembre, pour y assister à la messe célébrée par le curé de Sainte-Elisabeth, à tour de rôle avec les autres curés de la Ville et les principaux aumôniers. Nous avons dit dans notre volume « Saint Omer, apôtre de la Morinie », combien il était facile et désirable pour le bien des âmes de rétablir cette intéressante tradition.

La thésaurie des reliques de la paroisse.

Au commencement du XIXe **siècle, la thésaurie des reliques de la paroisse, se composait** 1° **d'une relique de S**te **Elisabeth.** d'une relique de St François de Sales et d'une relique de St Denis, envoyées de Rome en 1805 par le Cardinal Caprura et remises à la paroisse en 1806 par l'Evêché d'Arras.

2° d'une **relique de la vraie Croix** enchâssée dans un médaillon d'argent, lui-même encastré dans une croix d'argent aux rayons de cuivre doré. Les authentiques furent enfermés dans le pied de la croix en 1806. Cette relique venant directement de Rome, fut d'abord authentiquée par Mgr de Bonneguise, évêque d'Arras et également reconnue par Mgr de la Tour d'Auvergne en 1806.

3° des **reliques de S**t **Corneille et de S**t **Folquin.** — En 1821, M. Deron, curé-doyen de Notre-Dame, faisant fonction de vicaire général, prit une parcelle de la relique de St Folquin pour en faire don officiellement à l'église d'Esquelbecque, dans le Nord, village où mourut ce saint évêque.

L'installation de la Confrérie du Saint Viatique se fit dès 1803, et les confrères et consœurs furent toujours édifiants et très nombreux. Celle de St Fiacre remonte à 1719, et fut établie par Mgr de Valbelle, évêque de Saint-Omer, dans l'église de Sainte-Marguerite et par Bref du Pape Clément VIII. (Le tableau des indulgences se trouve encore dans la nef latérale droite de l'église.) Le dixième dimanche après la Pentecôte on chantait une messe en l'honneur de Ste Marguerite, le 4 septembre en l'honneur de St Gilles, messe fondée par M. Monsterlet, curé de Saint-Martin, en octobre, en l'honneur de Ste Brigitte et en décembre pour la St Nicolas.

Une date qui reste mémorable dans les faubourgs, c'est celle de la fondation du Monastère des Pauvres Clarisses en 1820, sur la Ghière. On trouvera dans notre « Histoire paroissiale du Saint-Sépulcre » le récit de la première installation des Clarisses dans la ville de Saint-Omer en 1521, dans un terrain limité par les rues actuelles « Le Sergeant » à l'ouest, « Taviel » au sud et « Courteville » au nord. Au moment de leur exil imposé par la tyrannie révolutionnaire, en 1790, ces religieuses, très ferventes, étaient encore au nombre de quarante. C'est en 1820 que quatre Pauvres Clarisses qui reçurent une hospitalité provisoire dans l'excellente famille Decupper, Sœur Caroline Pustel, Sœur Delphine Delgéry, Sœur Marianne et Sœur Albertine Vilain se firent quêteuses pour l'établissement de leur couvent. L'intervention d'un bienfaiteur, M. de Facien, auprès du Génie militaire, permit de mener à bonne fin leurs constructions, un instant entravées sous le prétexte des besoins de la défense de la ville, et Madame la Sous-Préfète de Laage en posa elle-même la première pierre. En 1827, eut lieu la bénédiction de la Chapelle et celle de la cloche dont M. l'Abbé Bailly, alors vicaire à Notre-Dame, fut le parrain et Mme de Facien la marraine. Le 27 mai de la même année, la cérémonie de prise d'habit générale fut présidée par M. Deron, grand-doyen de Saint-Omer, prêchée par M. Bailly et en la présence de MM. Bouquillion père et fils qui devaient être ensemble la providence spirituelle et matérielle tout à la fois de la nouvelle Communauté pendant vingt-cinq ans, M. l'Abbé Bouquillion, nommé vicaire en 1823, fut immédiatement chargé de la direction spirituelle des Religieuses Clarisses et il s'acquitta de cette charge avec le plus entier dévoûment jusqu'à sa mort. Il était le frère de Sœur Bertine Bouquillion, religieuse hospitalière à l'Hospice Saint-Louis, qui fut favorisée de l'impression des stigmates des cinq plaies, et a laissé à Saint-Omer une réputation d'éminente sainteté. C'est à son occasion que Monseigneur l'Évêque d'Arras ordonna de sonner la cloche, chaque vendredi, à 3 heures, pour la récitation des 5 *Pater* et *Ave* réparateurs.

Jamais on ne pourra apprécier à leur juste valeur, les sacrifices que le père et le fils s'imposèrent pour les Pauvres Clarisses. Un an après le décès de M. l'Abbé Bouquillion rappelé à Dieu le 31 juillet 1852, l'autorité ecclésiastique d'accord avec l'autorité civile, permit de placer sa dépouille mortelle dans la chapelle même des Clarisses, où il repose encore sous une dalle de marbre blanc au milieu de la nef. — La vie des courageuses filles de Saint-François se partage entre l'oraison, la récitation du bréviaire au chœur, et le travail manuel. A minuit, elles récitent « Matines » et « Laudes » et font oraison. Le jeûne et l'abstinence sont perpétuels au couvent. Les Clarisses sont avant tout, des âmes mortifiées et réparatrices ayant pour mission de détourner la malédiction divine si indignement provoquée par la vie coupable du monde oublieux des droits de Dieu ici-bas.

Depuis 1863, MM. les Abbés Bret, Parent et Delattre ont été successivement chargés de la direction spirituelle de la maison, et Dieu sait combien ces dévoués aumôniers ont été à la hauteur de leur délicate et sublime mission. Voici les noms des Supérieures depuis 1827, Sœur Caroline. — 1832, Sœur Marie-Anne. — 1835, Sœur Thérèse de Saint-Joseph. — 1841, Sœur Agnès de Saint-François. — 1890, Sœur Bertine de Sainte-Anne,

— 1902, Sœur Angèle de Saint-Jean de Capistran. — 1912, Sœur Philippine de Saint-Augustin. — Avant la néfaste période de la persécution religieuse, les Clarisses dirigeaient six classes de jeunes filles et une salle d'asile, formant un groupe compact d'environ 250 élèves. Elles s'occupaient également d'un ouvroir, d'un patronage et de la Congrégation des Enfants de Marie. On devine par cette édifiante énumération tous les précieux services qu'elles rendirent au cours du xixᵉ siècle aux habitants des faubourgs, et la légitime indignation de ces derniers quand leurs écoles furent officiellement fermées par la suppression de la pleine liberté d'enseignement pour les congrégations religieuses, liberté cependant si bienfaisante pour la nation française. Pendant leurs nombreuses années d'enseignement les Clarisses reçurent d'ailleurs toujours les félicitations et les encouragements de l'Autorité municipale de Saint-Omer.

Le Faubourg du Haut-Pont possédait depuis 1675 une chapelle consacrée à Notre-Dame du Bon voyage, et dont François Boucault, Abbé de Saint-Bertin, avait posé la première pierre, à l'entrée de la route de Saint-Momelin. Ce petit édifice, disparu au début du xixᵉ siècle, avait été construit pour remplacer une capelette dédiée à la même vierge et fixée par les élèves du Collège des Jésuites à l'un des arbres du fort dit « de Grâce » sur la route d'Arques. Cette capelette avait été transformée en une chapelle sous le nom de Notre-Dame de Grâce, pour faire plaisir à Monseigneur Jonnart, évêque de Saint-Omer, précédemment doyen du Chapitre de Notre-Dame de Grâce à Cambrai.

De leur côté, les Habitants de Lysel avaient également élevé un petit sanctuaire, consacré à Notre-Dame de Bonne fin sur leur place centrale. En 1802, Jean Depledt, Jean, Pierre et Jacques Debast, Joseph Vandenbergue, Etienne Bayard et C. Berteloot réclamèrent le rétablissement du culte dans ce petit sanctuaire. La tradition rapporte que lors de l'immense incendie

L'humble sanctuaire
de
N.-D. de Bonne fin
dans Lysel.

Projet
de le transformer
en une élégante
chapelle
de style gothique.

de 1814 qui ravagea presqu'entièrement le faubourg, les flammes s'arrêtèrent providentiellement aux murs de la Chapelle. — En 1833, le modeste édifice fut transporté à l'entrée de la rue de la Poissonnerie, comme le rappelle le millésime qui domine son fronton, et, il y a quelques années, il subit de nouvelles modifications, en raison de l'alignement exigé par les travaux de la voirie. La dévotion des faubouriens de Lysel pour la Vierge de Bonne fin, dont la statue en bois doré, du xviie siècle, se trouve encore exposée à leur vénération a de tout temps été remarquable. **De nos jours, cette dévotion reste bien vivante :** les fidèles aiment à se signer en passant devant la chapelle, qui s'illumine souvent les samedis et veilles de fêtes de la Sainte Vierge. Jadis la foule se réunissait à cet endroit à la tombée du soir pour y chanter avec entrain et ferveur des cantiques populaires, et la cérémonie dite du « Départ des jeunes conscrits » pour le régiment, n'était pas, chaque année, la moins édifiante. Depuis 1835, les gardiens du sanctuaire furent MM. François Gilliers, Pierre Hau, Jules Morel et Jules Degrave. MM^{lles} Marie Degrave et Marie Depledt, les dévouées sacristines, méritent aussi à ce titre une mention spéciale, en attendant la récompense que leur ménagera certainement la Reine du Ciel. Nous attirons ici, une fois de plus, l'attention de nos chers concitoyens des faubourgs sur le projet facilement réalisable, qui consisterait à remplacer la chapelle actuelle, vraiment trop étroite et indigne de leur reconnaissance à la Sainte Vierge pour la préservation de l'invasion allemande en 1918, par une jolie chapelle de style gothique, construite sur un terrain, présentement encore libre, dans la rue de la Poissonnerie et en face du n° 110 et faisant face à la nouvelle Gare. Ce petit monument élevé à la mémoire des enfants du faubourg, tombés au champ d'honneur pendant la Grande guerre, servirait de trait-d'union entre les deux faubourgs, et serait utilisé pour les reposoirs de la procession du Saint-Sacrement : Un petit clocher de style que l'on apercevrait des quais d'embarquement de la gare, augmenterait la perspective artistique des faubourgs, et sa vue engagerait les voyageurs toujours impatients dans l'attente de leur train et faisant les cent pas, à placer leurs excursions sous la protection de la Vierge de Bonne fin, Notre-Dame de Bon voyage. Les habitants des faubourgs aiment à recommander à leur Vierge de prédilection, le succès de toutes leurs entreprises, les heureuses naissances dont le nombre est d'ailleurs très consolant parmi eux, et enfin le suprême voyage d'une mort très chrétienne assurant un repos bien gagné aux grands travailleurs des marais.

C'est à M. l'Abbé Emmanuel Paschal que revint en 1829 l'honneur et la charge de la direction de la paroisse des faubourgs. La charge était lourde, car, à cette époque, la commune de Clairmarais ne faisait encore qu'un avec Lysel au point de vue religieux. On fut obligé de nommer un troisième vicaire en 1822. Elle fut plus tard rattachée à la paroisse d'Arques en attendant qu'elle devint elle-même paroisse, quand M. l'abbé Limoisin eut construit son église. M. Paschal était né à Saint-Omer en 1791, d'une honorable famille où les vertus chrétiennes étaient en honneur et pratiquées avec fidélité. A cette époque, les ruines amoncelées par la Révolution française n'étaient pas encore réparées, et les établissements d'enseignement secondaire n'étaient qu'à leurs débuts. Malgré cela, grâce à ses excellentes dispositions naturelles, le jeune lévite parvenait au sacerdoce en 1815 et exerçait successivement le saint ministère comme vicaire à Saint-Pierre-les-Calais, à Aire et à Saint-Omer. En 1829, Mgr de la Tour d'Auvergne le nomma desservant du Haut-Pont, il devait y rester une vingtaine d'années, et se dévouer entièrement à procurer le bonheur de ses paroissiens qu'il ne quitta que lorsque l'affaiblissement de sa santé ne lui permit plus de remplir tous les devoirs de la charge de pasteur qu'il avait tant à cœur. Proposé pen-

Ministère
de M. le Chanoine
Paschal
1829-1850.

dant qu'il était encore au Haut-Pont, pour la cure importante de la Haute-ville, à Boulogne-sur-Mer, il déclina cette offre par amour de ses paroissiens et aussi de sa ville natale, c'est alors que son évêque le nomma chanoine honoraire de la cathédrale d'Arras. Retiré à Saint-Omer, sur la paroisse St-Denis, il y vécut encore comme prêtre habitué, jusqu'en 1875, donnant à ses concitoyens l'exemple d'une parfaite édification. C'est à la piété de M. le chanoine Paschal que l'on doit l'érection de la Confrérie du Saint Cœur de Marie, dont nous reparlerons à la fin du volume. Les registres de fabrique de l'époque signalent la réparation du clocher de l'église de Sainte-Élisabeth, le renouvellement des peintures et des dorures des boiseries, les locations des maisons et des viviers, propriété de la Fabrique, le don d'une terre lègre et d'un jardin d'une superficie de sept ares onze centiares par l'ancien curé M. Macrez, devenu curé-doyen à Boulogne. Cette terre était située au-delà du pont à Chaînes, à l'extrémité du faubourg du Haut-Pont.

En 1834, en 1837 et en 1847, le Cardinal de la Tour d'Auvergne vint donner la confirmation dans le faubourg. Le budget de la Fabrique en 1835 s'établissait comme il suit : Recettes : 2.311 fr. 50 ; Dépenses : 2.640 fr. 60. En 1839, le Conseil municipal de Saint-Omer rédigea un nouveau règlement des frais funéraires. En 1821, M. Huguet, ancien curé des faubourgs et devenu curé-doyen de Calais, avait fait don d'une maison en face de l'église. — En 1841, nouvelle donation de Mlle Macrez, de sept ares 85 centiares d'un terrain sur la Ghière, pour la construction d'une nouvelle église. — En 1842, on célébra le service funèbre de Son Altesse le duc d'Orléans, victime d'un accident de voiture sur la route de Neuilly, au moment où il se disposait à partir pour visiter Saint-Omer et le camp d'Helfaut. En 1843, restauration de la petite statue de Ste Élisabeth que l'on portait en procession ; en 1844, on établit un baldaquin au-dessus de la grande statue en pierre de la même sainte, qui se trouvait derrière le maître-autel et, en 1846, M. le Grand-Doyen de Saint-Omer bénit un nouveau Chemin de la Croix. A l'arrivée de M. l'Abbé Bloëme, successeur de M. le Chanoine Paschal, le budget de la Fabrique s'équilibrait sur le chiffre de 2.553 fr. 75.

En 1850, la paroisse Sainte-Élisabeth célébra avec ferveur le Jubilé, ordonné par le Souverain Pontife Pie IX. **M. l'Abbé Adolphe Bloëme, audomarois, successeur de M. le Chanoine Paschal,** qui possédait parfaitement la langue flamande paraissait tout désigné pour exercer un fructueux ministère dans les faubourgs et il se mit de suite à l'œuvre, mais le travail absorbant de la souscription à organiser et les graves soucis d'une église à bâtir n'ayant pu convenir à son tempérament, en 1851, Monseigneur Parisis l'appelait à la cure de Roquetoire près d'Aire-sur-la-Lys. Son départ entraîna le renouvellement du Conseil de Fabrique. Étant données les difficultés du projet de construction de la nouvelle église, une Commission spéciale avait été nommée pour l'étudier. Elle comprenait : MM. Truche, Vitse, Dupuis, Terninck, Baron de Colbert, de Cheyland, Évrard et Fournier. MM. Ponce, conducteur des ponts et chaussées, Bonnières, constructeur de bateaux, le Baron de Monnecove, M. Barnabé Dumetz, grand-doyen, M. Paschal, curé, et MM. Bouquillion, Vallet et Dutoit, vicaires. — L'Abbé Bloëme avait deux frères, l'un Léon, chanoine d'Arras, ancien curé de Saint-Martin-les-Boulogne, est décédé à Bergues en 1883, l'autre civil, mort à Saint-Omer en 1872, a composé une brochure intitulée « Le Bedeau de Saint-Omer », qui a pour héros un bedeau, le nommé Elleboode, resté célèbre dans le faubourg pour les nombreux sauvetages qu'il y a accomplis dans des circonstances extraordinaires.

Avant d'être curé du Haut-Pont, l'Abbé Adolphe Bloëme avait été vicaire de Saint-Nicolas à Boulogne, et curé d'Hardinghem et de Nordausques. Ses paroissiens de Roquetoire l'estimaient beaucoup et obtinrent qu'il fut inhumé dans son église en 1867.

Ministère
de
M. l'Abbé Bloëme,
successeur
de M. le Chanoine
Paschal.

Travaux littéraires
de
M. l'Abbé Bloëme.

Il était membre du Comité Flamand et de la Société Dunkerquoise pour l'encouragement des sciences, des lettres et des arts. Il fut toujours l'ardent protagoniste de la conservation de la langue flamande. Il a laissé des lettres sur la « Littérature flamande », un drame « Sainte-Élisabeth de Hongrie », et une « Histoire de Sainte-Godeleine », divers « Opuscules moraux ». Poète, il a composé plusieurs acrostiches, en l'honneur de saint Benoît-Joseph Labre, un cantique à N.-D. de Boulogne, une messe dite du Choral, et enfin une cantate, musique et paroles, en l'honneur de N.-D. des Miracles, qui fut interprétée par 500 choristes, sur la Grand'Place de Saint-Omer, le 12 juillet 1875, au moment du couronnement de la statue miraculeuse du xiii siècle, dont l'année 1925 doit voir le glorieux cinquantenaire.

CHAPITRE VII

Pastorat de M. le Chanoine Sockeel, il fut le « Semeur de Dieu »
pendant trente ans. - Son œuvre principale fut la construction
de la nouvelle église de l'Immaculée-Conception, 1854-1868.
- La pose de la première pierre par Mgr Parisis en 1854. - Le
beffroi et ses trois cloches, Romaine, Joseph et Pierre. - Pour
les victimes de la Guerre de 1870. - La famillle Jacquard,
grande bienfaitrice de l'Eglise. - Pastorat de M. l'Abbé
Bret, 1879-1887. - L'apostolat de Sœur Truche, fille de la
Charité dans les faubourgs et à Clairmarais. - Pastorat de
M. l'Abbé Décrouïlle, 1887-1891. - M. le Chanoine
Décrouïlle, conférencier, écrivain liturgique, prédicateur de
retraites sacerdotales, et fondateur de l'Œuvre des « Françaises
de Saint-Omer ». - Pastorat de M. l'Abbé Pillons, 1891-
1895. - Pastorat de M. le Chanoine Louis Delattre, 1895-
1899. - Les hautes charges ecclésiastiques, qu'il eut à remplir.
- M. le Chanoine François Delattre, aumônier des Clarisses et
la famille paroissiale. - Délimitation de la paroisse à la suite du
démantèlement de la ville en 1892. - Pastorat de M. le Chanoine Parent, 1899-1901. - La Paroisse prend part à la
rocession de la grande « Fête Eucharistique » en 1901. -
Pastorat de M. l'Abbé Lesenne, 1901-1918. - Son laborieux
apostolat accompli avec le plus entier dévoûment. - Importantes réparations à l'église et fondation du Patronage sur la
place de la Ghière. - Noble et énergique protestation de
M. l'Abbé Lesenne au moment de l' « Inventaire » de l'Eglise en
1906. - Les Conseillers de Fabrique se montrent les dignes
défenseurs des biens qui leur avaient été confiés. - Le nouveau
Conseil paroissial, son rôle. - Prospérité du Patronage des
garçons et de l'Œuvre de la Jeunesse catholique. - Fondation
de l'Œuvre des Cheminots catholiques en 1907. - Pastorat
de M. l'Abbé Duquesne, 1918. - Sa paternelle et sage
direction lui gagne tous les cœurs. - 153.000 francs sont
affectés à la restauration de l'Eglise. - Construction d'une
superbe « Salle des Œuvres ».

**C'est Monseigneur Parisis, évêque d'Arras, suc-
cesseur du Cardinal de la Tour d'Auvergne qui, à**

peine arrivé dans son diocèse, tint à installer, lui-même, le successeur de M. l'Abbé Bloëme, M. l'Abbé Alexandre-Henri Sockeel. Le nouveau pasteur était né à Cléty en 1795 ; un père d'une foi antique et une mère d'une piété peu commune lui avaient communiqué avec la vie, ce qui devait être le fond de sa nature, en même temps que son auréole d'homme et de prêtre, la simplicité, la droiture, la crainte de Dieu et l'horreur du mal. Vicaire et curé d'Arques jusqu'en 1851, il fut envoyé à la Paroisse du Haut-Pont comme un père de famille, prêt à toutes les fatigues et à tous les sacrifices. Malgré quelques nuages au début, qui amenèrent la dissolution du Conseil de fabrique sur l'ordre des autorités religieuses et civiles, ses paroissiens reconnurent bien vite quel prêtre de choix leur était donné et ils s'empressèrent de remercier Monseigneur Parisis pour cette nomination.

De son côté, M. Sockeel, apprécia de suite l'esprit chrétien de sa paroisse, dont il fut toujours fier. Il devait passer près de 30 ans dans les faubourgs et mourir en 1880, après 60 ans de prêtrise. Oh ! si le monde savait tout ce que renferment d'ineffables secrets, soixante ans de prêtrise et tout ce qu'ont pu semer de suaves bienfaits, les lèvres, la main et le cœur d'un saint prêtre, pendant ce temps. Le curé de l'Immaculée-Conception fut le « Semeur de Dieu » sans se douter pour ainsi dire de sa force et de son influence, tant il était modeste et bon, Il repose dans sa tombe de famille, au cimetière de Renescure (Nord). M. Sockeel était chanoine honoraire d'Arras depuis 1858.

L'œuvre principale de M. le chanoine Sockeel fut la construction de la nouvelle église de l'Immaculée-Conception à l'extrémité nord de la place de la Ghière, sur le terrain donné à cette intention par la famille Macrez. En 1854, Jacques Lambrecht fit un don de 2.000 francs pour les premiers travaux. La proclamation solennelle du dogme de l'Immaculée-Conception

par **Pie IX**, en 1854, époque où commencèrent définitivement les travaux, décida l'autorité religieuse, sur le
désir de M. l'Abbé Bouquillion, vicaire de la paroisse,
de transformer le titre de Ste Élisabeth, cousine de la
Très Sainte Vierge en celui de la Vierge immaculée. Le
zélé pasteur se fit quêteur tant dans sa paroisse qu'à
Saint-Omer et dans la région, et au prix des plus labo-
rieuses démarches, réussit à obtenir la somme de 225.000
francs, qui lui permit, de 1854 à 1868, d'arriver à terminer
l'œuvre qu'il avait tant à cœur, et que son évêque
recommanda tout spécialement, le 9 octobre 1853, par
une lettre pastorale adressée aux quatre paroisses de la
ville de Saint-Omer. Mgr Parisis posa lui-même
solennellement la première pierre du monument, le
2 novembre 1854, en présence des autorités constituées
et du Conseil municipal. — Cette pierre a été placée à
l'endroit du maître-autel. Elle a 0,60^{cm} de longueur sur
0,30^{cm} de hauteur, ses huit faces portent autant de croix
de Malte taillées en relief. A l'intérieur, se trouve une
médaille de Sa Sainteté Pie IX, au millésime de 1852,
une petite pièce d'or, deux en argent et deux en cuivre
à l'effigie de Louis-Napoléon. On y lit une inscription
avec le chronogramme suivant :

La pose
de la première
pierre
par Mgr Parisis
en 1854.

Ab aLtIpontanIs, MarIæ sIne
Labe ConCeptæ, æDes obLata.
Édifice offert par les Hautponnais à Marie
conçue sans péché.
1854

Les autorités civiles étaient représentées par Messieurs
Leverd, sous-préfet, de Folard, maire, Briche et Van-
heegue, adjoints, Lefebvre-Hermand, député, et Quen-
son, président du tribunal, qui signèrent le procès-
verbal de la cérémonie, dont le parchemin est précieusement conservé dans les archives paroissiales.

**Les travaux furent poussés activement, et, en
1859, l'église pouvait déjà servir au culte.** Cepen-

dant, en 1858, d après un rapport de M. Libersalle, architecte, si l'ensemble de l'église, bien qu'établi sur un fond tourbeux de 6 à 7ᵐ de profondeur, présentait une solidité suffisante, grâce à un lit de pierres calcaires et blocailles pilonnées et égalisées, et à un autre lit de béton de briques concassées avec mortier de cendres et de chaux hydraulique de Tournai, il n'en était pas de même pour la tour, où s'accusaient des lézardes aux murs latéraux et aux tourelles des escaliers avec une déviation dans l'aplomb des contreforts du portail, le tassement général n'ayant pu à cet endroit s'opérer d'une manière complètement uniforme en raison des charges inégales supportées par les fondations.

Cette tour, d'après le plan primitif, était formée de quatre gros piliers triangulaires destinés à recevoir une flèche en pierre ; pour conjurer l'affaissement on démolit et on remplaça les deux piliers intérieurs par des colonnes en pierre d'un diamètre réduit. Le pilotage n'ayant pas été assez soigné au début, on dut se résoudre alors à construire seulement un clocher en bois. — Ce clocher subsiste toujours et son devis fut de 25.000 francs. — L'architecte en chef fut M. Leroy, de Lille. — Bien que les cloches soient en acier, la sonnerie est d'un effet agréable et sonore.

Le beffroi et ses trois cloches, Romaine, Joseph et Pierre.

Des trois cloches, la première en date « Romaine » de 1866, a été offerte par M. et Mᵐᵉ Romain de Givenchy, les grands bienfaiteurs de l'église, la **seconde « Joseph »** (1868), la plus forte, est dûe à la générosité de M. Jacquard, la **troisième « Pierre »** (1868), a été donnée par les jardiniers de Lysel. — Les orgues sorties de l'atelier Merklin-Schutze à Paris, Boulevard Montparnasse, furent placées en 1860, sous le clocher. En 1859, M. Hermant Cousin, de Saint-Omer, fit don à la nouvelle église d'un ostensoir et d'un calice et de burettes en vermeil, d'une croix de procession, de chandeliers et d'un missel. En 1862, l'ancienne église de Sainte-Élisabeth, qui avait été rachetée par les paroissiens après la

Révolution, et avait servi d'église paroissiale depuis 1612, fut vendue à la Ville, mais à la condition qu'elle ne serait pas affectée à une destination profane. — C'est sur son emplacement, au coin sud de la place de la Ghière qu'a été élevée, au commencement du xxe siècle, la nouvelle école de filles du Haut-Pont. — De 1864 à 1870, M. le Chanoine Sockeel, de concert avec son Conseil de fabrique et spécialement avec son président Nicolas Berteloot, travailla à embellir son église et à la consolider. Sur son image mortuaire on a inscrit avec raison cette phrase : « J'ai construit un temple au nom du Seigneur, qu'il soit pour tous la porte du Ciel ».

La Guerre désastreuse de 1870 fit plusieurs victimes dans les faubourgs et la Société du « Souvenir français » inaugura sur la façade de l'église, le 5 juillet 1896, une plaque en marbre noir à l'honneur des enfants des faubourgs morts pour la patrie. Voici leurs noms, que nous sommes heureux de faire passer, une fois de plus, à la postérité : Bernard Henri, Berteloot Alfred, Berteloot Charles, Decrawer Jean, Decupper Julien, Delgorgue Jules, Delobel Alfred, Lefebvre Désiré, Marquand Bernard, Monsterlet Charles, Serhyve Clovis, Widehen Louis — Leblond Remy, au (Maroc 1908).

Pour les victimes de la Guerre de 1870.

De 1870 à 1879, nous voyons la Fabrique recevoir quelques dons de différentes familles et un important legs de la famille Jacquard, qui offrit aussi à l'Église, les stalles très artistiques du chœur, les fonts baptismaux et la moitié du chemin de la Croix. Par contre, des réparations au clocher, aux orgues et, à tout l'édifice, ne lui permirent guère pendant cette période d'équilibrer son budget. Cette situation plutôt précaire fut d'ailleurs celle de tous les Conseils de Fabrique et Conseils paroissiaux qui se succédèrent jusqu'en 1922, époque où une indemnité de 153.000 francs de dommages de guerre, a permis de restaurer complètement l'Église paroissiale qui, depuis sa construction en 1854, n'a procuré au

La familie Jacquard, grande bienfaitrice de l'Eglise.

point de vue matériel, que de graves soucis à tous ses pasteurs.

Pastorat
de M. l'Abbé Bret
1879-1887.

M. l'Abbé Henri Bret, né à Fauquembergues, en 1820, après avoir été un moment pro-curé de l'Immaculée - Conception, pendant la dernière maladie de M. le chanoine Sockeel, fut appelé à lui succéder comme curé. Il avait été précédemment professeur au Collège Saint-Bertin, supérieur à l'Institution Sainte-Marie, à Aire-sur-la-Lys, et aumônier des Bénédictines de Longuenesse. Il dirigea avec grande sagesse la paroisse des faubourgs de 1879 à 1887 et consacra ses dernières années à la direction spirituelle des Religieuses Clarisses dont il fut l'aumônier jusqu'à sa mort, en janvier 1895. Pendant sa longue vie sacerdotale, M. l'Abbé Bret s'était acquis l'estime et la vénération de tous. Il était bénéficier de 1re classe de la cathédrale d'Arras et Administrateur de la Confrérie de N.-D. des Miracles.

En 1879, le mobilier de l'église fut complété par deux confessionnaux très artistiques dûs à l'habile ciseau de M. Emile Sturne, sculpteur. En 1880, les registres de Fabrique signalent une fondation Snick ; en 1882, un legs Catherine Decupper, épouse Gilliers ; en 1883, un legs François Thibaut, de Lysel. En 1883 également, le cimetière est agrandi, grâce à un terrain laissé à la Fabrique par M. le chanoine Macrez, devenu Grand-Doyen de Boulogne en 1829.

L'apostolat
de Sœur Truche
fille de la Charité,
dans
les faubourgs
et à Clairmarais.

C'est sous le pastorat de MM. Sockeel et Bret, que la Divine Providence ménagea aux curés de l'Immaculée-Conception, une précieuse auxiliaire en la personne de Sœur Truche, Fille de la Charité de Saint-Vincent de Paul. Cette dernière, qui appartenait à l'une des meilleures familles de Saint-Omer, vint se fixer dans le faubourg, dans le local qui devint plus tard l'école des Frères et le Patronage, près du pont du chemin de fer. Elle y consacra toutes ses ressources à la fondation d'une école et d'un ouvroir qui, sous la direction de six

religieuses, compta jusqu'à trente jeunes orphelines,
originaires de différentes régions. L'action charitable
de la vénérée supérieure s'étendit aussi, naturellement
aux pauvres et aux malades du Haut-Pont et de Lysel.
La délicieuse solitude de Clairmarais et l'état de délais-
sement spirituel de cette paroisse, ne devait pas tarder
à attirer le cœur compatissant de Sœur Truche, qui y
continua avec succès école et ouvroir, jusqu'à sa mort.
Ce furent les Petites Sœurs de l'Assomption qui lui succédèrent dans son généreux apostolat. La vaillante Fille
de Saint-Vincent repose maintenant dans le cimetière
de Clairmarais, à l'ombre du grand Calvaire et au
milieu de la population qu'elle a toujours profondément
aimée et édifiée.

**C'est à M. l'Abbé Romuald Décrouïlle, alors curé
d'Oye, qu'échut, en 1886, la succession de M. l'Abbé
Bret :** les Faubourgs possédèrent leur nouveau pasteur
jusqu'en 1891, époque où il devint aumônier du Pensionnat de Notre-Dame de Sion, à Saint-Omer. Né à
Saint-Pierre-les-Calais en 1842, et élève de M. l'Abbé
François Crèvecœur, fondateur du Pensionnat Saint-
Pierre, M. l'Abbé Décrouïlle fut d'abord choisi comme
vicaire à Notre-Dame de Calais, par M. le Chanoine
Alphonse de Lencquesaing, prêtre d'une éminente sainteté et dont la mémoire est restée en bénédiction, et, au
décès de M. Crèvecœur, installé à 27 ans, comme supérieur du Pensionnat Saint-Pierre, où pendant sept ans,
il se révéla maître-éducateur par la richesse de sa culture générale. En 1878, son état de santé l'obligea à
réclamer un ministère de campagne et la paroisse
d'Oye qui eut le bonheur de posséder un prédicateur
remarquable pendant près de dix ans, lui doit aussi ses
écoles libres. La paroisse de l'Immaculée-Conception,
moins heureuse, ne le conserva que de 1887 à 1891,
assez de temps cependant pour lui permettre d'apprécier
toute la valeur de l'orateur éminent et de l'excellent
conférencier qu'était M. l'Abbé Décrouïlle. Ce dernier

Pastorat
de M. l'Abbé
Décrouïlle
1887 - 1891.

eut tout particulièrement à cœur la prospérité des confréries et des œuvres d'hommes. La charge paroissiale des faubourgs trop lourde pour ses forces physiques et surtout ses goûts d'écrivain ecclésiastique, réclamant des loisirs incompatibles avec la vie surchargée du ministère, l'engagèrent à accepter la situation d'aumônier de Notre-Dame de Sion.

C'est là, dans cette communauté, choisie entre toutes, que de 1891 à 1921, ce prêtre distingué, sans négliger aucunement la direction spirituelle des Religieuses et de leurs élèves, fournit un travail de plume considérable, qui étendit sa renommée au-delà des limites du diocèse. **Ses « Méditations sacerdotales »** composées à Oye et imprimées en 1890, furent très goûtées du clergé et forment une sorte d'encyclopédie de la prédication, grâce au Missel et au Bréviaire, où la liturgie, la théologie dogmatique et la théologie ascétique se fondent en une merveilleuse unité. Après avoir fait de la Messe le centre de la vie du prêtre, M. l'Abbé Decrouïlle consacra deux autres ouvrages **« Les Méditations liturgiques »** et, la **« Sainte Messe »**, pour faire de la Messe le centre de la vie des fidèles et éclairer ceux-ci sur le vrai sens du Saint-Sacrifice ; la grande prière liturgique, qui doit être offerte aussi bien par les assistants que par le célébrant. Ses **« Plans de sermon sur la liturgie »**, son ouvrage sur les **« Sacrements »** et son volume sur la **« Sainteté sacerdotale »** complètent son œuvre intéressante et de grande envergure. — **Liturgiste averti, M. le chanoine Décrouïlle fut également le prédicateur écouté de différentes retraites sacerdotales** dans plusieurs diocèses de France, et il s'occupa pendant quelque temps de conférences populaires. Directeur enfin de l'Œuvre des Mères chrétiennes, qui est d'origine essentiellement Sionienne, et de l'Œuvre des Dames de Saint-François de Sales, fondateur de l'Œuvre des « Françaises de Saint-Omer », qui dirige toutes les œuvres sociales féminines audomaroises, désormais en pleine prospérité, il a droit à la reconnaissance des milliers d'âmes qu'il a éclairées et encouragées en toute circonstance.—En 1889, M.Henri Dupuis, le Mécène audomarois, fit un don de 1.000 francs à la paroisse, en faveur des catéchismes de persévérance. — En 1890, la Fabrique accepta un legs Debegghel d'une valeur de 6.000 francs.

C'est sous le pastorat de M. l'Abbé Alphonse Pillons, successeur de M. l'Abbé Décrouïlle. en 1891, qu'eut lieu en 1893, pendant l'Avent, une « Mission » prêchée par les RR. PP. Rédemptoristes, Briche, Garsone et Duthoit. Cette mission produisit les meilleurs fruits spirituels dans les âmes. M. l'Abbé Pillons, né à Beaumont, en 1851, avait été successivement secrétaire de l'Évêché sous Monseigneur Lequette, puis vicaire à la paroisse de Saint-Nicolas à Boulogne-sur-Mer. Les paroissiens des faubourgs eurent à peine le temps d'apprécier son zèle sacerdotal, car l'Autorité épiscopale le nommait aumônier des Hospices de Saint-Omer en 1895. Pendant 27 ans, le vénéré aumônier ne cessa d'être la providence spirituelle des vieillards de l'Hospice Saint-Jean, des Dames pensionnaires et des jeunes gens et des jeunes filles de l'Hôpital général. Sous-Directeur de l'Œuvre de Saint-François de Sales, il mourut à 71 ans, en célébrant la messe à l'autel dit du « Saint-Sang », dans l'église de Saint-François de Sales à Boulogne-sur-Mer, où il se trouvait chez son frère le chanoine Jean Pillons, curé de cette paroisse. Mourir à l'autel, au saint tribunal, ou en chaire, n'est-ce pas une mort idéale pour le prêtre, dont toute la vie consacrée au bien des âmes, doit être celle d'un soldat sans cesse sous les armes. M. l'Abbé Pillons a été nommé chanoine honoraire d'Arras en 1922.

M. le Chanoine Louis Delattre, directeur au Séminaire de philosophie à Arras. remplaça M. l'Abbé Pillons comme curé en 1895 et resta seulement en charge pendant quatre années. Les

Pastorat
de
M. l'Abbé Pillons
1891-1895.

Pastorat
de M. le Chanoine
Louis Delattre
1895-1899.
Les hautes charges
ecclésiastiques
qu'il eut à remplir.

différentes situations qu'il occupa en quittant nos faubourgs, à Calais, comme aumônier du Pensionnat du Sacré-Cœur, pendant un an et, à Arras, comme supérieur du Séminaire Saint-Thomas, et de l'Institut Parisis à Saint-Omer et à Arras comme Doyen du Chapitre et Vicaire général, indiquent toutes les qualités de ce prêtre d'élite appelé par l'Autorité diocésaine à former le clergé d'Artois durant l'espace de près de quarante ans. Ces qualités, il sut les mettre à la disposition de ses chers paroissiens, et le deuil général où fut plongé la paroisse de l'Immaculée-Conception, quand il revint pour y mourir en 1922, chez son frère, aumônier des Clarisses, montra le profond attachement conservé par les habitants du Haut-Pont et de Lysel pour leur ancien et dévoué pasteur, dont on a pu écrire avec raison : « D'une rare intelligence, d'une doctrine et d'un conseil très sûrs, d'une force d'âme peu commune, d'une fermeté de volonté que rien ne détournait de son but, d'une régularité de vie que rien ne troublait, il était par son enseignement et ses exemples, une lumière pour tous ceux qui l'approchaient. »

M. le Chanoine
François Delattre
aumônier
des Clarisses,
et la famille
paroissiale.

Nous ne séparerons pas ici le souvenir de M. le Vicaire général Delattre de celui de M. le Chanoine François Delattre, son frère, aumônier des Clarisses depuis 1895, ancien aumônier militaire à Saint-Omer, directeur des Œuvres eucharistiques diocésaines et des retraites fermées pour les institutrices. Les paroissiens savent l'entier dévoûment qu'il a toujours apporté lorsqu'il s'est agi de procurer le bien spirituel de leurs âmes.

En 1896, Dieu rappelait à Lui M. l'Abbé Jean-Baptiste Sockeel, vétéran du sacerdoce et frère de M. Alexandre Sockeel, l'ancien curé, et qui remplissait dans la paroisse l'office de prêtre habitué depuis 1858. Les vicaires en titre qui étaient au nombre de trois depuis 1822, n'étaient plus que deux depuis 1852 et ce vénérable prêtre rendit les plus grands services pour la célébration des messes tardives,

En 1896 également, Mlle Thérèse Vandembosche faisait un don de 2.000 francs à l'église, et on procéda au remontage des cloches. — Le budget s'établissait comme il suit en 1899 : 6.419 francs de recettes ; 6.418 francs de dépenses, laissant un unique franc d'excédent.

Le démantèlement de Saint-Omer ayant entraîné une nouvelle délimitation des paroisses, l'Autorité diocésaine, après d'assez longs pourparlers avec la paroisse du Saint-Sépulcre, a décidé que tout le côté droit du boulevard de Strasbourg depuis le rond-point de la route nationale, au bas de la rue de Calais jusqu'au canal, fait partie de la paroisse de l'Immaculée-Conception. L'endroit dit le Tourniquet, contigu à la paroisse de Saint-Martin-au-Laërt avait d'ailleurs déjà été attribué aux faubourgs, au commencement du XIXe siècle, par Mgr de la Tour d'Auvergne.

Délimitation de la paroisse à la suite du démantèlement de la ville en 1892.

M. le Chanoine Remi Parent, né au Transloy, en 1847, ancien directeur au Grand Séminaire d'Arras, était aumônier des Religieuses Clarisses depuis 1898 quand, en 1899, il, succéda à M. le Chanoine Delattre à la cure des faubourgs. Il devait occuper ce poste seulement pendant deux ans. Combattant de 1870, puis étudiant à Rome où il prit le grade de Docteur en théologie, il fut professeur au Grand Séminaire pendant 14 ans et, en quittant Saint-Omer devint curé-doyen de Samer. Malgré son trop court passage parmi eux les Paroissiens de l'Immaculée-Conception ont conservé de lui le souvenir d'un homme de Dieu, d'un cœur d'or sous des apparences austères, et d'un prêtre de devoir et sachant se sacrifier pour les siens. C'est sous le pastorat de M. le Chanoine Parent que la délimitation de la paroisse fut définitivement tranchée. Les travaux de réparation continuèrent à l'église et le budget de la Fabrique en 1900 porte 7.395.64 centimes pour les recettes et, 7.383.60 pour les dépenses.

Pastorat de M. le Chanoine Parent 1999,1901.

Le 7 juillet 1901, eut lieu, à Saint-Omer, la « Grande

Fête eucharistique » dont l'éclat rappelait les splendeurs des fêtes inoubliables du Couronnement de Notre-Dame des Miracles, en 1875. Le défilé de la mise en route se prolongea pendant cinq quarts d'heure dans un ordre parfait, grâce au zèle de la Jeunesse catholique audomaroise, dont les commissaires avec un tact et une intelligence remarquables, organisèrent toutes choses sur la voie publique pour laisser à la foule compacte massée le long des rues, la faculté de détailler et d'admirer à son aise les différentes parties du cortège, sur un parcours de près de trois kilomètres. La première partie de la procession formée par la paroisse du Haut-Pont, était ouverte par douze Garde-nobles pontificaux à cheval, suivis des groupes des hommes de l'archiprêtré de Saint-Omer et de la fanfare de l'Institution Sainte-Marie d'Aire-sur-la-Lys. Sur 5.000 personnes composant le cortège, il y avait 3.000 hommes et jeunes gens, ce qui donnait à la manifestation eucharistique un cachet tout à fait imposant. De plus, tous ces hommes dont beaucoup appartenaient aux Confréries du Très-Saint Sacrement, portaient leurs flambeaux, partageant le temps entre la prière, les chants liturgiques et d'entraînants cantiques. — Les élèves des Religieuses Clarisses avaient reçu la consolante mission de représenter dans la procession, la scène du miracle eucharistique de Sainte Claire.

Les Habitants des faubourgs déploraient le trop fréquent changement de leurs pasteurs non seulement parce qu'ils désiraient conserver les prêtres éminents que leur Évêque leur envoyait, mais encore parce qu'ils souhaitaient tous les avantages attachés à un pastorat prolongé comme celui dont la paroisse avait bénéficié, pendant près de trente ans, avec M. le Chanoine Sockeel, de vénérée mémoire.

La Divine Providence devait leur ménager en la personne de M. l'Abbé Amédée Lesenne. de 1901 à 1918, le prêtre actif et zélé dont l'action sacerdo-

**tale marquera longtemps dans les annales parois-
siales des faubourgs.** Né à Bapaume, en 1857, l'Abbé
Lesenne, au sortir du Séminaire de Saint-Sulpice, à
Paris, exerça successivement le saint ministère comme
vicaire à Bucquoy et à Saint-Jean-Baptiste, à Arras.
Aumônier du Lycée de Saint-Omer, depuis 1883 jusqu'à
sa nomination à la cure de l'Immaculée-Conception, il
mit au service de ses élèves et de leurs familles, pendant
dix-huit années, toutes les ressources de son intelligence
et de son cœur. Le cadre des faubourgs était tout diffé-
rent de celui qu'il quittait, et cependant le nouveau
curé qui avait l'avantage de connaître de longue date le
milieu audomarois, gagna immédiatement l'entière
confiance de ses ouailles. A l'autel, en chaire, au saint
tribunal, au chevet des malades pour l'administration
des sacrements non seulement pour les mourants, mais
encore pour la communion du premier vendredi du
mois, M. l'Abbé Lesenne fut toujours d'une exactitude exemplaire, et cela, malgré des difficultés de tout
genre, surtout pendant les dures années de la Guerre
où il ne possédait plus qu'un seul vicaire comme colla-
borateur. Une extrême fatigue physique devait seule le
séparer de ses paroissiens, en 1918, pour prendre un
repos bien mérité et devenu absolument nécessaire. Si
la séparation parut un peu trop rapide à ses paroissiens,
ces derniers n'en garderont pas moins à leur ancien curé
une fidèle reconnaissance, pour tous les services spirituels et aussi matériels qu'il leur a rendus. En effet
M. l'Abbé Lesenne, ayant été en rapports avec le monde
officiel pendant qu'il était aumônier du Lycée, prit
toujours à cœur d'utiliser ses hautes relations pour
rendre service à ses paroissiens et, on peut le dire, à tous
les audomarois sans distinction, qui ont bénéficié souvent de son intervention efficace auprès des différentes
administrations gouvernementales.

Malgré son désir de continuer sa vie de dévoûment
comme curé de l'Immaculée-Conception, M. l'Abbé

Lesenne, qui avait été nommé bénéficier de 1re classe en 1908, fut chargé, à son retour, de l'Aumônerie du Carmel de Saint-Omer, et, comme par le passé, il consacra ses loisirs à mettre au service de tous sa large influence sacerdotale.

De concert avec M. Lemoine, fondeur, et M. Savagner, architecte. M. l'Abbé Lesenne s'occupa des réparations qu'exigeaient la sonnerie des cloches, les vitraux. le banc d'œuvre et les peintures murales. — En 1904, on inaugura la grande tenture noire avec la croix blanche au fond du chœur pour les services funèbres. — En 1905, eut lieu la reconstruction de la Chapelle de Notre-Dame de Bonne fin, soumise à l'alignement dans la rue de la Poissonnerie, et le Patronage des garçons installé dans l'ancien local occupé par Sœur Truche, entra dans la voie de pleine prospérité qu'il a toujours suivie depuis, grâce au zèle de MM. les Vicaires et de leurs dévoués auxiliaires les Chers Frères des Écoles chrétiennes.

En 1906, les conditions des fonctions des Marguilliers ayant été modifiées par la loi de décembre 1903, le Conseil de Fabrique resta provisoirement en charge jusqu'à la décision du Souverain Pontife Pie X, à cet égard. C'est ce même Conseil de Fabrique qui enregistra dans son procès-verbal à l'occasion de l'Inventaire de l'Église paroissiale, par M. Obry, inspecteur de l'Enregistrement à Arras, la noble et énergique protestation suivante, lue par M. l'Abbé Lesenne lui-même : « Monsieur,   Ouverte depuis à peine un demi-siècle, l'Église de l'Immaculée-Conception a été bâtie, ornée, meublée aux frais de la laborieuse population des faubourgs et grâce aux largesses de généreux bienfaiteurs. Tout ici est donc un bien d'église destiné exclusivement dans l'intention de tous, paroissiens et donateurs, à l'exercice de la Religion catholique. — Au Chef suprême de l'Église catholique et à Lui seul, par son Représentant légitime à la tête de notre diocèse, il appartient de

[Note marginale :] Importantes réparations à l'église et Fondation du Patronage sur la place de la Ghière.

[Note marginale :] Noble et énergique protestation de M. l'Abbé Lesenne, en 1906, au moment de l' « Inventaire » de l'église.

transmettre ce domaine sacré entre telles mains qu'Il jugera digne de Sa confiance. Prescrit prématurément avant la décision du Souverain Pontife, aux directions duquel nous restons entièrement soumis comme catholiques, en dehors de l'Évêque diocésain, partout, au mépris de la haute autorité de l'un et de l'autre, loin de pouvoir être considéré comme l'expression d'un droit, l'Inventaire auquel vous allez procéder d'ordre, constitue un attentat tant aux droits de la Sainte Église qu'à l'indépendance de la conscience catholique. Néanmoins pour éviter des conflits toujours regrettables, nous ne refuserons pas, Curé et Fabriciens, d'assister à votre ministère.

Non pourtant sans avoir, au préalable, déclaré qu'en nous rendant à votre réquisition, nous ne cédons qu'à la force, formulé la plus énergique protestation, et fait toutes les réserves de droit à l'égard tant de l'opération que de ses conséquences. Sans d'ailleurs prendre part davantage à votre inventaire, nous nous contenterons de vous suivre, Monsieur, en témoins attristés, passifs et muets. Attristés d'une ingérence autant inutile que tracassière et blessante pour les Catholiques. Passifs, notre présence n'impliquera aucune adhésion à une loi que les Catholiques français sont unanimes à réprouver. Muets enfin, notre silence empêchera qu'on puisse jamais voir dans notre inventaire autre chose que votre œuvre et non le résultat d'une discussion contradictoire. Enfin, pour la sauvegarde de notre honneur et de notre responsabilité, nous requérons l'insertion de nos déclarations et protestations à votre procès-verbal.

Saint-Omer, le 29 janvier 1906.

> Amédée Lesenne, curé ; Eugène Gilliers, Jules Dewerdt, Désiré Berteloot-Decupper, Louis Berteloot, Diomède Cantrainne. »

Le 10 décembre 1906. à l'occasion de l'expiration de leurs pouvoirs. les Membres du Conseil

Les Conseillers
de Fabrique
se montrent
les
dignes dérenseurs
des biens
qui leur avaient été
confiés.

de Fabrique, réunis une dernière fois, protestèrent qu'ils ne se prêteraient jamais à aucune dévolution ouverte ou déguisée, des biens paroissiaux, propriété des fidèles des faubourgs dont ils ont reçu la garde sous serment : « Bons catholiques autant que bons français, ils entendent ne jamais s'écarter en rien des jugements, directions et prescriptions que le Vicaire de Jésus-Christ, le Souverain Pontife Pie X, leur a fait ou leur fera parvenir par le seul organe autorisé qu'ils reconnaissent, Sa Grandeur Mgr Williez, évêque d'Arras, Boulogne et Saint-Omer. Ils restent fermement résolus à ne livrer à personne ces biens paroissiaux, qui sont la propriété de tous les habitants des faubourgs et dont ils ont accepté la garde, et ils refusent à en opérer aucune dévolution, où même à prêter seulement la main à toute opération de ce genre. »

Le nouveau Conseil
paroissial,
son rôle.

Le 6 janvier 1908, par ordonnance épiscopale, le nouveau Conseil paroissial se composait comme il suit : Eugène Gilliers, Jules Dewerdt, Désiré Berteloot, Louis Berteloot, Louis Decludt et Émile Haeuw-Masson. Son premier acte fut de défendre les droits des habitants des faubourgs en protestant contre le crochetage de la maison presbytérale et vicariale, don de la famille Jacquard. — En 1921, Jules Gilliers s'est mis en règle avec l'Évêché pour l'achat de cet ancien presbytère. — Le 25 octobre 1909, le Comité paroissial était constitué par MM. Eugène Gilliers, Jules Dewerdt, Louis Berteloot, Émile Haeuw, Louis Decludt, Louis Dewalle, Pierre Bogaert, Jean Depledt, Léon Degrave, Jules et Albert Flandrïn, Henri Saniez, Jean-Marie Berteloot, Joseph Berteloot, François Bogaert, Désiré Flandrin et Gustave Brioul. Chacun d'eux a promis de s'intéresser à tout ce qui peut promouvoir la Religion et le progrès du bien dans la paroisse, œuvres diverses, confréries, écoles, patronages, bibliothèque, etc.

Grâce à la sollicitude pastorale de M. l'Abbé Lesenne, l'école Sainte-Élisabeth, le patronage des filles et le pa-

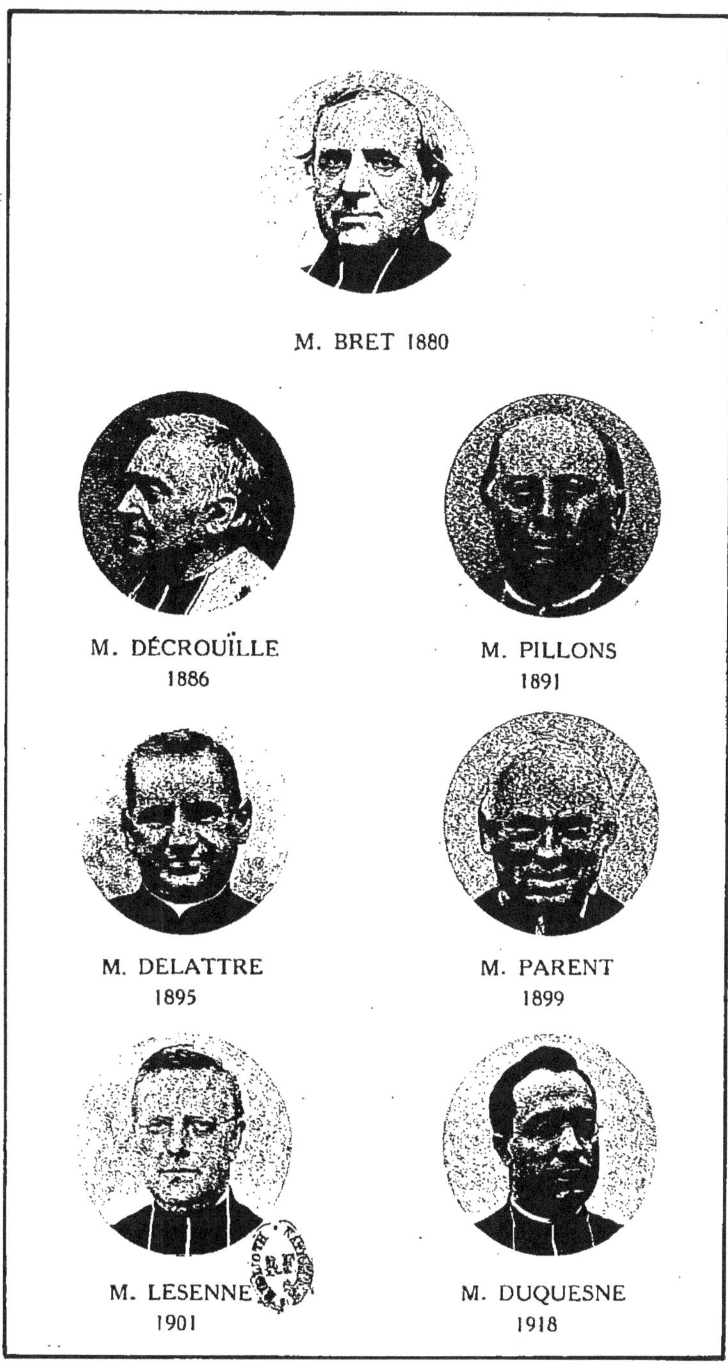

LES CURÉS DE L'IMMACULÉE-CONCEPTION DEPUIS 1880

tronage des garçons entrèrent dans une voie nouvelle de prospérité et la Jeunesse Catholique, sous la direction de MM. les vicaires Morieux et Goubet eut, en dehors de la période des grands travaux, sa séance d'études hebdomadaires. En 1912, la grande fête de gymnastique amena dans les faubourgs un groupe imposant de cinq cents gymnastes catholiques, qui y entendirent la messe et y prirent leur repas. Le Congrès eucharistique de 1913 et tous les autres Congrès ont toujours vu la Jeunesse catholique du Haut-Pont et de Lysel fidèle au rendez-vous d'honneur, et imposante par le nombre de ses membres actifs et pleins d'entrain. — A l'église, don d'une statue de Jeanne d'Arc en 1909 et, installation d'un tabernacle coffre-fort à l'autel de la Sainte Vierge. — Enfin, nombreuses réparations à la toiture et au clocher, réparations que la chute d'une torpille allemands devait hélas ! annihiler, le 22 août 1917.

Prospérité du Patronage et de l'Œuvre de la Jeunesse catholique.

Nous parlerons plus loin de l'Œuvre des Cheminots catholiques, que nous avons eu le bonheur de fonder nous-même en 1907, et qui, après avoir eu provisoirement son siège en ville, au Cercle catholique, sous la direction de M. l'Abbé Lupart, professeur à Saint-Bertin, devenu depuis curé de Biache-Saint-Vaast après avoir accompli vaillamment son devoir pendant la guerre, s'est réorganisée en d'excellentes conditions dans la paroisse de l'Immaculée-Conception, son véritable milieu, étant donnée la proximité de la Gare et le plus grand nombre de ses adhérents étant domiciliés dans Lysel.

Fondation de l'Œuvre des Cheminots catholiques en 1907.

C'est le 6 novembre 1918, que M. l'Abbé Louis Duquesne, né à Beuvry en 1878, ancien vicaire de la paroisse de Saint-Nicolas, à Arras, en 1905, et curé de Fampoux en 1909, fut nommé curé de l'Immaculée-Conception. Retenu comme otage par les Allemands, pendant sept mois, évacué en Belgique, rapatrié en 1917, prêtre auxiliaire à Béthune pendant quelques mois, M. Duquesne fut curé intérimaire des faubourgs

Pastorat de M. l'Abbé Duquesne 1918. Sa paternelle et sage direction lui gagne de suite tous les cœurs.

à partir du 12 avril 1918. Le nouveau pasteur arrivait à l'un des moments les plus pénibles traversés par notre région à la suite du formidable assaut des Monts de Flandre par les Allemands envahisseurs. Son énergique et paternelle direction lui eut bientôt gagné tous les cœurs, et ses paroissiens reconnaissants ayant signé une pétition à l'Évêché, obtinrent de l'Autorité diocésaine sa nomination définitive.

M. l'Abbé Duquesne, qui est bénéficier de 1re classe depuis 1921, se mit immédiatement et courageusement à l'œuvre de restauration qui s'imposait. De concert avec son dévoué Conseil de Fabrique, M. Tourneur, maire de Saint-Omer et tout particulièrement MM. les Conseillers municipaux des faubourgs, il demanda et obtint d'abord pour son église, en 1921, la somme de 214.000 francs, prise sur les fonds des dommages de guerre affectés aux bâtiments communaux. Cette somme fut réduite à 155.000 francs par la Commission cantonale et MM. Delattre frères, entrepreneurs, furent déclarés adjudicataires, avec un rabais de 20 %. Il a été convenu que la différence produite par le rabais serait affectée aux travaux de l'église. En 1922 et 1923, ces travaux ont été menés à bonne fin, l'intallation de l'électricité et quelques travaux d'ornementation intérieure restent seuls à exécuter. Faisons cependant remarquer que la toiture a besoin d'une réfection générale, et que le ciment armé a remplacé la pierre blanche dans les ornements des contreforts, prenant une place qui n'est point la sienne ; la question d'économie n'aurait pas dû prévaloir en semblable circonstance.

En 1921, du 9 au 26 décembre, les RR. PP. Legrand et Duhardel, de la Congrégation du Saint-Rédempteur, prêchèrent une mission pour ranimer dans les âmes, la ferveur que la grande débâcle de la Guerre avait ralentie. Nous verrons dans la seconde partie de ce volume la nouvelle impulsion donnée par M. l'Abbé Duquesne à toutes ses œuvres paroissiales pour lesquelles il a fait construire, en 1922, une superbe salle de 30 mètres de longueur sur 10 mètres de largeur et dont le prix total s'est élevé à 110.000 francs. Ce chiffre fait honneur à la générosité des habitants des faubourgs et à celle des bienfaiteurs, qui ont voulu par leurs offrandes encourager le prêtre zélé, qui leur est si entièrement dévoué.

Construction d'une superbe « Salle des œuvres ».

CHAPITRE VIII

Les patrouilles de nuit en ville et dans les marais. - Un décret du
Ministre de l'Intérieur en 1810. - Un immense incendie en
1814. - L'enquête officielle du Baron Siméon sur les habitants
des faubourgs en 1821. - Les récompenses des vainqueurs
dans les jeux publics. - Visite de la Duchesse de Berry aux
îles flottantes. - En 1820, achat d'un terrain pour le cimetière.
- Ce que pense Mathurin de l'ancien hâvre de la Place du
Haut-Pont. - La physionomie des faubourgs est très pittoresque. - La 7me Section des Wateringues veille au dessèchement nécessaire. - Influence de la rivière l'Aa sur la fertilité
des terres. - La production des marais est considérable. - La
variété des légumes. - Le charme des parterres fleuris. - Statistique de l'exportation des légumes et des fruits. - Inauguration
de la Nouvelle Gare, en 1904. - Description du monument
et de ses annexes. - La parfaite installation des services. - Rues
et places du Haut-Pont avec leurs souvenirs locaux. - Rues et
places de Lysel avec leurs souvenirs locaux. - Les noms des
Maires de Saint-Omer et des Conseillers municipaux du
Haut-Pont et de Lysel méritent d'être inscrits au « Livre d'or »
de l' « Histoire des Faubourgs ».

Les patrouilles
de nuit
en ville
et dans les marais

**Nous décrirons rapidement dans ce chapitre
l'histoire des faubourgs et leur pittoresque physionomie au cours du siècle dernier.** Pendant la
période révolutionnaire, nous retrouvons dans les archives municipales les textes des différentes décisions
adoptées au sujet du coupage annuel des herbes dans
l'Aa et les fossés qui en dépendent, de l'élagage des
arbres de la Ghière, afin de faciliter le « Jeu de paume »
qui y était établi et, enfin, de la garde de jour et de nuit
que les habitants des faubourgs étaient encore obligés
de monter comme au temps des guerres d'antan. Les
jeunes élites faubouriennes étaient également tenues à
un service de patrouilles en ville, et nous les voyons à

différentes reprises insister auprès de la Municipalité,
pour être déchargées des gardes urbaines afin de pouvoir davantage surveiller leur marais. Il paraît en effet
qu'à cette époque, un certain nombre de citadins audomarois, sous le prétexte de pêcher la nuit, ne se conten-
taient pas de taquiner les brochets et les anguilles dans
les viviers réservés, mais qu'ils faisaient aussi une
ample rafle clandestine dans les parcs aux choux-fleurs
de nos courageux maraîchers.

**Le 23 août 1810, un décret du Ministre de l'In-
térieur,** ordonna de traduire l'évangile de l'Enfant
prodigue, tiré de l'Évangéliste saint Luc, Ch. XV, v. 11,
dans l'idiome flamand et le patois populaire propre aux
deux faubourgs. Napoléon avait pris cette mesure pour
mieux étudier, par comparaison, les différents dialectes
de l'Empire ; nous avons exposé au début de notre travail, l'état de la question du flamand et de son
avenir dans notre région. — Le 17 Brumaire an VI, un
règlement ministériel assignait aux Barques de Gravelines, d'Audruicq, de Saint-Nicolas, de Ruminghem,
de Millam, de Watten et de Houlle, leur place respective pour le déchargement des marchandises sur le quai
de la Ghière.

**En 1814, un immense incendie, réduisait en
cendres, 75 maisons et une centaine d'étables et
de granges.** Une souscription fut immédiatement établie en ville pour venir en aide aux malheureux sinistrés.
Un antique usage, aujourd'hui tombé avec raison en
désuétude, voulait que le jour de la fête communale
de Saint-Omer, au sortir des exercices exécutés sur la
Grand'Place, et toujours très populaires, les nouveaux
pompiers entrés dans la Compagnie depuis l'année
précédente, reçoivent le baptême sous la forme d'une
douche de première classe, administrée, sur le bord de
l'Aa, près du Pont-Vert. De nos jours, ce qui est plutôt
agréable pour les nouveaux élus, on se contente d'étein-
dre, certains disent, d'allumer, l'incendie des gosiers au

cabaret ou au café voisins, ce qui, paraît-il, n'est pas un des moindres charmes de la ducasse, la bière étant ordinairement très bonne et rafraîchissante à Saint-Omer.

L'enquête officielle
du
Baron Siméon
sur les habitants
des faubourgs,
en 1821.

En 1821, le Baron Siméon, préfet du Pas-de-Calais a publié un mémoire sur les habitants des faubourgs à cette époque. Il y fait remarquer que dans le Haut-Pont, les commerçants, les artisans et les cabaretiers étaient en majorité et qu'on y parlait français, tandis que **dans Lysel tous les habitants étaient jardiniers et ne parlaient que la langue flamande.** De nombreux ponts reliaient les habitations à la terre ferme des rues, mais certaines maisons n'étaient encore accessibles qu'en barque, ce qui expliquait l'amour de l'isolement professé par la population. Les granges qui renfermaient les récoltes constituant la richesse des travailleurs se trouvaient à proximité et, bien souvent, aucune clôture ne séparait les propriétés, sans qu'il y eut jamais de contestation entre voisins. **Une tradition rapporte que jadis les habitants de Lysel ne prenaient jamais le chemin du tribunal correctionnel.** Les enfants étaient appliqués de bonne heure aux travaux du jardinage et ne prolongeaient guère leur séjour à l'école, mais les traditions religieuses maintenues dans les familles toujours nombreuses, les aidaient à rester, toute leur vie, d'excellents chrétiens et des citoyens irréprochables, tout dévoués à leur clergé. — **Malgré le voisinage des marais, l'état sanitaire était satisfaisant.** Les jardiniers évitaient prudemment toute espèce d'alliance avec les étrangers, comme s'ils avaient appréhendé de corrompre leurs mœurs, ou de vivre avec des gens incapables de se soumettre à leurs usages et à leurs rudes travaux. Ils avaient également soin de conserver leurs héritages dans la famille pendant une longue suite de générations. **Les maisons étaient parfaitement entretenues** et, chaque samedi, après la rentrée du marché, les ménagères nettoyaient la maison à fond. — C'était un branle-bas général, lorsqu'il s'agissait de la vente d'une terre ; on se réunissait, généralement le soir, dans un cabaret ; un petit tonneau de bière était placé au milieu de l'assistance plutôt tapageuse, et il était d'usage de ne pas se séparer avant que le liquide cher à Cambrinus ne fut complètement épuisé. — Ordinairement, un jardinier d'alors, possédant un hectare de terrain, arrivait à élever sa famille. **Le travail se faisait à la bêche et avec un véritable talent on arrivait à multiplier les récoltes chaque année.** Souvent les terres à cultiver étaient disséminées ici et là à travers le véritable archipel constitué par le marais et, en partant au travail, au lever du soleil, on ne rentrait souvent au foyer qu'après son coucher. **Le menu des maraîchers était très frugal. sauf le dimanche où l'on se réunissait autour du pot-au-feu ;** le pain, le beurre, les légumes, l'eau seule comme boisson, leur suffisaient et, argument précieux pour les Végétariens modernes, ils arrivaient cependant à fournir du matin au soir, un travail intense partagé par tous les membres de la famille sans exception. — **Le brun et le bleu étaient les couleurs favorites des vêtements des habitants des faubourgs.** Les hommes portaient un veston court et un large pantalon et se couvraient d'une toque en gros drap plissé. Quant aux femmes leur accoutrement se composait d'un corsage brun et d'une jupe de gros bleu, plus ou moins riches selon leur état de fortune ; sur un bonnet blanc enveloppant leurs cheveux elles plaçaient un grand chapeau de paille qui leur rendait les meilleurs services dans leurs travaux des marais. Des boucles d'oreilles de toutes dimensions, des colliers, des bracelets ou des croix, souvent d'or, permettaient aux filles d'Eve, qui ont toujours eu un goût prononcé et inné pour la parure, de satisfaire leur petite vanité et de rivaliser avec les bourgeoises de Saint-Omer, qui n'étaient pas moins bien partagées sous ce rapport. Les noces dans les faubourgs étaient ordinairement très bruyantes, et les jeunes mariés, dans leurs différentes démarches à la Mairie, à l'église ou dans les rues, se faisaient précéder par des joueurs de flûte ou des ménétriers raclant ferme leurs violons.

Les récompenses des vainqueurs dans les jeux publics.

La plupart des réjouissances publiques étaient célébrées sur la Ghière. Les joûtes sur l'eau, les tirs à l'arc et le jeu de paume étaient les amusements favoris où les concurrents faisaient preuve d'une grande habileté. Celui qui avait abattu l'oiseau, dans le tir à la perche, pendant trois années consécutives, obtenait une exemption de contributions. En 1757, de grandes réjouissances eurent lieu à l'occasion de la naissance du Comte d'Artois, devenu plus tard Charles X, et de celle du fils ainé de Louis XVI. En 1815, les habitants du Haut-Pont et de Lysel, dans leur costume traditionnel, firent une ovation au buste de Louis XVIII à travers la ville ; on voyait figurer dans le cortège un bateau rempli de légumes et une voiture chargée de fleurs et de fruits.

Visite de la Duchesse de Berry aux îles flottantes.

En 1825, son Altesse royale la duchesse de Berry, étant venue à Saint-Omer, voulut visiter les Iles flottantes de Clairmarais qui avaient déjà leur célébrité du temps de Louis XIV. Accompagnée de toute une flotille elle mit le pied sur l'une des dernières de ces iles, disparue elle-même, en 1842, et revint triomphalement par les faubourgs où on lui ménagea une réception enthousiaste. En 1782, à l'occasion de la naissance du Dauphin de France, les Hautponnais préparèrent un feu de joie sur une de ces iles, réduite à 44 pieds de longueur sur 12 de largeur, et la promenèrent ensuite sur la rivière de l'Aa, par les « Quatre moulins », jusque sous les murs de la ville, au grand étonnement des spectateurs. Ces iles formées d'un amas de tourbes et de racines, étaient revêtues d'une luxuriante végétation, des arbrisseaux et même quelques arbres y poussaient vigoureusement. L'hiver, les poissons cherchaient sous leur sol un abri contre les grandes gelées.

En 1820, la Municipalité fit l'achat d'un terrain, à l'endroit dit des « Quatre moulins », pour y établir un cimetière, qui a, depuis lors, subi différents agrandissements. Déjà en 1785, on avait décidé de supprimer les six cimetières qui se trouvaient autour des six paroisses urbaines, et d'en créer un nouveau près de la Porte du Haut-Pont, mais un autre projet prévalut et le cimetière communal, d'abord établi en 1786, à l'entrecroisement des routes de Blendecques et de Wizernes, au sortir de la ville, fut définitivement installé sur le plateau des Bruyères en 1838.

En 1825, les faubourgs furent dotés de deux fontaines. En 1828, on construisit un quai de déchargement dans Lysel et l'on procéda à de nombreuses plantations dans le marais. **Chaque année, le Conseil municipal ménage encore dans son budget les sommes nécessaires pour l'entretien des écluses, le salaire des éclusiers, les curements et faucardements des herbes des rivières et fossés.** — De 1831 à 1851, de nombreux crédits furent également votés pour la réfection des ponts vert et rouge, celui de la Fraîche poissonnerie et pour le quai de la rive droite de l'Aa dans le Haut-Pont. — La passerelle en fer de la Place du Haut-Pont fut encore élevée en 1855. Il fut jadis question de créer un hàvre assez grand pour le déchargement des marchandises, près de la Maison du « Grand Hollande » en bas de la rue de Dunkerque ; mais, depuis la création du quai du Commerce, au commencement du démantèlement, ce projet n'a plus sa raison d'être et, pour l'assainissement du quartier et l'élargissement de l'entrée de la Ville à cet endroit, il est à souhaiter que la rivière des Salines soit couverte comme l'a été celle des Tanneurs. Il est certain que Mathurin, qui préside d'un œil placide dans ce coin du vieux Saint-Omer, n'y trouvera rien à redire, malgré son amour des choses du passé.

Le marais de Saint-Omer comprend environ 2.000 hectares et s'étend entre l'antique cité audoma-

La physionomie
des faubourgs
est très pittoresque.

roise et la forêt de Clairmarais sur un massif d'argile des Flandres, parsemé de multiples canaux servant de chemin d'accès aux habitations et aux cultures. Les faubourgs de Lysel et du Haut-Pont sont pittoresques au possible. Chaque maison a son petit quai d'embarquement où les bateaux prennent les engrais et viennent ensuite déposer les produits de la culture. Celle-ci est ordinairement constituée par des produits maraîchers, mais la culture des céréales, des plantes fourragères, et un peu celles des betteraves à sucre et de distillerie, sont aussi pratiquées afin de subvenir aux besoins des petites exploitations. — **Les marais desséchés prennent le nom de terre lègre et font partie de la 7me Section des Wateringues,** chargée d'entretenir les routes liquides, par les curements, les faucardements et la fixation des rives. Les inondations sont d'ailleurs désormais très rares, par suite d'importantes améliorations exécutées sur la rivière de l'Aa, de 1875 à 1880, améliorations qui, en doublant pour ainsi dire la section de son lit, ont eu pour effet d'accroître sensiblement sa puissance d'écoulement. En outre, dans certains cas, pour se défendre contre les submersions, les propriétaires ont créé des « Polders » comme en Hollande, vastes enceintes endiguées et desséchées d'une façon permanente au moyen de machines d'épuisement actionnées par divers moteurs. Quant à l'extraction de la tourbe utilisée jadis comme combustible, elle n'a plus lieu de nos jours.

La 7me Section des Wateringues occupe à l'intérieur des terres, l'ancien golfe de Sithiu, encore accessible aux navires aux premiers jours de notre ère : sa surface est de 11.207 hectares depuis Longuenesse jusqu'à Eperlecques.

La rivière de l'Aa canalisée, qui sépare les deux départements du Nord et du Pas-de-Calais, constitue pendant les sécheresses leur seule ressource alimentaire en eau douce et, assure ainsi la fertilité de 70.000 hectares envi-

La 7me Section
des Wateringues
veille
au dessèchement
nécessaire.

Influence
de la rivière l'Aa
sur la
fertilité des terres.

ron, des plus riches terres cultivées de France. Dans les autres saisons elle est, au contraire, l'artère principale du dessèchement du pays. Elle recueille en effet et conduit à la mer les eaux de tous les watergands. Les dépenses d'entretien annuelles s'élèvent à plus de 10.000 fr.

La fertilité des terres du marais est excessivement élevée en azote et en acide phosphorique, l'alluvion fluviatile ne manque pas de potasse. Les maraîchers sont passés maîtres dans l'art de savoir faire succéder les plantes, et, chaque année, le même sol produit deux et trois récoltes. Les choux-fleurs, les pommes de terre et les choux pommés, constituent les cultures principales qui couvrent au moins 1.000 hectares. Il paraîtrait qu'avant 1780, la pomme de terre était déjà cultivée dans le faubourg de Lysel. On assure qu'elle avait été apportée par des soldats irlandais, en garnison à Saint-Omer, et c'est là que Parmentier, chargé d'une mission au camp du Prince de Condé, aurait connu le précieux tubercule, et en aurait largement préconisé le bienfaisant usage. La culture des pois est aussi importante, et les fraisiers occupent également une assez grande place, avec les variétés Docteur Morère et Marguerite Lebreton. La production du marais est donc considérable, et le commerce des légumes se chiffre par un tonnage élevé. Le fait est d'autant plus intéressant que l'essor en est relativement récent. **Nous citerons parmi ces produits : comme céréales,** le blé, le seigle, l'avoine et le chènevis, — **parmi les fruits,** les poires, les pommes, les fraises, les prunes, le raisin, les framboises, les mûres, les pêches, les cerises, les noix et noisettes, les abricots, les groseilles à grappes et à maquereaux.

Parmi les légumes citons : les choux-fleurs, les choux variés, les pommes de terre, les oignons et échalottes, les haricots, les pois, les fèves, les poireaux, les navets, les céleris, les artichauts, les betteraves, les salades variées, les salsifis, les asperges, les cornichons, les tomates, les topinambours, le persil, le cerfeuil, le pourpier, les épinards, l'oseille, les carottes, l'estragon, l'ail, la sariette, le thym et le laurier.

Le charme des parterres fleuris.

Quant aux fleurs, si nos maraîchers ne peuvent faire concurrence aux jardiniers de la ville, qui élèvent leurs sujets de prédilection en serre chaude, il est certain que les parterres fleuris et embaumés qu'ils cultivent transforment leurs jardins en petit paradis terrestre où poussent à l'envi, roses variées, œillets, dahlias, lilas, pensées, chrysanthèmes, muguets, résédas, mufliers, lys, tulipes, giroflées, narcisses, iris, primevères, marguerites, balsamines, pivoines, capucines, pavots, godétives, géraniums, jacinthes, campanules, jonquilles, glaïeuls, crocus, bégonias, anémones, violettes, zinnias, corbeilles d'argent et immortelles, en attendant que sur la table de famille, ou le samedi, au marché sur la Grand'Place, elles se réunissent pour former les plus ravissants et les plus parfumés des bouquets.

Statistique de l'exportation des légumes et des fruits.

C'est seulement vers 1854, que nos jardiniers des faubourgs du Haut-Pont et de Lysel commencèrent à exporter leurs légumes. Les samedis soir, d'août à octobre inclus, dix à douze bateaux de trois tonneaux emmenaient les produits du marais, pour le marché du lundi, à Bergues. Les Belges venaient également acheter des légumes à Saint-Omer, et quelques expéditions étaient faites dans les localités voisines. — **Après 1870, commença l'expédition par chemin de fer.** En 1889, l'exportation s'élevait à 4.094 tonnes (1.379 wagons) et, à la suite d'une importante réduction de tarif obtenue par la haute influence de M. le Député Ribot, en 1890, le total s'élevait, en 1898, à 11.240 tonnes (3.600 wagons). Depuis lors, les chiffres ont encore grandi. Les choux-fleurs forment environ les 6/10 de ce total. — Ces légumes sont dirigés, en grande partie, sur Paris, Lille, Roubaix, Boulogne-sur-Mer, Calais et Dunkerque. La Capitale ne réclame guère que des choux-fleurs et des artichauts. Quant aux fraises, comme elles doivent arriver rapidement à destination, elles sont expédiées surtout à Calais, Boulogne-sur-Mer et Dunkerque.

Une date qui mérite d'être fixée dans les Annales des faubourgs, c'est celle de l'inauguration de la « Nouvelle Gare », le Dimanche 12 juin 1904. L'ancienne gare construite en 1848, était devenue trop petite et tout à fait défectueuse. MM. Ribot, député, et Ringot, maire de Saint-Omer, après entente avec M. Griolet, vice-président du Conseil d'Administration de la Compagnie du Nord, émirent en 1897, au Conseil général, un vœu en faveur d'une nouvelle construction. Ce vœu, appuyé par la Chambre de Commerce et par le Conseil d'arrondissement, était réalisé en 1900, époque où M. Baudin, ministre du commerce, déclara le projet d'utilité publique. Pas une ville de la région n'a obtenu de la Compagnie du Nord des avantages aussi considérables. Les travaux ne durèrent que deux ans et furent dirigés par M. Guiot, entrepreneur, avec une remarquable compétence. La dépense totale s'éleva à 2.162.000 francs.

Le monument d'un aspect imposant et séduisant tout à la fois, se compose d'un bâtimeut central avec campanile, flanqué de deux vastes et très artistiques pavillons ; une horloge et le millésime 1903 en occupent le centre, et un café-restaurant se trouve placé sur la droite de l'avant-cour. Les matériaux utilisés sont la pierre bleue de Soignies et la pierre blanche de Creil. La salle des pas-perdus est abritée par un vaste plafond orné de très beaux motifs décoratifs sculptés dans la pierre, et autour d'elle se trouvent parfaitement installés tous les services nécessaires aux gares de voyageurs, avec les améliorations que l'on trouve actuellement dans toutes les gares de grande importance. C'est la maison Leverd, de Saint-Omer, qui fut chargée de poser les vérandahs en fer, extérieures. **Le quai attenant au Bâtiment des voyageurs a 200 mètres de**

Inauguration
de
la nouvelle Gare,
en 1904.

Description
du monument
et de ses annexes.

longueur. Les deux autres quais doubles s'étendent **snr une** longueur de 300 mètres. Les dispositions des voies permettent de recevoir simultanément cinq trains à quai. La cour de la Petite vitesse a été agrandie avec trois voies médianes et une longue voie de ceinture. La grue roulante du poids de 10 tonnes et de **12 mètres** de portée est manœuvrée électriquement, et plusieurs ponts d'une puissance de 60 tonnes permettent de peser les wagons en marche. Quant à la nouvelle Halle des marchandises, elle a 80 mètres de long sur 23 mètres 30 de largeur ; celle des Messageries Grande vitesse a 18 m. de longueur, et le développement considérable de ce service va obliger de l'agrandir prochainement.

La parfaite installation des services.

Cinq voies sont affectées aux trains de voyageurs, et quinze autres voies sont destinées aux trains de marchandises et aux wagons locaux. L'ancien pont de Lysel a été remplacé par un pont à tablier métallique et de 10 mètres de portée. La Compagnie a enfin acquis environ un hectare de terrain et a dû employer 60.000 mètres cubes de remblai. — Le tout a été complété par une installation d'eau pour l'alimentation des locomotives et des autres services, par trois cabines d'embranchement pour la manœuvre des appareils de voies et de signaux, par un atelier avec forge pour les réparations du matériel roulant, et une rotonde pour locomotives avec ateliers et bureaux. **Cent cinquante employés environ sont nécessaires pour assurer la parfaite exécution de ce vaste et intéressant service. En résumé, on peut dire que par ses proportions bien comprises, ses aménagements confortables, et son aspect architectural, notre gare ne le cède en rien aux gares de dimensions plus vastes, édifiées au cours des dernières années sur le réseau du Nord, et c'est à juste titre qu'elle provoque l'admiration de tous ceux qui la visitent.** — (Voyez la gravure contenue dans ce volume).

L'inauguration de la Gare, le 12 juin 1904, par M. Dou--

mergue, ministre des colonies, coïncida avec la pose
d'une pierre commémorative du pont fixe jeté sur le
canal de Neuffossé et reliant les Faubourgs à la ville.
Cette pierre sert de couronnement à l'un des pilastres
du pont et elle renferme une cassette de plomb où se
trouve le parchemin du procès-verbal de la cérémonie
et plusieurs pièces de monnaie modernes. — Ce jour-là
la Compagnie des sapeurs-pompiers célébrait aussi le
centenaire de sa création en 1804.

**Voici quelques renseignements sur les rues et
places des deux faubourgs et les souvenirs historiques que leurs noms peuvent comporter. 1º Dans
le Haut-Pont** se trouvent : Le **quai du Haut-Pont**
s'étendant à perte de vue depuis le pont du chemin de
fer jusqu'à la route de Saint-Momelin. C'est le quartier
commerçant, une fonderie et une scierie mécanique
importantes y sont installées. — Les **impasses Doncker
et Debast** tirent leur nom de leurs principaux propriétaires. — La rue des Bateliers. — L'impasse Saint-
Jacques : Saint-Jacques était le patron des charpentiers
de bateaux ; il avait une chapelle à l'Église Sainte-Marguerite. — Le **Ketestroom,** et les **Ziettes,** partie du
marais du côté de Saint-Martin-au-Laërt. — La **route
de Saint-Momelin :** plusieurs maisons, au delà du lieu
dit les « Quatre moulins » appartiennent encore au faubourg du Haut-Pont. — Le **Tourniquet,** de l'avenue de
Saint-Martin-au-Laërt, dans la direction du marais de
Serques. — La **rue de la Faïencerie,** de la place du
Caspel (l'étymologie du mot Caspel n'a pu encore être
éclaircie jusqu'ici) aux Quatre moulins : en souvenir de
la célèbre Faïencerie Lévèque établie à cet endroit. —
Les **impasses Clay et Delgorgue.** — Le **Doulac** et
les **Communes** : à droite de l'écluse des Quatre moulins.
— La **rue des faiseurs de bateaux :** Napoléon utilisa
le talent de ces derniers pour construire des barques
dont ses troupes devaient se servir pour envahir l'Angleterre. — L'**impasse du Farck :** c'est-à-dire l'endroit

Rues et places
du Haut - Pont
avec
leurs souvenirs
locaux.

où l'on déchargeait les légumes. — La **place de la Ghière :** où l'on voit l'église paroissiale à l'ombre de laquelle s'abrite l'humble clocher du Monastère des Pauvres Clarisses, que longe la rue dite des Clarisses ; on y remarque également aux deux extrémités des écoles communales, l'une pour les garçons, l'autre pour les filles. **L'Impasse du Jeu de paume :** empêche d'oublier les fameuses parties de balle d'antan sur la Ghière. Enfin, **la Rue de la Poissonnerie** jusqu'au deuxième pont de l'Impasse de la Chapelle. Au delà de la ligne du chemin de fer : Le **boulevard de Strasbourg, les rues de Metz et de Belfort,** rappellent les souvenirs douloureux de 1870, souvenirs redevenus glorieux depuis la Guerre de 1914. De très jolies maisons de rentier et plusieurs fabriques de lingerie rendent la perspective de ce quartier très agréable. La **rue de la Gaîté,** tire enfin son nom d'une vaste guinguette qui existait encore à proximité, il y a une vingtaine d'années.

2º **Dans le faubourg de Lysel : La rue de la Poissonnerie :** autrefois dite de la Fraîche Poissonnerie, à partir de l'Impasse de la Chapelle et du Zeepe jusqu'à la place de Lysel. — Une partie de la rivière qu'elle longeait a été comblée, il y a trente ans, et on y a construit de confortables maisons pour les nombreux employés de chemin de fer désireux d'avoir leur domicile à proximité de la gare. — On y trouve à l'extrémité est, l'antique chapelle de Notre-Dame de Bonne fin, décrite plus haut. — La **place de Lysel :** Au fond de cette place, sur un cadran solaire on lit cette phrase latine : « Omnia mecum, sine me nihil ». Avec moi, tout, sans moi, rien, Cette devise qui rappelle la place importante du soleil dans la création du monde terrestre est tout à fait de circonstance dans le milieu des jardiniers de Lysel, où les récoltes sont à la merci des rayons de l'astre du jour, dont Dieu dispose toujours providentiellement pour la récompense, le châtiment ou l'épreuve méritoire des peuples. — La **rue Saint-Martin** tire son nom de l'ancienne paroisse Saint-Martin, au pied de la

Rues et places de Lysel, avec leurs souvenirs locaux.

Les Marais. — La Grande Mer.

Le Faubourg de Lysel.

Tour Saint-Bertin où elle conduisait. La rivière qui serpente, et sur laquelle glisse silencieusement toute une flotille de barques, bacoves et escutes, les maisons échelonnées sur le talus dans leur riante fraîcheur, les jardinets parfaitement entretenus et émaillés de fleurs pendant la plus grande partie de l'année, les ponts multiples, de différents styles, reliant les habitations à la route, tout cela réalise une perspective plutôt rare et curieuse à observer. Une école de garçons, et une école de filles parfaitement aménagées occupent la rive droite.

La rue des Maraîchers : de la place de Lysel au pont de la rue Saint-Martin ; c'est le quartier des employés et des rentiers, on y voit de charmantes villas. — **La rue des Viviers :** de la rue des Maraîchers à la rue Saint-Martin, de nombreux viviers poissonneux se trouvent à proximité. — **Les rues de Sainte-Elisabeth, de Saint-Corneille et de Saint-Fiacre,** reliant la rue des Maraîchers à la rue Saint-Martin : ces deux saints sont les patrons des deux grandes confréries très prospères dans les faubourgs, et sainte Elisabeth fut la première patronne de l'église paroissiale. — **Le Roiesof,** l'ancien **fort de Bethléem** et la route de Clairmarais ; au-delà de la rue Saint-Martin. Les nouvelles constructions continuent à se multiplier sur la route de Clairmarais. — Dans le marais : **la Grande et la Petite Mer, Kivers, Le Leck, Zieux et la Redoute :** sont l'objet d'agréables excursions en canots de promenade, et le but de parties de pêches, pour les audomarois comme pour les touristes. — **Malixhoff :** où se trouve la Gare, et une vaste Filature, dont les excellents patrons assurent non seulement le bien-être matériel de leurs ouvriers, mais encore veillent avec soin à leur bien moral. — **L'Écluse Saint-Bertin :** sur le canal de Neuffossé. — Enfin **le Brockus et les Clémingues :** à proximité des marais d'Arques. — Cette énumération suffit pour montrer l'immense étendue de la paroisse des faubourgs, et les difficultés que le Clergé y rencontre, à cause de l'éloignement, pour assurer le service religieux. Il y avait autrefois trois vicaires dans le Haut-Pont, ils retrouveraient, à l'heure actuelle, de quoi utiliser largement leur zèle pastoral. Que Dieu suscite pour cela de nombreuses vocations sacerdotales.

Les noms des Maires de Saint-Omer et des Conseillers municicipaux du Haut-Pont et de Lysel méritent d'être inscrits au « Livre d'or » de l' « Histoire des faubourgs ».

Nous réservons ici, une place d'honneur au « **Livre d'Or** » **de l'** « **Histoire des Faubourgs** » aux noms des Maires de la Ville de Saint-Omer depuis 1802, et ceux des Conseillers municipaux, qui ont été appelés à défendre les intérêts des habitants du Haut-Pont et de Lysel, depuis 1862. La grande leçon providentielle d'union sacrée qui s'est dégagée de la lourde épreuve de 1914, rappellera sans cesse aux Audomarois et aux Édiles qu'ils ont choisis comme leurs représentants autorisés, que Saint-Omer et les Faubourgs ne font qu'un. C'est bien là le « Sint unum » de l'Evangile, source de la véritable paix dans la tranquillité de l'ordre. « Aimez-vous les uns les autres », a dit le Divin Maître. Si ce mot d'ordre était mieux compris, tout ne serait pas encore parfait, car la perfection n'est pas de ce monde, surtout dans le monde instable de la politique ; mais, il y aurait certainement une amélioration générale de la Société et, la Ville de Saint-Omer et ses faubourgs réaliseraient davantage l'idéal d'une famille modèle et bien unie, que de stériles agitations ne troubleraient plus au moment des consultations électorales.

Noms des Maires : MM. J. de Monnecove, H. Le Sergeant, Armand, Baron Le Sergeant de Monnecove, J. de Folard, J. de Monnecove, Ed. Lefebvre du Prey, Constant Duméril, Ed. Lefebvre du Prey, E. Duméril, F. Ringot, Ed. Lefebvre du Prey fils, A. Tourneur.

Noms des Conseillers municipaux élus par les faubourgs depuis 1862 et leurs dévoués défenseurs : MM. Berteloot-Boulin, Gilliers-Vandembossche, Gilliers-Debast, Romain Gilliers, Brioul, Adrien, Debast-Berteloot, Clay, Hiecque, Louis Berteloot, Colin, Decludt, Guilbert, Erhold, Guersy, Lucien Berteloot et Debast.

CHAPITRE IX

Description de l'Eglise. - Les verrières et le mobilier du chœur. -
La chaire et les confessionnaux finement sculptés. - Les orgues
de 1862, et le Monument aux Victimes de la Guerre, en
1923. - L'Eglise est d'abord la « Maison de Dieu » par le
don ineffable de la Présence réelle de Jésus-Christ. - Le Divin
Prisonnier du Tabernacle connaît le cœur humain. - Ineffables
bienfaits de la Présence réelle. - L'Eglise paroissiale est aussi
le « Temple sacré de la prière ». - La Messe, prière par
excellence. - Conditions dans lesquelles elle doit être entendue.
- Utilité d'un livre de messe. - La première partie de la
Messe. - Préparation du sacrifice. - Touchante union des
fidèles avec le Célébrant. - Lisons le Saint Evangile. - Nécessité d'entendre la parole de Dieu. - Sentiments qu'impose la
récitation du « Credo ». - Les retardataires inexcusables.

**Avant d'aborder l'étude des différents aspects
sous lesquels les paroissiens des faubourgs doivent considérer leur église, nous donnerons ici
une rapide description du monument lui-même,**
dont nous avons précédemment rappelé les origines et
qui fut ouverte aux fidèles, pour la première fois, le
8 décembre 1859. **Le style de l'Église est celui du
XIIIᵉ siècle,** comme l'accusent ses fenêtres à ogives
lancéolées et son gracieux portail aux colonnettes très
élevées encadrant une jolie rosace et un tympan où se
trouvent représentés deux personnages suppliants aux
pieds de la Vierge Mère. Les pinacles extérieurs des
frontons des deux nefs latérales sont surmontés des statues de Sᵗ Pierre et de Sᵗ Paul tout dernièrement restaurées. Quant au clocher, il est en bois recouvert de zinc, le
terrain mouvant n'ayant pas permis de l'achever en
pierre. **A l'intérieur, les trois nefs** sont terminées par

âutant d'autels, ceux des nefs latérales sont dédiés à la Sainte Vierge et à Saint Joseph. Douze colonnes élancées soutiennent l'ensemble, sans enlever aux fidèles, d'aucun point de l'église, la vue du maître-autel. — **Le chœur éclairé par sept fenêtres** de dix mètres d'élévation a de la hardiesse et de la grandeur tout à la fois ; il saisit l'âme et l'élève doucement vers Dieu par ses belles verrières sorties, en 1858, des ateliers de M. Lusson, le peintre-verrier de la Sainte-Chapelle à Paris. Dans le vitrail du fond, renouvelé depuis la Guerre par la Maison Belge Vesch, résidant à Paris, on voit la Vierge Immaculée, patronne de la paroisse, debout et écrasant la tête du serpent infernal.

Les verrières qui encadrent la fenêtre du fond reproduisent en médaillons, à droite, les mystères qui précèdent la divine maternité de Marie, sa Nativité, sa Présentation au temple, l'Annonciation et la Visitation, et, à gauche, la Nativité de N.-S. J.-C., la fuite en Egypte, la Mère des Douleurs au pied de la Croix et, son couronnement dans le Ciel. Les quatre autres verrières mosaïques sont également d'un bel effet. Les médaillons reliés entre eux par de riches agrafes, se détachent agréablement sur un fond varié ; l'éclat et la richesse des couleurs, la nuance des tons, le vivacité et le moelleux du coloris, semblent résoudre le problème de laisser à la peinture toute sa puissance, et de permettre à la lumière d'éclairer l'église. **Les trois autels en bois sculpté** proviennent des ateliers Buisine à Lille. L'effigie du Bon Pasteur orne le tabernacle et, sous l'autel, figure la scène de Melchisédech offrant le pain et le vin selon le rite du sacrifice de l'ancienne Loi. Dans les stalles du chœur se trouvent richement sculptées avec les statuettes de saint Pierre et de saint Paul, celles des huit docteurs de l'Eglise. Dix-huit médaillons énumérant les invocations des litanies de la Sainte-Vierge ornent les murailles du chœur, avec quelques textes de la Sainte-Écriture. Six anges adorateurs entourent l'autel. Dans la **nef, la chaire sculpée, est remarquable** dans toutes ses parties. Sa cuve est ornée des statuettes des quatre Évangélistes avec leurs attributs traditionnels. Le panneau du milieu représente N.-S. J.-C. envoyant ses apôtres prêcher l'Évangile, et, dans les autres panneaux, deux scènes de la prédication du Sauveur.

Les confessionnaux sont l'œuvre de M. Sturne, habile sculpteur audomarois. On voit, à droite dans la nef latérale, la statuette de l'Ange du jugement avec la trompette et la balance, et celle de l'Esprit des ténèbres pesée dans une autre balance avec une âme repentante ; à gauche, dans la nef latérale, figurent sur le confessionnal une statue de saint Jean Népomucène, le martyr de la confession, plaçant son doigt sur ses lèvres, et celle de Moïse présentant aux Juifs le serpent d'airain. Le chemin de croix est sur toile. Près du chœur se trouve le buste de saint Corneille. Dans l'église, sont disséminées, les statues du Sacre-Cœur, de sainte Jeanne d'Arc, de saint François Xavier, de l'Ange gardien, de saint Benoît Labre, de saint Roch et de saint Fiacre, en attendant celles des premiers patrons de l'antique paroisse des faubougs, saint Martin, sainte Marguerite et sainte Élisabeth, sans oublier saint Omer qui y conservent toujours droit de cité, et seront une protection de plus pour les fidèles paroissiens. — **Dans le bas de l'église, une grotte de Lourdes** a été édifiée à proximité des fonts baptismaux. — Avant le bombardement, deux vitraux, représentant l'un le baptême de N.-S. J.-C., et l'autre, l'ensevelissement du Sauveur, occupaient les deux chapelles encadrant le portail. — Un « fac simile » en bois doré, figure la maquette de l'église de l'Immaculée Conception, qui fut portée en procession, lors du couronnement de N.-D. des Miracles en 1875, et pourra de nouveau être utilisée, en 1925, pour la célébration du glorieux cinquantenaire de cette inoubliable solennité.

Quant aux orgues, fournies par la Société

Les orgues
de 1862,
et le Monument
des Victimes
de la Guerre,
en 1923.

Merklin-Schulze de Paris, elles ont été inaugurées le 30 juillet 1862. Le buffet s'harmonise parfaitement avec elles et il a tout le gracieux et le fini des meubles du XIIIᵉ siècle. Dans le bas de la nef latérale droite, le monument gothique en pierre et en marbre, dû à l'habile ciseau de M. Marquillies, sculpteur audomarois, et qui a coûté 8.000 francs, élevé à la mémoire des Enfants des faubourgs morts pour la France, de 1914 à 1918, rappellera que ces vaillants ont puisé le courage de leur martyre dans leur Foi religieuse et leur ardent amour pour la Patrie française. — **Les bancs placés le long des murailles des nefs latérales,** sont réservés, à droite, pour les Confrères de Saint Corneille et de Saint Fiacre, à gauche, pour ceux du Saint-Viatique. La présence de ces chrétiens d'élite à une place d'honneur à tous les offices, donne aux cérémonies paroissiales un cachet d'édification toute particulière.

Après avoir fait connaître dans ses détails l'histoire de l'antique paroisse de Sainte-Elisabeth, devenue la paroisse de l'Immaculée-Conception, nous allons maintenant présenter au lecteur l'Eglise paroissiale : 1º Comme la **Maison de Dieu sur la terre ;** 2º comme le **Temple sacré de la Prière ;** 3º comme la **Source vivifiante de la vie surnaturelle pour les âmes ;** 4º comme le **Centre merveilleux et fécond** de nombreuses et admirables **œuvres sociales.**

L'Eglise est d'abord
la
« *Maison de Dieu* »
par
le don ineffable
de
la Présence réelle
de
Jésus-Christ.

La Religion tout entière se trouve renfermée dans une idée unique, celle de la **Présence réelle** de Dieu au milieu des hommes ; or, cette présence réelle, depuis la Cène Eucharistique, à jamais mémorable, du Jeudi-Saint, est réalisée d'une façon toute spéciale par l'Amour de Notre-Seigneur Jésus-Christ, dans chaque *tabernacle*, qui reste toujours le *centre* et la *raison d'être* de *toutes nos églises catholiques.*

Jésus-Christ a merveilleusement approprié cette présence aux exigences de notre nature. Il ne s'est pas tenu à l'écart de sa créature. Il a incliné les cieux et Il est descendu vers elle vérifiant, d'une manière parfaite, son beau nom d'**Emmanuel,** Dieu avec nous.

Néanmoins, tout est ménagé autour du mystère eucharistique pour exciter notre foi et, en même temps, la rendre méritoire, tout est adapté à notre état d'épreuve pour ranimer notre courage et, en même temps l'exercer. Comme *saint Louis* invité à venir voir le prodige de la Sainte-Hostie apparaissant, à la « Sainte-Chapelle » de Paris, dans les mains du prêtre, au moment de l'élévation et aux yeux de tous les assistants, sous la forme d'un enfant d'une indicible beauté, redisons que nous n'avons pas besoin de miracles et que, chaque jour, il nous suffit de voir notre divin Sauveur, des yeux de la Foi, en attendant les ineffables réalités de la Béatitude céleste.

D'ailleurs, si le Divin Prisonnier d'amour se montrait à nous dans l'éclat de sa majesté, nous serions moins libres dans nos rapports, moins impressionnés par sa bonté que par sa grandeur. Et puis, le mystère convient si bien aux opérations du cœur humain. Le cœur, en effet, n'aime-t-il pas qu'on lui laisse à deviner, et à prouver ainsi sa confiance, n'aime-t-il pas qu'on se dérobe et qu'on lui réserve la joie de trouver? Loin de redouter l'ombre et le secret du tabernacle, il y goûte un charme délicieux et comme le parfum de l'infini.

Le Divin Prisonnier du Tabernacle connaît le cœur humain.

La présence réelle de Jésus-Christ au tabernacle, c'est encore la présence d'un Père au milieu de ses enfants, celle du Juste par excellence, chargé de changer en miséricorde la Justice du Juge souverain légitimement irrité par les fautes de l'humanité, c'est enfin la présence essentiellement vivifiante qui, par elle-même et par les bienfaits qu'elle nous assure à l'Autel et à la Table Sainte, nous entretient dans une activité toute surnaturelle. C'est alors que, soustraits à la servitude de nos sens, de nos passions, de l'esprit du monde et, entièrement maîtres de nous-mêmes, nous nous diri-

Ineffables bienfaits de la Présence réelle.

geons par des voies sûres vers le Ciel, but que nous atteindrons certainement, si nous sommes fidèles.

Telle est la présence de Jésus-Christ dans le Très Saint-Sacrement. En dire la grandeur n'est-ce pas en même temps, proclamer celle de l'édifice sacré où l'on vient en jouir ?

Paroissiens des faubourgs, vous l'avez donc compris, votre église est vraiment *la maison de Dieu sur la terre* et, la majesté divine la pénètre et la remplit.

L'Église paroissiale *de l'Immaculée-Conception, résidence divine*, est aussi, avons-nous dit, **le Temple sacré de la prière,** et nous croyons utile de rappeler ici quelques notions succinctes sur les principales cérémonies liturgiques qui y sont célébrées.

Au premier rang des prières liturgiques apparaît la **Messe, la prière par excellence,** qui est le sacrifice non sanglant du corps et du sang de Jésus-Christ offert à Dieu sur l'autel, sous les espèces du pain et du vin. Elle perpétue parmi nous le sacrifice de la Croix et nous en applique les mérites, et elle nous aide à rendre à la Majesté divine les devoirs d'adoration, d'actions de grâces, de réparation et de supplication qui lui sont dûs.

L'importance de la Messe est telle que le paroissien qui, sans un empêchement majeur, n'y assisterait pas chaque dimanche et les jours de fête d'obligation, se rend coupable d'une faute grave et ne mérite plus d'être considéré comme un catholique sincère. En effet, l'expérience est là pour constater que, sans l'audition hebdomadaire de la Messe, toutes les autres pratiques religieuses restent à l'état de lettre morte.

Parlons d'abord des messes basses qui, se célèbrent à 6 heures, 7 heures, 8 heures, 11 h. 1/2. *Il faut y arriver à l'heure* et, pour cela, quitter son domicile en temps voulu, afin de pouvoir s'unir aux prières récitées par le prêtre au pied de l'autel. L'habitude contraire révèle bien peu d'esprit de foi et, en même temps, une maison mal réglée, dont les membres partagent, à titres divers,

L'Eglise paroissiale est aussi le Temple sacré de la « Prière ».

La Messe, prière par excellence.

Conditions dans lesquelles elle doit être entendue.

les responsabilités. *Il est aussi recommandé* de se placer de façon à voir le célébrant à l'autel, question indispensable pour bien entendre la messe, surtout si, suivant un usage introduit par le seul respect humain, on prétend pouvoir se passer de livre.

Si *un missel* ou un *eucologe* complets ne sont pas nécessaires *aux hommes et aux jeunes gens*, il est à souhaiter que ces derniers aient, tous, entre les mains. la collection des quatre volumes appropriés aux quatre parties de l'année liturgique, volumes de format très commode, qui leur permettraient de suivre avec intérêt les cérémonies et les prières de l'église, si pleines d'enseignement. **Quant aux femmes et aux jeunes filles vraiment chrétiennes,** il ne faut pas insister longtemps auprès d'elles, pour leur faire comprendre qu'un livre de messe n'est pas un simple accessoire de luxe mondain, et que les proportions lilliputiennes qu'une certaine mode tend à lui donner, réduisent, avec le texte, la dévotion des lectrices, au lieu de l'éclairer et de la dilater par l'exposition si féconde de la sainte Liturgie.

Utilité d'un livre de messe.

La première partie de la messe s'étend du commencement jusqu'au « *Credo* », elle constitue, pour ainsi dire, **la préparation du sacrifice.** Cette préparation s'accomplit d'abord, par un colloque intime entre le célébrant et le servant qui représente l'assistance entière ; colloque où tous deux implorent la miséricorde divine et s'humilient, au pied de l'autel, par la récitation du « **Confiteor** », prière qui, dite avec contrition, a la vertu d'effacer les fautes vénielles. Puis viennent, après l'**Introït,** psaume donnant le ton de la solennité que l'on célèbre, les neuf supplications du « **Kyrie** » « Seigneur ayez pitié de nous », si expressives dans leur concision, suivies immédiatement, quand la messe n'est pas célébrée pour les défunts ou aux jours de pénitence, par l'hymne angélique du « **Gloria in excelsis** », promettant la paix sur la terre aux hommes de bonne

La première partie de la Messe.

Préparation du sacrifice.

volonté. Les fidèles doivent s'unir de cœur et de bouche avec les hiérarchies célestes, tous les jours groupées autour des autels de la terre, comme dans le Ciel, dans l'adoration éternelle de la Majesté suprême.

Touchante Union des fidèles avec le Célébrant.

Au « **Dominus vobiscum** », le prêtre s'inspirant de l'amour du cœur, de Jésus dont l'autel est la figure, baise la pierre sacrée et, se retournant vers le peuple, il le salue en lui souhaitant tous les biens que porte avec elle la présence du Seigneur. C'est alors que le peuple reconnaissant le salue à son tour par ces mots « *et cum spiritu tuo* » *Que le Seigneur soit avec votre esprit*, dit-il. Cette touchante union du célébrant et des fidèles dans une même prière se manifestera souvent au cours du saint sacrifice par le mot « *Amen* » « *Qu'il en soit ainsi* », conclusion des nombreuses oraisons de la messe. **Les collectes** ou oraisons se terminent, ordinairement, par une louange admirable de la Sainte Trinité, en ces termes : « Par N.-S. J.-C. votre Fils, qui, avec vous, vit et règne dans l'unité du Saint-Esprit, Dieu, dans tous les siècles des siècles », et elles varient selon la diversité des jours, des fêtes et des époques. **La lecture de l'épître et de l'évangile** unis par le graduel, le trait, l'*alleluia* et même une prose, a lieu successivement. **L'Épître,** tirée des lettres des Apôtres, se lit, avant l'évangile, parce qu'elle en est la préparation. *Quant à l'Évangile*, c'est un passage pris dans l'un des quatre Évangélistes et renfermant soit une instruction de Jésus-Christ, soit un de ses miracles, soit le récit de la partie de sa vie dont on honore, ce jour-là, la mémoire.

Lisons le Saint Evangile.

Les fidèles doivent se tenir debout pendant la lecture de l'Évangile, par respect pour la parole divine, dont ils se déclarent ainsi, prêts à suivre avec docilité tous les salutaires enseignements.

Un usage trop négligé par un certain nombre, souvent par respect humain, veut que les assistants se signent en même temps que le prêtre, au début de l'Évangile, au front, pour indiquer qu'ils ne rougissent pas de la doctrine catholique, sur les lèvres, pour affirmer qu'ils sont prêts à la proclamer et sur le cœur, pour témoigner qu'ils l'aiment véritablement.

La courte instruction qui suit l'Évangile et où le Clergé développe, familièrement, aux messes basses, le dogme et la morale catholiques *a une importance capitale.* **Un des grands maux de l'époque contemporaine c'est l'ignorance religieuse,** et les allocutions pratiques de la chaire chrétienne ont pour mission de remédier à ce fléau qui, en entraîne une foule d'autres. Mais les fidèles de la paroisse des faubourgs se rappelleront surtout qu'il ne suffit pas d'entendre la parole de Dieu, mais qu'ils doivent aussi se l'approprier et la mettre en pratique, et loin d'assister, de préférence, le dimanche, à une messe basse où les exigences d'un service surchargé et d'un personnel trop peu nombreux, ne permettent pas la prédication, ils rechercheront toujours *le paternel entretien de leurs prêtres,* qui n'ont qu'une chose à cœur, le bonheur ici-bas, et le **salut** éternel des âmes qui leur sont confiées.

Rien de plus convenable, que de réciter ensuite *et debout* (malgré l'usage contraire établi par la routine) **le « Credo »** en signe d'adhésion aux paroles du prédicateur, et de faire, en commun, une profession solennelle de la Foi catholique. *N'oublions pas* que chaque parole de notre « *Credo* » est l'expression d'une vérité officielle révélée par Dieu à l'humanité. Pour chaque mot, les plus éminents Docteurs de l'Église ont écrit les pages les plus sublimes, et des légions de martyrs ont versé leur sang pour en affirmer la vérité. Enfin, le « *Credo* » a été l'objet des méditations les plus profondes et les plus aimantes de tous les saints.

Paroissiens de l'Immaculée-Conception, nous l'espérons, après avoir lu ces pages, vous n'excuserez plus *les retardataires,* qui se croyaient en règle avec Dieu et leur conscience, en arrivant seulement à l'église pour l'Évangile ou pour l'Offertoire. Vous avez certainement

Nécessité d'entendre la parole de Dieu.

Sentiments qu'inspire la récitation du « Credo ».

Les retardataires inexcusables.

compris que, l'exact rendez-vous pour tous, c'est le moment de l'arrivée du prêtre à l'autel, et, qu'il est grave d'en prendre et d'en laisser avec le Dieu de l'Eucharistie souverainement bon sans doute, mais qui sera aussi le souverain Juge dans l'éternité.

Purifier le cœur, éclairer l'esprit, augmenter la foi et la piété, tel est le but de la première partie de la Messe.

CHAPITRE X

Seconde partie de la Messe. Ce qui se passe à l'autel, à l'Offertoire.
— Les pressantes invitations de l' « Orate fratres » et du
« Sursum corda ». — Les trois magnifiques prières qui précèdent la « Consécration ». — Grandeurs sublimes du mystère
qui s'accomplit à l' « Elévation ». — La meilleure attitude
recueillie, recommandée aux fidèles par le Souverain Pontife
Pie X Lui-même. — Prières qui suivent l' « Elévation ». —
Quatrième partie de la Messe. La Communion. — Dispositions
du Prêtre qui célèbre et des fidèles qui communient. — L'acte
d'humilité du Centenier. — La communion spirituelle. — La
dernière bénédiction. — La récitation par toute l'assistance des
prières après la Messe. — Devoir capital de la Messe. — Un
mot aux Fonctionnaires de l'Etat neutre. — La question du
repos hebdomadaire à Saint-Omer. — La Messe matinale des
fervents de la « pêche ». — Les objections des ouvriers audomarois.

**Le sacrifice proprement dit, commence avec
l'Offertoire.** Le prêtre sanctifie alors et sépare du
domaine des choses profanes, par des oraisons particulières, le pain et le vin, en les offrant à Dieu et en
appelant, sur eux, la grâce du Saint-Esprit. En offrant
à Dieu le pain et le vin, la pensée du prêtre se porte sur
Notre-Seigneur Jésus-Christ qui, bientôt, prendra leur
place, et il s'offre lui-même avec tous les assistants, en
union avec le sacrifice du Sauveur prêt à s'accomplir.

En se purifiant les doigts, le Célébrant indique les dispositions parfaites où il faudrait être pour mériter
d'offrir à Dieu le sacrifice de son Fils, puis il renouvelle
à la Sainte-Trinité l'offrande de l'hostie et du calice, qui
doivent procurer sa gloire et aussi l'honneur des saints
dont il fait mémoire à l'autel.

Avertis par le Célébrant qui se retourne vers l'assis-

Les pressantes
invitations
de
l' « Orate fratres »
et du
« Sursum corda ».

tance et l'engage à redoubler de prières par ces mots « *Orate fratres* » Priez, mes *frères* », les fidèles doivent alors réciter avec lui les différentes oraisons dites « *secrètes* », où les mystères de l'année ecclésiastique et le souvenir de l'oblation se pénètrent et se mêlent dans une variété admirable et une harmonie parfaite.

Enfin, le « *Sursum corda* » « *En haut les cœurs* », voilà le mot d'ordre de la « Préface », l'hymne de la reconnaissance, qui doit unir les voix du prêtre et de son peuple à celle des esprits célestes, et inviter l'assistance par le glorieux trisagion du « *Sanctus* » et l' « *Hosanna* » triomphal, à pénétrer, avec ferveur, dans la troisième partie de la Messe où, dans le silence du sanctuaire, le Célébrant va désormais, à voix basse, et d'une manière toute mystérieuse, traiter les intérêts sublimes qui lui sont confiés.

Le signal donné par la clochette du chœur, rappelant que la partie la plus solennelle de la Messe, *le Canon,* la partie réglée, c'est-à-dire celle dout le rite sacré est resté invariablement le même, depuis les premiers siècles de l'Eglise, vient de s'ouvrir, tous sans exception doivent se mettre à genoux immédiatement. Attendre pour cela le coup de clochette de l'Élévation, c'est, on l'a dit avec raison, ne se décider qu'au *coup des paresseux.* Que l'on ne vienne pas alléguer ici une coutume invétérée ; l'esprit de foi et la bonne volonté des Paroissiens auront à cœur de la faire disparaître.

Trois prières magnifiques, qu'on ne saurait trop méditer, précèdent la Consécration.

Les trois
magnifiques prières
qui précèdent
la « Consécration ».

Dans la première, le Célébrant, par voie de supplication, applique le Saint Sacrifice à l'Eglise militante tout entière, et spécialement au Souverain Pontife régnant, à l'Évêque diocésain et aux fidèles qui ont demandé la célébration de la Messe, sans oublier les assistants présents, dont, dit-il à Dieu, vous connaissez la foi et la piété.

Espérons que, tous dans l'auditoire, méritent à un

certain degré ce consolant éloge, Puis il fait solennellement mémoire de l'Eglise triomphante au Ciel, de la Très Sainte Vierge Mère de Dieu, des douze Apôtres et de douze martyrs des premiers siècles et entr'autres de saint Corneille, patron des faubourgs.

Dans la seconde prière, le prêtre demande pour cette vie, la paix, et, pour l'autre, le salut éternel constituant la grâce des grâces et le but de la vie. C'est en effet Notre-Seigneur Jésus-Christ Lui-même, qui a dit « A quoi sert à l'homme de gagner l'univers entier s'il vient à perdre son âme ».

Quant à la troisième oraison, elle est une introduction immédiate à l'acte de Consécration, à la transsubstantiation du pain et du vin au corps et au sang de Jésus-Christ, et elle indique que le changement qui va avoir lieu, se fait pour nous, pour notre utilité et notre salut.

Voici, le moment solennel par excellence, arrivé. Le prêtre, au nom de Jésus-Christ Lui-même, prononce sur le pain et le vin ces paroles toutes puissantes « *Ceci est mon corps : ceci est mon sang* ». *Il parle,* et au moment même, toute la substance du pain et du vin disparaît, pour faire place au corps et au sang du Sauveur, et cela, sans aucun changement apparent, car par une division au-dessus de l'ordre naturel, les apparences sont séparées de leur sujet et se soutiennent miraculeusement, *Il parle,* et ce même corps du Christ voilé par les espèces sacramentelles, y demeure tout entier, à la fois dans toute l'hostie sainte et dans chaque partie sensible. *Le prêtre parle enfin,* et le fils de Dieu sans quitter le séjour céleste, par une ineffable merveille de sa toute-puissance, se trouve en même temps sur la terre, livré à la discrétion de ses ministres, comme une auguste victime immolée pour les péchés du monde.

Le Célébrant se prosterne alors en adoration, et élève successivement aux regards de tous l'hostie divine et le calice du Seigneur, pour bien indiquer que *Jésus-Christ est l'unique médiateur du ciel et de la terre,* et inviter le peuple à adorer le mystère de l'autel, réalisant, à la fois, le touchant mystère de Bethléem et le drame douloureux du Calvaire.

La meilleure attitude recueillie, recommandée par le Souverain Pontife Pie X Lui-même.

Faisons remarquer que le Souverain Pontife Pie X, afin d'augmenter la foi des fidèles, ayant accordé 300 jours d'indulgences à ceux qui regardent la Sainte Hostie et le Calice, pendant leur double élévation, en disant comme l'Apôtre saint Thomas, dans le Saint Evangile, « *Vous êtes mon Seigneur et mon Dieu* », tous les assistants, au lieu de rester constamment inclinés pendant les deux élévations, sont invités à tourner, deux fois, leurs regards vers l'autel et à redire, deux fois, cette formule d'adoration, suivie chaque fois d'une profonde inclination. Quelle adoration, quel recueillement, quelle componction peuvent suffire à la pensée que Jésus-Christ est là présent et qu'il y est pour nous. *Chrétiens distraits,* chassez donc vos inutiles préoccupations et concentrez votre esprit et surtout votre cœur, sur Celui que les élus brûlent de contempler dans les parvis célestes. *Et vous chrétiens coupables,* hâtez-vous de vous convertir, laissez-vous toucher par le regard d'amour du Divin Maître, et n'imitez point les Juifs déicides, blasphémant leur innocente Victime jusque dans son immolation sur la Croix.

Prières qui suivent l' « Elévation ».

Dans les trois oraisons qui suivent la Consécration, le Célébrant fait d'abord à Dieu, *l'oblation* de la divine Victime présente sur l'autel et mystiquement immolée, puis *la commémoraison* de l'Église souffrante du Purgatoire, demandant au Seigneur qu'il daigne accorder aux fidèles trépassés et spécialement aux âmes qui lui ont été recommandées, un lieu de rafraîchissement, de lumière et de paix. Enfin, après avoir prié pour les défunts, *il sollicite* pour tous les assistants et pour lui-même la *récompense du Ciel* obtenue par un sincère repentir.

Le tout se termine par une *seconde Elévation* des Saintes Espèces, accompagnée de différents signes de croix, avec l'affirmation, par le prêtre, que toute la gloire reçue par Dieu, il la doit à Jésus-Christ et que toute la gloire rendue à son Père par Jésus-Christ, il la Lui rend en se faisant sa victime et en immolant, avec Lui, tous les fidèles ses membres vivant par sa grâce et agissant par son Esprit.

Pour compléter le divin sacrifice, il faut qu'il y ait manducation. et cette manducation sera la Communion.

Comment se mieux préparer à ce grand acte que par la récitation commune de l'*Oraison dominicale*, la prière composée par Notre-Seigneur Jésus-Christ Lui-même, prière souverainement efficace, puisqu'elle nous vient de Celui qui scrute les profondeurs de l'homme et de Dieu, et sait, dans quels termes, la créature indigente et faible doit s'adresser à son Créateur. Le « *Pater* » dans sa brièveté est néanmoins *extrêmement complet* et ses sept demandes renferment tout ce qui peut être demandé par la créature à l'égard de Dieu, du prochain ou d'elle-même. *La prière* du « *Notre Père* » nous rappelle que nous sommes, tous, les enfants d'un même Père qui, après avoir glorifié Dieu sur la terre, en observant ses commandements, auront droit au même héritage de l'éternel bonheur, et elle est, de plus, à la fois le mémorial et l'exercice des plus belles vertus chrétiennes : l'humilité, la religion, la foi, l'espérance et la charité.

Après avoir sollicité de l'Agneau de Dieu, Notre-Seigneur Lui-même, le *grand bienfait de la paix*, qu'Il est venu apporter au monde, paix avec Dieu, par la pureté de conscience, paix avec nous-mêmes, par la mortification de nos passions et, paix avec le prochain, qui dissipe toute haine et toute froideur, le Prêtre récite plusieurs prières pour achever sa préparation au grand acte de la communion qu'il a, seul, le bonheur de faire sous les deux espèces du sacrifice Eucharistique.

C'est alors qu'a lieu également la communion des fidèles, précédée du « *Confiteor* » et de l'absolution

Quatrième partie de la Messe, La Communion.

Dispositions du Prêtre qui célèbre et des fidèles qui communient.

du prêtre, ayant tous deux, comme sacramentaux, la vertu d'effacer les fautes vénielles qui feraient encore ombre dans les âmes, pour la venue du divin Soleil eucharistique.

La triple formule de l'acte d'humilité, empruntée au Centenier de l'Evangile « Seigneur, je ne suis pas digne », formule que tous les assistants, sans exception, doivent répéter, en ce moment, en se frappant la poitrine, retentit, à travers l'église, au milieu d'un silence émouvant, et bientôt, chacun des heureux élus du banquet divin entend prononcer pour lui le consolant souhait **« Que le corps de Notre-Seigneur Jésus-Christ garde votre âme pour la vie éternelle. Ainsi soit-il ».**

Pourquoi cet immense bonheur ne serait-il pas partagé plus souvent et par un plus grand nombre d'âmes, selon le désir du Souverain Pontife Pie X, interprète autorisé et remplaçant du Sauveur sur la terre, comme nous le dirons plus loin ?

A défaut de la communion sacramentelle, ne manquons pas de communier spirituellement : Faisons pour cela un acte de foi bien senti à la présence réelle, désirons vivement recevoir l'Auteur et la source première de tous les biens, et redisons-Lui notre amour reconnaissant.

La dernière partie de la messe est consacrée entièrement à l'action de grâces, et, après les oraisons dites de la Postcommunion, le Prêtre confirme par une bénédiction s'étendant à toute l'assistance, les grâces de choix obtenues pendant l'auguste Sacrifice qui s'achève.

Remarquons que la dernière bénédiction ne doit pas être un signal de départ pour les paroissiens. Le dernier évangile, ordinairement celui de *saint Jean*, mérite en effet toute notre attention pour le sublime exposé qu'il nous donne de la génération éternelle, de la toute-puissance et de la divinité du Verbe fait chair pour notre salut. C'est sur cet évangile que *les princes prêtaient, autrefois, le serment,* et les fidèles aimaient à le porter sur eux, à s'en servir comme d'un préservatif dans les tentations et les maladies et même à le faire déposer dans leur sépulture.

Depuis plusieurs années, les Souverains Pontifes ont ordonné d'ajouter aux messes basses dont nous venons de parler, la récitation du « *Salve Regina* » et d'une oraison avec trois fois l'invocation « *Cœur Sacré de Jésus, ayez pitié de nous* ». — **Ces prières supplémentaires** demandées en raison des épreuves présentes de la Sainte Eglise, *doivent être récitées, à haute voix, par tous les assistants,* en latin ou en français, et l'union franche et résolue des voix dans la prière commune, est le meilleur indice de l'union des cœurs dans les paroisses ferventes. *Puisse la paroisse de l'Immaculée-Conception être, toujours, du nombre de ces dernières.*

La récitation par toute l'assistance des prières après la Messe.

L'assistance à la messe étant un *devoir capital* et urgent pour tous les catholiques, on se demande, parfois, comment certains paroissiens des faubourgs, surtout dans la classe ouvrière, s'en exemptent si facilement.

Devoir capital de la Messe.

L'ignorance de la religion et des choses de la foi, y est d'abord pour beaucoup, mais l'indigne et lâche respect humain en est surtout la première cause. *Fonctionnaires de toute catégorie,* ne savez-vous donc pas qu'il est écrit au frontispice de la loi de Séparation « **La République assure la liberté de conscience. Elle garantit le libre exercice des cultes** ». Les trembleurs n'ont donc aucune excuse, et le tribunal de l'opinion publique vient se joindre à la voix vengeresse de leur conscience, qu'ils ne sauraient jamais complètement étouffer, pour leur rappeler qu'en manquant à la messe, non seulement ils ne sont plus honnêtes devant Dieu, mais qu'ils portent les fers d'un esclavage indigne de l'ère de liberté officiellement proclamée au XXe siècle.

Un mot aux Fonctionnaires de l'Etat neutre.

Les Commandements de Dieu et de l'Église et la

La question
du
repos hebdomadaire
à Saint-Omer.

Loi civile à l'égard du repos hebdomadaire sont relativement bien observés, dans notre ville de Saint-Omer, pour le plus grand bien matériel de tous, et, sauf quelques corporations obligées de rester les victimes des exigences des progrès mêmes de la vie sociale, les ouvriers ont leur liberté le dimanche. De 5 heures 1/2 à 11 heures 1/2, **il est donc facile, à tous ceux qui ont un peu de bonne volonté,** de trouver la *demi-heure* nécessaire pour remplir leur devoir religieux et l'expérience est là, pour prouver que la bonne conscience du devoir accompli donnera un nouveau charme à tous les autres délassements légitimes de la journée.

La Messe matinale
des fervents
de la « pêche ».

La messe matinale entendue ne serait-elle pas une sauvegarde de plus pour les *voyageurs du dimanche* et pour les ouvriers, *pêcheurs intrépides* de la première heure, qui auraient ainsi plus de droits à obtenir de la divine Providence, dans les cours d'eau de Clairmarais, de Watten ou du Bachelin, la pêche miraculeuse du lac de Galilée.

Enfin, la première responsabilité revient aux mères et aux épouses, dans les familles ouvrières, car si elles ne donnent pas elles-mêmes l'exemple, (sauf bien entendu, les cas où leurs devoirs d'état les en empêchent formellement), elles perdent toute autorité pour engager leurs maris et leurs enfants à venir à l'église. Or, sans cette démarche hebdomadaire, la famille ouvrière n'a le droit d'attendre de Dieu ni prospérité matérielle ni vrai bonheur ici-bas.

Les objections
des
ouvriers
audomarois.

Signalons aussi le peu de valeur de l'objection, alléguant la pénurie de vêtements convenables pour paraître décemment dans l'église, car les habits nécessaires qu'on dit ne pas posséder pour aller à la messe, sortent, comme par enchantement, des armoires, aux jours de fête et de deuil des familles, sans oublier les fêtes communales ou même les simples après-midi des lundis parfois chômés.

CHAPITRE XI

La Grand'Messe célébrée pour les paroissiens. – Cérémonies qui lui sont spéciales. – Le chant à l'unisson. – Les enthousiasmes de notre « Credo » séculaire. – En quoi consiste l'office des vêpres. – Ce que valent les raisons qu'on allègue, pour s'en dispenser. – Bienfait inestimable de la Bénédiction du Très Saint Sacrement. – Le Chemin de la Croix dévotion réparatrice qui s'impose.

Parmi les messes célébrées à la paroisse de l'Immaculée-Conception, chaque dimanche, à 9 h. 1/2, *la grand'messe* tient le premier rang par ses cérémonies imposantes et significatives, qui disent mieux à Dieu notre reconnaissance, et nous rappellent davantage la sublimité de l'adorable mystère de nos autels. De plus, **le Clergé a le devoir de dire spécialement cette messe aux intentions de toute la paroisse.** La majorité de cette dernière devrait donc s'y donner rendez-vous. Sans doute, les jours de grande fête un auditoire très complet envahit les vastes nefs, désireux de s'associer à l'allégresse générale de la famille paroissiale, mais, les dimanches ordinaires, cette grand'messe est relativement trop peu fréquentée. Si l'harmonie et la puissance des chants liturgiques, si la splendeur des décorations et des ornements, varient nécessairement, selon le degré des fêtes, la grand'messe comporte toujours certaines cérémonies spéciales pleines d'enseignements, qui devraient la faire rechercher, de préférence, par les vrais fidèles.

C'est en effet à la grand'messe qu'ont lieu **la bénédiction de l'eau et l'aspersion des fidèles,** préparant l'assistance au sacrifice par excellence, qui réclame les

Cérémonies
qui lui
sont spéciales.

plus saintes dispositions, à la fois, du célébrant et des paroissiens. C'est à la grand'messe qu'à quatre reprises différentes *l'encens, symbole de la prière* partant d'un cœur embrasé d'amour, remplit le sanctuaire de ses nuages odoriférants, pour honorer tour à tour l'autel, l'évangile, le prêtre, les saintes espèces et même les fidèles membres et temples de Jésus-Christ par la réception des sacrements. C'est à la grand'messe, qu'*au prône*, le prêtre adresse d'abord à Dieu, des prières pour l'Eglise universelle et les Chefs de sa hiérarchie sainte, pour les bienfaiteurs de la paroisse, les membres vivants et défunts et aux intentions de tout le peuple chrétien. **Puis viennent la publication des bans de mariage,** l'énumération des différents offices et solennités de la semaine et les prescriptions qu'ils entraînent, enfin, la lecture des documents émanés de l'autorité ecclésiastique, par exemple les encycliques du Souverain Pontife et les lettres et mandements de Monseigneur l'Evêque. **Le prône se termine par une instruction simple et familière** sur une des vérités de la Religion ou un passage de l'Evangile. Ceux qui s'y montrent assidus, y acquièrent toutes sortes de notions qui entretiennent, rectifient ou complètent leurs connaissances religieuses, tandis que la négligence en cette matière compte parmi les causes de l'affaiblissement de l'état religieux.

Chaque jour, de nouvelles erreurs. ou plutôt *de nouvelles formes d'erreurs* se produisent, et les fidèles ont besoin d'être mis en garde contre elles, et par conséquent, d'écouter ceux qui ont reçu la divine mission de les dénoncer et de les réfuter.

Le chant à l'unisson.

On ne saurait trop engager les assistants à s'unir aux chants, relativement faciles, du « *Kyrie* », du « *Gloria* », du « *Credo* », du « *Sanctus* », et de l' « *Agnus Dei* », ce serait répondre pleinement aux désirs du Souverain Pontife *Pie X* qui, dans un « *Motu proprio* », a rigoureusement proscrit des églises, la musique mondaine et théâtrale, pour rendre au *chant à l'unisson,* la place d'honneur traditionnelle qu'il occupait dès les premiers siècles du Christianisme.

Rien de plus émouvant par exemple, que d'entendre, chaque année, à Notre-Dame de Paris, à la clôture de la retraite pascale, trois à quatre mille hommes s'apprêtant, tous, à recevoir la Sainte Eucharistie, chanter d'une seule voix et d'un seul cœur *le glorieux* « *Credo* » catholique, qui retentit sous les voûtes de nos églises, depuis l'ère des martyrs. **Paroissiens des Faubourgs, soyez donc fiers de votre « Credo »** et, en le redisant avec un invincible enthousiasme, souvenez-vous qu'il a été *le code* de toutes les libertés bienfaisantes, introduites peu à peu avec lui dans la société païenne, dont il a opéré le renouvellement, en même temps que *l'hymne* des plus nobles combats et des plus merveilleuses victoires. Enfants et adolescents, femmes et jeunes filles qui constituez, présentement, la majorité des assistants de la grand'messe, c'est à vous qu'il appartient de convier le plus souvent possible, vos pères, vos époux et vos frères à la plus solennelle et la plus touchante des supplications paroissiales.

La grand'messe, en un mot, c'est bien la réunion de famille par excellence, et le *pain bénit* que l'on y distribue à l'assistance, tout en étant le mémorial des agapes des premiers siècles du christianisme, est, avant tout, un gage de paix, de fraternité et d'union. Ce pain bénit offert, à tour de rôle, par les paroissiens aisés, remet, en qualité de sacramental, les péchés véniels à tous ceux qui, étant *en état de grâce*, le mangent avec une foi véritable et un regret sincère de leurs fautes.

L'Office des vêpres qui, dans les premiers siècles de l'Église, se célébrait à la tombée de la nuit, a lieu dans sa forme actuelle depuis *le ixe siècle*. Il comprend cinq psaumes et autant d'antiennes, le capitule, une hymne, un verset, le cantique du « *Magnificat* » et son oraison. Ces différentes prières varient selon les fêtes célébrées, et le ton de leur chant est plus ou moins solennel.

Quand les assistants prennent part à ce chant relativement facile, *cette supplication commune* devient véritablement imposante et les paroisses devraient avoir à cœur de l'exécuter d'une façon aussi édifiante que dans les communautés religieuses, où elle réalise si bien la prière familiale.

Chantées ordinairement à 2 heures et demie, les vêpres de la paroisse de l'Immaculée-Conception trouvent, comme partout, un obstacle à leur fréquentation, dans *les repas de famille* forcément prolongés, surtout dans la classe ouvrière où ils commencent très tard, et dans les *promenades hygiéniques* en parfait accord avec le repos si légitime du dimanche. L'expérience est là cependant pour prouver que, *dans la bonne saison, l'assistance aux vêpres* laisse encore aux promeneurs d'agréables loisirs, et que, durant le semestre maussade, auquel nous devons nous résigner dans notre région, la Faculté de médecine, dans l'intérêt de la santé de ses clients, doit reconnaître que le concert spirituel des vêpres leur sera plus favorable que le concert artistique, tout mélodieux qu'il soit, exécuté au milieu des *intempéries hivernales du Jardin public*, ou des places de la Ghière et de Lysel.

La présence aux vêpres s'impose, tout particulièrement, les jours de grande fête et, quand une prédication spéciale y est annoncée en faveur d'une œuvre charitable.

Enfin et surtout, la pensée de recevoir la bénédiction du Très Saint Sacrement, doit déterminer les vrais paroissiens à ne manquer cet exercice que dans le cas de force majeure. En effet, cette *Bénédiction du « Salut »* qui complète les vêpres, au milieu des chants, des fleurs, des lumières, de la suave odeur de l'encens, et qui s'étend sur le peuple respectueusement prosterné, n'est-ce pas une *amende honorable* pour expier l'ingratitude et l'oubli de tant de mauvais chrétiens. Jésus-Christ en personne, sort de son tabernacle pour nous bénir Lui-même et nous combler de ses faveurs, allons à Lui avec confiance, car le Dieu irrité du Sinaï a fait place ici au Dieu oubliant sa puissance pour ne laisser triompher que son amour.

Heureux sont, entre tous, les paroissiens pouvant, chaque jour de la semaine, recevoir cette divine bénédiction pour eux-mêmes, pour leurs familles et pour la paroisse entière, retenue loin de l'église par d'absorbants devoirs d'état.

L'exercice du Chemin de la Croix mérite également, ici, une mention spéciale parmi les prières communes faites à l'église. Le chemin que notre divin Sauveur parcourut sous le pesant fardeau de sa croix depuis le palais de Pilate où il fut condamné à mort, jusqu'au sommet du Calvaire où il fut crucifié, a été dès l'origine l'objet de la vénération des fidèles. *Les difficultés que présente le voyage en Palestine*, ont engagé l'Église, sur l'instante demande des Religieux Franciscains, à multiplier les représentations des différentes stations du chemin de la croix et à y attacher les mêmes indulgences considérables, que les pèlerins pouvaient gagner en visitant, personnellement, les stations de Jérusalem. *Ces indulgences* sont applicables aux âmes du Purgatoire.

Compatir aux souffrances de Jésus crucifié et entrer généreusement, à sa suite, dans *l'esprit de réparation*, s'impose, plus que jamais, de nos jours, à notre Société contemporaine. Il est à souhaiter qu'à la suite de Marie, mère des douleurs, de *saint Jean*, le bien-aimé, de *Véronique* et de *Simon de Cyrène*, un plus grand nombre de paroissiens s'attachent, de temps en temps, aux pas de notre Adorable Sauveur, afin d'obtenir, par sa croix triomphante, la résurrection des âmes pécheresses, si malheureuses loin de Dieu.

ise paroissiale et ses conditions. - Les engagements
sacrés pris par le parrain et la marraine. - Les leçons et les
espérances du nom de baptême. - Cérémonie de la Confirmation. - Merveilleuse action du Saint-Esprit dans les âmes
justes. Comment Il convertit les pécheurs. - Les sept dons et
leurs fruits dans les âmes. - La Confirmation nous arme
chevaliers du Christ.

Le Baptéme
à l'église paroissiale
et ses
conditions.

**Temple de Dieu et de la prière. l'église parois-
siale est, également, une source vivifiante de vie
surnaturelle pour les âmes.**

C'est d'abord dans le *baptistère*, que les petits enfants,
le meilleur espoir de la paroisse, doivent être pré-
sentés, *sitôt leur naissance*, pour y recevoir le sacrement destiné à effacer en eux la faute originelle et
qui doit les rendre chrétiens, enfants de Dieu et de
l'Eglise. *Le baptême* est le premier des sacrements, parce
qu'on ne peut en recevoir aucun autre avant lui ; il est
aussi le plus nécessaire, car personne ne peut être sauvé
sans lui.

Les nouveau-nés doivent être apportés à la paroisse,
pour y être baptisés, sans retard, et sans différer au delà
du *troisième jour*. S'ils se trouvaient en danger de mort,
toute personne peut les baptiser, à domicile, en versant
de l'eau naturelle sur la tête de l'enfant et en prononçant
en même temps ces paroles : « *Je te baptise au nom du
Père et du Fils et du Saint-Esprit* ». Dans ce cas, aussitôt
que l'enfant ondoyé est transportable, on doit l'amener
à l'église pour suppléer les cérémonies.

**Les catholiques seuls, peuvent être parrain et
marraine ;** quand ces derniers sont des enfants, l'un

des deux doit, au moins, avoir fait sa première communion et l'autre avoir sept ans et être instruit des principales vérités de la religion. Les Parrain et Marraine contractent avec l'enfant et ses Père et Mère, *une sorte de parenté spirituelle* qui constitue un empêchement dirimant au mariage.

Ils ne doivent pas oublier qu'ils deviennent comme les père et mère des baptisés dans l'ordre du salut et, qu'à ce titre, ils ont le devoir de veiller à leur instruction et à leur éducation chrétiennes. *Que de parrains et de marraines* se croient libérés de tout autre souci, lorsqu'ils ont plus ou moins généreusement ouvert leur bourse pour les étrennes annuelles.

Enfin, le nom ou les noms de baptême, donnés en cette heureuse circonstance, doivent, avant tout, être choisis *dans le calendrier* ou *le martyrologe des Saints catholiques.* Ils rappellent à chacun l'obligation de tendre, tous les jours de la vie, à la sainteté jusqu'à l'heure suprême de l'éternelle récompense où, protégés et protecteurs seront, à jamais, ineffablement unis dans la félicité parfaite de la divine Charité. « Mes enfants, disait il y a quelques années, à son lit de mort, une audomaroise vénérable mère de famille, parvenue à l'âge patriarcal, souvenez-vous, toujours, que je vous ai donné au baptême des noms de *grands saints*, afin qu'un jour, au Ciel, vous formiez ma couronne, avec le même titre que vos illustres Patrons ». *Pères et mères,* retenez cette sublime et touchante recommandation et perpétuez-la à vos chers foyers où elle fera descendre l'abondance des bénédictions divines. *Et vous, enfants chrétiens,* faites honneur à votre nom de baptême, invoquez chaque jour, comme votre Ange protecteur, votre saint Patron ou votre sainte Patronne ; ce nom n'est pas, comme le dit le langage ordinaire, un petit nom, il est au contraire *le grand nom,* le nom glorieux de votre éternité. **Chaque année, au jour de votre fête patronymique,** au milieu de la sainte effusion de l'affection

Les engagements sacrés pris par le parrain et la marraine.

Les leçons et les espérances du nom de baptême.

des vôtres, si réconfortante dans les familles vraiment chrétiennes, examinez sincèrement devant Dieu, si vous avez toujours fait honneur à ce nom qui reste la source de vos meilleures espérances. *Pour vous, mères chrétiennes*, quand, au retour de l'église, on vous présente joyeusement votre enfant, baisez avec respect et amour son front encore tout parfumé par l'onction du saint chrême, et *promettez à Dieu* de Lui garder intact ce trésor incomparable d'une petite âme chrétienne, désormais héritière du royaume céleste.

Cérémonie de la Confirmation.

La tradition veut qu'une cérémonie générale groupe à la Basilique Notre-Dame, tous les enfants de la ville qui reçoivent, ordinairement, *le Sacrement de Confirmation* des mains de Sa Grandeur Monseigneur l'Évêque d'Arras, au mois de juillet et pendant la neuvaine de Notre-Dame des Miracles. Cependant, par une heureuse exception, cette solennité a lieu *de temps en temps dans l'église paroissiale des Faubourgs* et les confirmants y sont admis, pour y recevoir le sacrement qui leur donne le Saint-Esprit avec l'abondance de ses dons, et les rend parfaits chrétiens. La réception de la Confirmation est *un acte très important* qui aura son retentissement jusqu'au seuil de l'éternité. *Le Saint-Esprit* descend, en effet, dans l'âme de chaque adolescent pour l'aider à soutenir *la triple lutte* contre le monde, le démon et ses propres passions, à conserver intacts sa foi et ses mœurs au milieu d'une société incrédule et corrompue, et à suivre avec courage la voie providentielle à laquelle il est destiné ici-bas.

Merveilleuse action du Saint-Esprit dans les âmes justes. Comment Il convertit les pécheurs.

Le Saint-Esprit est la troisième personne de l'auguste Trinité, Dieu comme le Père et le Fils, ayant la même nature divine, procédant de l'un et de l'autre comme d'un seul principe et, leur égal en toutes choses. C'est lui qui, de ses divines ardeurs, anime et vivifie le Ciel tout entier et lui, inspire d'éternelles louanges à l'honneur du Tout-Puissant.

**Sur la terre, c'est l'Esprit Saint qui conduit et

dirige l'Eglise depuis sa divine fondation, lui donne ce courage, cette patience et ce calme admirables, en face des épreuves parfois si terribles, que lui font subir ses ennemis et, continue, par elle, la sanctification des âmes. *C'est de son amour* que nous recevons les merveilleux effets des sacrements, effets que nous ne pourrons bien connaître et apprécier qu'au Ciel. *C'est encore à l'Esprit divin* qu'il faut attribuer ces inspirations si belles que reçoivent les âmes saintes, ces nobles sentiments et ces dévouements honorant l'humanité, en même temps qu'ils sont la sauvegarde de la société. *Que de fois enfin, le Saint-Esprit* frappe à la porte du pauvre cœur humain, lors même qu'on ne veut pas lui ouvrir ! Que de fois, n'écoutant que son amour et malgré les rebuts des âmes pécheresses, il revient et revient encore, cherchant à délivrer les pauvres captives du poids de leurs iniquités.

Les dons reçus au jour de la Confirmation sont :

1° **la Sagesse** qui nous communique, au plus haut degré, la connaissance et l'amour des choses divines. La vertu de justice l'accompagne et ses fruits sont la charité, la paix et la mansuétude.

2° **l'Intelligence** qui nous fait comprendre et pénétrer les vérités surnaturelles ; escortée de la Tempérance, elle produit la continence, la chasteté et la modestie.

3° **le Conseil** qui nous fait discerner avec certitude les meilleurs moyens d'arriver au Ciel. La vertu qui en résulte est la Prudence, avec la paix comme principal fruit.

4° **la Force** qui nous donne le courage d'entreprendre de grandes choses pour Dieu, et la confiance de les accomplir, malgré les obstacles. Ses fruits sont la patience et la longanimité.

5° **la Science** qui nous fait distinguer, dans les choses spirituelles, le vrai du faux et le bien du mal. La vertu de mortification, fondée, sur la Foi, l'accompagne.

6° **la Piété** qui nous remplit d'affection filiale pour

Dieu et nous le fait honorer comme un père. La douceur, la bonté et la bénignité en sont inséparables.

7° **la Crainte** nous fait respecter Dieu comme juge et comme père, et fuir le péché qui nous priverait de Lui.

Tels sont les sept dons reçus avec un caractère ineffaçable par chaque confirmant. Si, en raison d'empêchement majeur, quelqu'un n'avait pu recevoir ce sacrement dans sa jeunesse, c'est un devoir pour lui d'en solliciter la réception, au plus tôt, quelque soit l'âge auquel il serait parvenu. Les retardataires seront toujours les bienvenus, et l'Esprit Saint saura réserver des grâces de choix pour leur bonne volonté. *Il est certain que, si au milieu des luttes de la vie* et des persécutions de l'heure présente, les catholiques de France se rappelaient, davantage, le souvenir de l'inestimable trésor des dons du Saint-Esprit qui reste toujours en leur possession, nous n'assisterions pas, dans notre chère Patrie, à tant de lâches et désolantes défections.

La Confirmation nous arme chevaliers du Christ.

Paroissiens *de l'Immaculée-Conception, souvenez-vous donc, toujours,* que l'Esprit de force et de vaillance est en vous, et que votre Évêque, en vous confirmant, vous a armés chevaliers du Christ et soldats de l'Église militante, pour la victoire et non pour la défaite.

CHAPITRE XIII

Le Sacrement de Pénitence, sa nécessité et ses bienfaits. – Le Prêtre au saint tribunal, image vivante du divin Bon Pasteur est, d'abord, un *père* plein de bonté. – Il est aussi le compatissant *médecin* des âmes. – Il est encore un *docteur* autorisé. – Son enseignement privé est plus fructueux que celui de la chaire chrétienne. – Il est enfin un Juge impartial, miséricordieux avant tout. – Le courant qui éloigne du sacrement de Pénitence. – Quelques conseils pratiques qui faciliteront sa réception par toutes les âmes de bonne volonté.

Le Sacrement
de
Pénitence,
sa nécessité
et
ses bienfaits.

La divine Bonté qui ne veut pas la mort du pécheur, mais sa conversion et sa vie, a institué le sacrement de pénitence, pour ceux qui, depuis leur baptême, ont offensé Dieu gravement. L'Église fait *un précepte formel* de recevoir ce sacrement, au moins, une fois l'an. La même obligation pèse sur les fidèles qui sont en danger de mort et coupables de faute grave. Enfin, *la grâce sacramentelle* est souvent nécessaire pour vaincre les tentations, et si les âmes coupables vivent et languissent dans leur malheureux état, sans recourir à ce divin remède, elles font injure à Dieu et s'exposent à mourir en réprouvées.

Voilà pourquoi les tribunaux de la pénitence, dont le nombre doit se multiplier en rapport avec le chiffre de la population paroissiale, occupent toujours une place d'honneur dans nos églises.

C'est un fait d'expérience générale qu'une confession bien faite et qu'une absolution dûment reçue comblent l'âme d'une *paix ineffable* et d'une *intime joie*. La *confession, en effet, exerce sur les âmes* franchement chrétiennes, une mystérieuse attraction, tandis que les multitudes ignorantes ou oublieuses de leurs devoirs éprouvent à son égard une sorte de frayeur ou de répulsion.

Sans doute, la confession demande un effort, elle doit être à la fois humble, simple, prudente et entière, et la contrition qui l'accompagne doit, de son côté, être intérieure et surnaturelle, souveraine et universelle ; mais, en raison même de cet effort généreux, elle a toujours été et sera toujours la vraie consolation de la pauvre humanité souffrante, sur cette terre de passage et d'exil.

En instituant la confession, le Sauveur du monde a préparé, dans la personne du prêtre, à tous les malheureux et à tous les coupables, un *confident, discret, sûr, charitable, désintéressé, prêt à tous les dévouements.* Combien de découragés ont retrouvé l'espérance dans ces saintes confidences et sont devenus vaillants ; combien de crimes ont été empêchés et de vies réhabilitées ; combien aussi de joies ont été purifiées, contenues et sauvegardées.

Ce prêtre qui attend, avec une patience inlassable, tous ceux qui ont besoin d'être pardonnés, apparaît à la lumière de la Foi, entouré d'une auréole divine ; en effet, il possède sur les âmes une puissance et un droit incontestables, car *il tient la place de Jésus-Christ.* A peine sommes-nous agenouillés, à peine nous a-t-il bénis, qu'une grâce visite notre âme pour l'aider suavement à s'ouvrir, Dieu l'a pris parmi les hommes, pour qu'il puisse compatir davantage aux faiblesses humaines qu'il doit travailler à guérir.

Le prêtre au saint tribunal est d'abord, un Père, c'est d'ailleurs le nom que nous lui donnons avec confiance. Ce Père encourage et admire les merveilles de la grâce divine dans les âmes fidèles et rien n'est beau comme les opérations de l'Esprit de Dieu dans ses Saints ; ou bien, après avoir retrouvé, en bon pasteur, la brebis égarée parmi les épines, *il prie, il travaille, il souffre* pour obtenir du Ciel les secours qui

Le Prêtre
au saint tribunal,
image vivante
du
divin Bon-Pasteur,
est d'abord
un *père*
plein de bonté.

Mathurin. — Quai du Commerce.

Ancienne Porte de Dunkerque.

relèvent et affermissent. *Que d'âmes doivent, après Dieu, à un prêtre qui prie et s'immole pour elles, la force qui les tient debout au milieu des luttes de la vie et une partie de la grâce qui les rappelle au devoir.*

Il est aussi médecin des âmes dont, il a le devoir d'étudier les maladies spirituelles, afin d'en conjurer, pendant qu'il en est temps encore, les déplorables effets ; soyons fidèles à ses prescriptions qui, suivies docilement, nous éviteront bien des malheurs.

Le prêtre est encore docteur. L'âme humaine aspire naturellement à la lumière, or le péché est une cause d'obscurcissement, et peu à peu il conduit à un aveuglement complet. Le sacrement de pénitence qui doit faire disparaître le péché, ramène donc la lumière, et le confesseur qui aide et dispose le pécheur à le recevoir est, par là même, un porte-lumière un docteur. *Ce docteur passe sa vie dans une étude constante :* l'expérience fortifie son jugement et sa prière elle-même est encore une façon, non la moindre, de s'instruire dans les voies de Dieu et de se perfectionner, chaque jour, dans cet *« art des arts » qui est le gouvernement des consciences.*

Nulle part, son enseignement n'est d'une application plus précise et plus immédiate qu'au confessionnal. *Lorsque la vérité tombe du haut de la chaire,* elle subit souvent le sort des semences jetées aux jours de grand vent, une foule de germes précieux s'égarent et sont perdus. On est si aveugle en matière spirituelle, si indulgent pour soi, on a l'oreille si dure aux avertissements qui réclament des sacrifices. Bien des auditeurs reconnaissent, au sermon, *les défauts du voisin,* mais il faut être bien humble pour y trouver les siens. Au saint tribunal, au contraire, la leçon est directe et personnelle. Comme autrefois le prophète, le prêtre nous dit : « *C'est vous,* » vous-même à qui je rappelle les devoirs et les droits sacrés de Dieu. *Ajoutez à cela la grâce du sacrement,* tout imprégné du sang divin, et vous comprendrez que l'homme s'efface plus facilement pour laisser apparaître

Il est aussi
le compatissant
médecin
des âmes.

Il est encore
un
docteur autorisé.

Son enseignement
privé
est plus fructueux
que celui
de la
chaire chrétienne.

le prêtre plus grand et plus uni à Jésus-Christ. Aussi les âmes qui ont le sens divin très développé, tiennent-elles en particulière estime, les lumières, les avis et les conseils qui leur viennent du tribunal de la pénitence.

Le prêtre confesseur *est enfin un juge*, et son jugement, ses décisions et ses avis ont un retentissement jusque dans l'éternité. Sans doute les péchés sont remis à ceux à qui ce juge miséricordieux les remet et, ils sont retenus à ceux à qui il les retient, mais le pénitent a, par avance, l'heureuse conviction que c'est une sentence de pardon qui l'attend, s'il sait s'accuser sincèrement et réparer ses torts.

En résumé, la confession, par la plus douce communication de la Grâce divine, nous guérit de la douleur de l'isolement ; *la contrition de son côté,* par la plus suave componction, nous guérit du mal redoutable de l'endurcissement, *enfin, l'absolution* nous donne la confiance absolue du pardon et, par là, nous guérit du ver rongeur du remords.

On voit parfois, à certaines époques comme la nôtre, les fidèles céder aux courants pernicieux, qui les éloignent plus ou moins des tribunaux de la pénitence, mais quand les nuages des préjugés, des erreurs et des passions se sont dissipés dans l'atmosphère de la vie morale et religieuse, *alors on revient à la confession, comme au repos après l'orage.*

Paroissiens, il appartient à votre vaillance chrétienne de hâter l'heure, tant désirée de tous, de l'accalmie bienfaisante. **Représentants des professions libérales, industriels, commerçants, patrons et patronnes,** n'hésitez plus à remplir ce que, dans le langage de tous on appelle *le devoir,* et reconnaissez que le respect humain et une prétendue honnêteté ne sauraient tranquilliser vos consciences.

Fonctionnaires, lisez donc l'article second de la « *Loi de séparation* » sur la liberté de conscience, et brisez les indignes entraves d'une peur qui asservit, depuis trop longtemps déjà, les âmes françaises.

Employés, ouvriers et ouvrières, *vous qui peinez tant dans ce monde ;* de grâce, ne refusez pas le bonheur que le pardon divin vous rendra avec les joies réconfortantes d'une conscience libérée de la tyrannie du péché.

La confession annuelle pour tous, la confession des grandes fêtes pour un grand nombre, la confession mensuelle pour les adolescents, la confession de quinzaine pour les âmes d'élite qui, d'après un récent décret du Souverain Pontife, peuvent même, sans aucun délai fixé pour la confession, gagner toutes les indulgences plénières, à la condition de faire régulièrement au moins cinq fois la sainte communion par semaine, voilà l'idéal que la bonne volonté de tous doit s'efforcer de réaliser.

Aux personnes de cette dernière catégorie qui, pour des raisons de vocation religieuse, de direction spirituelle et de plus grande sanctification, se confesseraient plus souvent, nous ajouterons ce dernier conseil : « La veille des fêtes, laissez entièrement libre l'accès du saint tribunal pour ceux qui ne s'approchent du sacrement de pénitence qu'en cette circonstance ». *Vous rendrez ainsi un utile service* à votre Clergé qui serait encore trop peu nombreux, même si ses rangs étaient doublés, pour atteindre toutes les âmes que son zèle désire rapprocher de Dieu.

Que les patrons et patronnes, que les maîtres et maîtresses de maison combinent, enfin, toutes choses, pour que les dernières heures de la soirée soient surtout réservées à la confession de leurs domestiques et servantes ou de leurs employés. *Il est en effet d'expérience que la prospérité des familles et des ateliers* est intimement liée à la sanctification de la jeunesse par la pratique régulière et fréquente des sacrements, sans laquelle il n'y a pas de persévérance chrétienne possible.

CHAPITRE XIV

La Sainte Eucharistie, Pain céleste de l'âme. - Un catholique n'est
plus digne de son nom, s'il ne communie pas à Pâques. -
Facilité du devoir pascal. Bonheur qu'il procure. - On ne peut
jamais étouffer, complètement, la voix de sa conscience. - Le
désir formel exprimé par le Souverain Pontife Pie X, à l'égard
de la *Communion fréquente*. - Arrière, le glacial Jansénisme. -
Les consolations du Saint-Viatique au domicile des malades.

**Résidence permanente de Jésus-Christ au saint
tabernacle,** nous l'avons vu plus haut, l'église de
l'Immaculée-Conception est aussi, le sublime rendez-
vous de la famille paroissiale pour le banquet eucharistique où l'Auteur même de la grâce met à la disposition
des âmes fidèles, sans exception, son corps, son âme,
son sang et sa divinité, à la fois source de vie surnaturelle ici-bas et gage de vie immortelle dans l'éternité.

Pain céleste de l'âme, la Sainte Communion conserve et
développe, en nous, la vie de la grâce. Elle est à la fois,
le suprême honneur, le souverain bonheur et la plus
douce consolation des âmes. Elle nous divinise en
quelque sorte et, par sa vertu purificatrice et expiatrice,
elle nous est un gage de la résurrection glorieuse.

**Il est absolument obligatoire de communier une
fois par an, au temps de Pâques.** De plus, autant
que possible, la communion pascale doit se faire dans
l'église paroissiale. Telle est la loi de la sainte Église,
notre Mère, formulée comme il suit : « *Ton Créateur tu
recevras au moins à Pâques humblement* ».

« Prenez et mangez » a dit Notre-Seigneur, en
instituant la Sainte Eucharistie, « *si vous ne mangez
la chair du Fils de l'homme, vous n'aurez par la vie en*

vous ». Peut-on supposer, un instant, que l'homme puisse raisonnablement opposer un refus dédaigneux aux avances si touchantes de la Miséricorde divine ? Peut-on alléguer les soucis des affaires ou les liens du péché, trop pénibles à briser, pour remettre, à plus tard, l'accomplissement du devoir pascal ? Qui donc est certain, ici-bas, d'un long avenir ? Dieu qui a droit non seulement aux prémices de la vie mais à la vie entière, n'aura-t-il pour Lui que les restes caduques et impuissants d'une existence profanée ? **Il ne suffit pas d'être honnête extérieurement aux yeux de la Société,** et les soi-disant honnêtes gens, en nombre si considérable de nos jours, savent, intimement, ce qu'ils valent devant le tribunal de leur conscience. **Il faut, avant tout, être honnête à l'égard de Dieu le Juge suprême, et à l'égard de son Eglise,** qui ne parle qu'au nom de l'autorité divine et pour le plus grand bien de ses enfants. *Arrière donc,* toute prétention au titre de catholique sincère quand, sous le couvert d'un prétexte quelconque, et esclave d'un lâche respect humain, on n'a pas le courage de remplir son devoir pascal !

Les tribunaux de la pénitence largement ouverts chaque jour, matin et soir, et toute la journée des samedis, pendant un mois à partir du samedi qui précède le dimanche de la Passion jusqu'au deuxième dimanche après Pâques, le Clergé paroissial, les Prédicateurs et les Missionnaires de passage, tous les autres prêtres approuvés de la ville de Saint-Omer, qui peuvent, pour le bien des âmes, entendre les confessions des hommes et des jeunes gens, même à leur domicile particulier, voilà certes, toute une organisation qui enlève aux paroissiens réfractaires ou retardataires, le prétexte de redire à l'exemple de l'infirme de l'Evangile : « *Je n'ai pas à ma disposition le médecin spirituel qui guérira mon âme* ». Pauvres prodigues, bien dignes de compassion, Jésus, ne l'oubliez pas, est toujours près de vous et à votre disposition dans la personne de ses prêtres.

La voix de la conscience chrétienne, elle aussi, vient nous rappeler qu'il faut faire ses Pâques et qu'on n'est chrétien qu'à ce prix. Elle nous dit que, manquer à cet important devoir c'est être inconséquent avec soi-même, c'est fouler aux pieds la logique et le bon sens, c'est mériter de perdre toute considération aux yeux de ceux qui conservent la foi de leur baptême. On peut écrire ce qu'on voudra dans les journaux sectaires, on peut déclamer dans les réunions publiques et les loges maçonniques, on peut y raisonner et y déraisonner, *l'article solennel du Code Catholique ne saurait être modifié,* il sera toujours clair que si l'on ne fait pas ses Pâques, on cesse de vivre en chrétien.

On ne peut jamais étouffer complètement la voix de sa conscience.

D'ailleurs, n'en doutez pas, quand chaque année reviennent les fêtes de Pâques, *nos athées de commande et nos prétendus esprits forts,* ne sauraient échapper à la voix intime de leur conscience et à l'aiguillon du remords. *Restons donc fidèles* aux engagements d'honneur de notre baptême et de notre première communion et en retour, à Pâques, comme à Noël dans la nuit mémorable qui vit naître le Sauveur, nous pourrons faire nôtre, dans toute l'allégresse de nos âmes, l'encourageante promesse « *Paix aux hommes de bonne volonté* ». Rien, en effet, ne surpassera jamais ici-bas les délices de la Table sainte.

Puisse la communion pascale faite avec foi, repentir, humilité et amour, conduire les Paroissiens de l'Immaculée-Conception à une communion relativement plus fréquente. Que les grandes fêtes de l'année deviennent le rendez-vous eucharistique de ceux qui ne communient qu'une fois l'an ; de leur côté, les habitués de ces fêtes voudront s'associer au banquet divin de la communion réparatrice du premier vendredi du mois. Il est à souhaiter, enfin, que les âmes vraiment pieuses s'efforcent d'introduire dans leur règlement de vie, les communions hebdomadaires et même quotidiennes.

**C'était là, l'un des désirs ardents du Souverain-

Pontife Pie X qui traçait comme il suit les règles de la communion fréquente. « *La communion fréquente* et quotidienne très désirée par Jésus-Christ et l'Église Catholique, doit être accessible à tous les fidèles de tout rang et de toute condition, en sorte qu'on ne puisse en écarter personne qui, étant en état de grâce, s'approche de la sainte Table avec une intention droite et pieuse.

L'intention droite consiste, en ce que celui qui s'approche du banquet sacré, ne se laisse pas guider par la routine, la vanité et des motifs humains, mais se propose de satisfaire au bon plaisir de Dieu, de s'unir plus étroitement à Lui par la charité et de combattre, par ce remède divin, ses infirmités spirituelles et ses défauts.

Il est évident qu'il faut avoir soin de faire précéder la sainte communion d'une sérieuse préparation et de la faire suivre d'une action de grâces convenable suivant les aptitudes, la condition et les devoirs de chacun ».

Si, de tout temps, les Audomarois ont su vaillamment protéger l'intégrité de leur Foi contre les violences et les audacieuses négations de l'**Hérésie protestante**, ils ne se sont pas assez mis en garde contre **les pernicieuses et sournoises infiltrations du Jansénisme**, cette autre hérésie qui n'enlevait point Jésus-Christ du Tabernacle, mais qui, sous le prétexte hypocrite d'un respect exagéré, empêchait les fidèles de recourir souvent à la Sainte Communion. *Deux siècles ont passé*, et nous souffrons encore, au début du xxᵉ siècle, de ce redoutable *refroidissement dans la charité divine*. **Mais, voici qu'une heure meilleure a sonné.** Notre-Seigneur Jésus-Christ qui n'a point voulu demeurer captif dans le sépulcre il y a deux mille ans, ne veut pas non plus rester un prisonnier inactif sur nos autels. Les révélations de son Cœur divin elles-mêmes nous l'ont appris, Il veut aller aux âmes et Il engage les âmes à venir à Lui dans l'Eucharistie.

Jésus-Christ veut aller aux âmes, venons-nous de

Le désir formel exprimé par le Souverain Pontife Pie X à l'égard de la *Communion fréquente.*

Arrière le glacial Jansénisme !

dire, voilà pourquoi Il quitte, de temps en temps, son tabernacle, pour se rendre, par le ministère de ses prêtres, tantôt solennellement et tantôt secrètement, auprès des paroissiens malades, qui ont un besoin tout spécial de sa charitable visite.

Les consolations
du
Saint-Viatique
au
domicile
des malades.

Le Saint-Viatique adoucit l'amertume de nos regrets. Comment, en effet, se laisser encore dominer par une tristesse inquiète après avoir reçu le baiser de l'amitié de Jésus Lui-même? Comment ne pas quitter plus facilement les misères de l'exil quand on a goûté de si près les joies de l'Amour divin? *Si l'impie redoute avec raison* les horreurs de la mort, le chrétien fidèle sait que sa dernière communion lui donne un droit nouveau à la gloire de la résurrection générale, et l'unit pour toujours à Celui qui est la source de la véritable vie? Peut-on redouter encore l'inévitable jugement, quand on porte dans son cœur le Souverain Juge?

Le Saint-Viatique qui fut la force des martyrs des premiers siècles, soutient aussi, merveilleusement, les malades au milieu de leurs souffrances, parfois si longues et si pénibles, et il est leur meilleur défenseur *contre les tentations de découragement* que l'Esprit du mal ne manque pas de leur susciter, à cette heure suprême, si grave dans ses conséquences éternelles.

CHAPITRE XV

L'Extrême-Onction reçue en parfaite connaissance. – Prétendue
délicatesse vraiment cruelle de certaines familles. – La joie
souveraine d'une âme bien préparée à entrer dans son éternité.
– Les sentiments qui doivent l'occuper à l'heure suprême. – Les
démonstrations extérieures des funérailles. – Le rôle des larmes,
de la prière et de l'aumône. – L'attitude à observer aux messes
d'enterrement. – Un mot à la chère Classe ouvrière. – Les
convois de l'après-midi. – Explication de la cérémonie toujours
impressionnante de l' « *absoute* ». – Ce qu'est le « Cimetière »
dans la Religion Catholique. – Leçons que comportent les
visites aux tombes de nos chers défunts.

L'Extrême-Onction
reçue
en parfaite
connaissance.

**Parents chrétiens. amis. qui cherchez à adou-
cir par vos dévoûments empressés, les souffrances de vos malades. procurez-leur toujours la
réception du Sacrement d'Extrême-Onction en
parfaite connaissance :** car, précieux complément du
Sacrement de Pénitence, il rend aux malades, s'il est
reçu en bonnes conditions, une entière pureté en effa-
çant les restes du péché et en remettant les peines temporelles qui lui sont dues. L'Extrême-Onction fortifie
également les âmes contre les terreurs excessives de la
mort et les assauts multiples de l'esprit des ténèbres et
elle rend même, parfois, la santé au corps, du moment
qu'il ne peut résulter de cette guérison aucun danger
pour le salut de l'âme. Trop souvent on n'est pas assez
convaincu de cette dernière efficacité au point de vue
de la guérison corporelle, et, alors, sans la foi, généralement, l'action divine et miraculeuse ne s'exerce pas.

**Il est à souhaiter que les malades reçoivent le
Sacrement d'Extrême-Onction. après avoir com-
munié en viatique,** et l'âme se trouve ainsi dans les

conditions les plus favorables, pour en recueillir tous les effets. Dans le cas, trop fréquent, hélas ! où une paralysie vient subitement enlever la connaissance et l'usage des sens du mourant, *on peut espérer* que le Sacrement d'Extrême-Onction pourra suppléer au Sacrement de Pénitence, pourvu que le malade ait un repentir suffisant de ses fautes. *Mais que d'inquiétudes laisse un Sacrement reçu, comme dernière ressource,* en semblables conditions ! *Quelles responsabilités redoutables* pour les familles qui, par une prétendue délicatesse vraiment cruelle, attendent la dernière extrémité pour recourir aux pouvoirs spirituels de l'Église ! *Que Dieu nous préserve* d'entrer ainsi dans notre éternité, sans préparation, sans un acte de foi, de repentir et d'amour.

Le but de l'Extrême-Onction étant de faire disparaître le péché et ses conséquences. elle doit trouver, dans l'âme du malade, la haine de ce péché et la vraie contrition. Enfin une soumission filiale à la Volonté divine, en union avec la Sainte Victime du Jardin des Oliviers, permettra de recueillir, avec de nombreux mérites, tous les fruits du Sacrement.

Et alors, quand le prêtre aura successivement purifié par l'huile sainte, chacun des sens du chrétien saintement résigné, il pourra lui dire, en lui montrant le Ciel, « *Ame privilégiée,* reposez désormais en paix, Dieu vous a pardonné ; Jésus-Christ a repris possession de tout votre être et l'Église votre mère vous a béni ; *Satan a perdu tous ses droits* sur vous ; le passé n'est plus, et voici qu'une vie nouvelle, *la vraie vie* celle-là, s'ouvre pour toujours devant vous, rayonnante d'espérance et d'immortalité ».

Sachons, nous aussi, si le départ de nos chers malades pour un monde meilleur, devait tarder encore, après cette édifiante et consolante réception des Sacrements, sachons leur inspirer la pensée d'offrir *le sacrifice* si méritoire *de leur vie* et d'affirmer la souveraineté de Dieu sur toutes ses créatures. Engageons-les à accepter *la mort, en expiation* pour toutes les infidélités de leur vie *et en union avec le Sauveur* au Calvaire, et suggérons-leur *un ardent désir* du Ciel où la mort libératrice va les mettre en possession de l'amour de Dieu et des joies sans fin de la bienheureuse éternité.

Parmi les cérémonies qui se déroulent dans l'église paroissiale des Faubourgs, celles des funérailles chrétiennes, quel qu'en soit le degré de solennité, sont toujours impressionnantes. *Nos chers trépassés,* c'est-à-dire ceux dont l'âme immortelle est passée de la vie d'ici-bas à la vie de l'éternité, ont droit, sans doute, aux honneurs dûs à la dignité du rang qu'ils ont occupé dans la Société ; mais ces honneurs ne sont que d'un jour, et ils ne franchissent pas les limites de la tombe. **L'usage des fleurs et des couronnes** déposées sur le cercueil ne saurait être, en lui-même, condamné, cependant leur profusion trop souvent exagérée est blâmable, et contraire au sens liturgique des cérémonies funèbres religieuses. *Quant à l'usage contraire* de la suppression totale de ces hommages extérieurs, qui prévaut depuis quelques années, et que l'on précise sur les lettres de faire part, il doit pour être vraiment agréable à Dieu et utile aux âmes des défunts, être effectivement complété par *des prières et des aumônes,* rosée bienfaisante, à la fois, pour les âmes du Purgatoire et les pauvres de la paroisse.

La véritable affection éprouve aussi le besoin de se traduire par les larmes. Ces larmes sont un bienfait de Dieu, et elles viennent alléger le poids cruel de nos angoisses et décharger notre cœur du fardeau si pesant de la grande douleur ; mais si elles nous soulagent, elles ne soulagent pas nos défunts qui réclament, avant tout, les prières officielles de l'Église et les nôtres.

Cette prière, donnons-la généreusement quand, selon l'usage traditionnel, nous aspergeons le cercueil à la maison mortuaire avec le rameau bénit, et, unissons-nous à la touchante supplication du « *De Profundis* »

Les démonstrations
extérieures
des funérailles.

Le rôle des larmes,
de la prière,
et de l'aumône.

officiellement récité par le Clergé au domicile des défunts et à la sortie de la ville. *Malgré la coutume contraire* trop peu respectueuse, pourquoi ne garderions-nous pas un silence recueilli, pendant le trajet du cortège et les chants du psaume « *Miserere* » et du cantique « *Benedictus* » qui, nous rappellent, à la fois, les espérances de l'âme pénitente et les joies de la glorieuse résurrection.

Pendant la messe, il serait à souhaiter que les assistants trouvent à leur disposition, sur les chaises, comme cela se voit dans certaines paroisses modèles, *un livre au texte clair et substantiel* expliquant les rites funèbres, qui s'accomplissent sous les yeux, et dont ils ne soupçonnent aucunement la mystérieuse signification. *Ils pourraient alors goûter* dans une crainte salutaire, qui convertit et sauve, toutes les beautés sublimes des sentiments exprimés dans les versets de la prose « *Dies iræ* » et *s'unir intimement au Saint Sacrifice de la messe*, la prière efficace par excellence, source infinie de grâces et de miséricorde pour les vivants comme pour les trépassés. *Quand donc comprendront-ils* que leur manière d'agir, loin d'être chrétienne, est à peine correcte au point de vue des bienséances les plus élémentaires, *ces paroissiens* qui ne font, sans raison grave, qu'une simple apparition au convoi ou à la messe seulement jusqu'à « l'offrande », où l'image du Sauveur crucifié leur rédempteur et leur juge futur est présentée à leur vénération.

Chers ouvriers des faubourgs qui ne venez peut-être à l'église que *pour l'absoute* de vos proches parents et de vos amis ; *de grâce, écoutez dans cette douloureuse circonstance,* la voix suppliante de vos bien-aimés disparus se joignant à celle de Dieu et de l'Eglise votre mère, pour vous rappeler que, chaque dimanche, vous êtes attendus dans ce même sanctuaire aux réunions si réconfortantes de la grande famille paroissiale. **Ne cherchez plus à étouffer la voix de votre conscience** à cet égard, par une foule de prétextes sans valeur, votre bonheur est à ce prix, ici-bas. N'oubliez pas que, si dans l'éternité le Souverain Juge est infiniment miséricordieux, il reste aussi infiniment juste et rendra à chacun, selon ses œuvres et sa bonne volonté.

Le Clergé ne demande aucune rétribution pour l'enterrement des indigents, et ces derniers ont droit aux mêmes prières liturgiques que les défunts des classes plus aisées.

Les règlements diocésains émettent le désir qu'une messe soit célébrée pour les pauvres comme pour les riches, en présence de la dépouille mortelle, et il est fâcheux qu'un usage, trop suivi à Saint-Omer, multiplie *les convois de l'après-midi* sous le prétexte de grouper plus d'assistants, surtout dans la classe ouvrière. La charité bien comprise pour les trépassés doit leur procurer, avant tout, le secours de la prière par excellence, le saint sacrifice de la messe, et les travailleurs ne seront pas plus dérangés par *l'enterrement du matin* que par le convoi de l'après-dîner. L'expérience prouve que les messes célébrées, le lendemain, ne sont plus fréquentées que par le petit nombre, d'où résulte une *diminution considérable de prières* dont les défunts ont cependant souvent tant besoin, dans le purgatoire.

Dans la cérémonie de l'absoute, dans le « *Non intres in judicium* », l'Église, par la bouche du prêtre, plaide avec amour, comme il convient à une mère, la cause de l'accusé au tribunal de Dieu, et elle rappelle avec confiance qu'il fut marqué pendant sa vie du signe de la Sainte Trinité. Puis, dans un colloque saisissant, supposé entre l'âme du défunt et les assistants, les dernières supplications montent vers le trône du Souverain Juge, et après l'aspersion et l'encensement, la récitation silencieuse et émouvante du « *Notre Père* », ranime les espérances chrétiennes que les chants de l' « *In Paradisum* » et du « *Benedictus* » confirment, durant le cortège qui se dirige vers le cimetière.

Parents et amis, voici le moment, même au milieu des larmes bien légitimes, de renouveler votre

invincible espoir, car, si ceux que vous conduisez à leur dernière demeure ont été des paroissiens fidèles et sont morts dans la paix du Seigneur, vous avez la certitude que leur mort est le passage à la véritable et éternelle vie, au sein de laquelle leur affection vous attend tôt ou tard.

Ce qu'est le « Cimetière » dans la Religion Catholique.

Si la nature éplorée ne voit dans le Cimetière qu'un lieu de mystérieuse et effrayante décomposition, la Religion Catholique y voit un lieu de sommeil, une sorte de dortoir où le corps, attend dans le silence, l'heure de la résurrection générale. **Le sépulcre n'est pour elle qu'un reliquaire,** et la corruption du tombeau renferme la lente germination d'une vie nouvelle, d'où le corps glorieux, tige immortelle, doit refleurir un jour.

Leçons que comportent les visites aux tombes de nos chers défunts.

Paroissiens des Faubourgs, riches et pauvres, restez toujours fidèles à la pensée des chers Vôtres, mais n'oubliez pas les grandes leçons que comporte chacune de vos visites auprès d'eux, soit à l'occasion d'un deuil nouveau, trop fréquent hélas, soit au jour de la Commémoration des fidèles trépassés, soit même dans une de ces simples promenades où les âmes elles-mêmes, que vous pleurez, semblent guider vos pas et vos cœurs reconnaissants. *Qu'en un mot,* le cimetière ne soit jamais le théâtre d'une vaine ostentation et d'une rivalité déplacée dans le luxe des tombes, qu'il soit, avant tout, pour vous, *le sanctuaire d'une réconfortante prière,* utile à la fois aux vivants et aux trépassés. Après avoir prié pour vos parents, tournez-vous donc du côté du Calvaire, planté au milieu du cimetière, en 1863, à l'occasion de la clôture d'une grande « Mission », et réservez un pieux souvenir pour tous les défunts qui ne forment qu'une même famille, et dont les corps attendent à l'ombre consolatrice du signe de le Rédemption, le jour glorieux de l'éternelle résurrection.

CHAPITRE XVI

L'Œuvre des vocations sacerdotales. - Le ministère surchargé du
Clergé dans les villes. - Les vocations existent partout. À nous
de les faire surgir. - Chemin suivi par un étudiant ecclésiastique.
- Comment les aspirants au sacerdoce se préparent à recevoir
la prêtrise. - Liste des enfants de la paroisse appelés par Dieu
au suprême honneur du sacerdoce, depuis cent ans.

**La question du recrutement des vocations
sacerdotales.** étant intimement liée à l'avenir spirituel
des paroisses du diocèse, nous aimons à insister, ici,
sur l'*Œuvre dite de Saint-Joseph*, établie par Sa Grandeur *Mgr Williez*, pour favoriser ce recrutement, et si
chaudement recommandée par ses éminents successeurs.

L'Œuvre
des vocations
sacerdotales.

Les Paroissiens des Faubourgs se montreront donc
généreux dans leurs offrandes destinées à assurer
l'entretien des vocations des jeunes élèves du sanctuaire. Mais, l'on doit comprendre que, dans une question d'un intérêt aussi grave, la prière et l'action doivent s'ajouter à la cotisation, si large soit-elle. Oui !
prions, selon le désir du Divin Maître Lui-même, car la
moisson est toujours abondante et les ouvriers aposto-
liques sont trop peu nombreux, surtout dans les villes.
Il faut, en effet, à la fois, à l'Église, des prêtres pasteurs,
des prêtres missionnaires, des prêtres docteurs et professeurs.

**Le Clergé des villes donne. ordinairement. une
somme de travail qui dépasse la moyenne de ses
forces,** et malgré son zèle, il ne peut parvenir à pénétrer, à connaître et à atteindre tout son peuple. *La fausse
science,* qui exerce de si tristes ravages par les livres,

Le ministère
surchargé
du Clergé
dans les villes.

les revues et les journaux qu'il faut réfuter, la jeunesse des bureaux, des comptoirs, des ateliers et des chantiers qui a tant besoin d'œuvres d'instruction et de préservation, enfin *l'immense famille ouvrière*, dont l'âme renferme tant de qualités généreuses et qu'il faut arracher à l'esclavage des meneurs de l'impiété et du vice, voilà la mission écrasante mais toujours sublime du Clergé au xxᵉ siècle.

Dieu sans doute reste magnifique dans ses dons, et s'Il a semé à profusion les astres dans le ciel et les fleurs sur la terre, dans l'ordre surnaturel, Il multiplie, aussi, le don par excellence, celui des vocations sacerdotales, qu'Il fait germer au sein de toutes les conditions sociales.

Ces vocations existent dans notre Artois et notre Flandre, plus qu'en tout autre pays. Ils sont encore là cachés dans la foule, ces enfants de bénédiction, ces élus de Dieu, qui seront un jour l'instrument du salut pour un grand nombre d'âmes, si la vocation divine n'est pas étouffée dans ces rédempteurs de l'avenir. Malheureusement *les lois civiles persécutrices*, l'opinion, et, surtout, le manque de générosité des parents qui ne sont plus assez chrétiens pour comprendre les grandeurs du Sacerdoce, voilà autant d'obstacles aux vocations ecclésiastiques. Il faut d'ailleurs le reconnaître; comme la couronne de Jésus flagellé, la couronne du prêtre renferme plus d'épines que de roses ; épine de la pauvreté, épine de la solitude, épine de l'ingratitude, épine enfin de la persécution.

Paroissiens de l'Immaculée-Conception, vous l'avez compris, il y a des vocations sacerdotales dans la terre bénie de votre grande famille paroissiale. *C'est à vous, pères et mères* chrétiens, de concert avec votre Clergé, de sauvegarder ces germes précieux, au foyer domestique, et de diriger ensuite ces jeunes âmes prédestinées, vers les pieux asiles du *Petit Séminaire d'Arras et de ceux de Béthune, (Institution Saint-Vaast) et de Bou-*

logne-sur-Mer, (Institution Haffreingue) où elles s'im_
prégneront, à la fois, de science, de vertu et de piété.

Après deux années de philosophie, viendra l'heure de
la formation complète du *Grand Séminaire*, à Arras, qui
s'achèvera dans les meilleures conditions, sous la
conduite de prêtres, éminents théologiens. *Six ans, en
effet*, sont indispensables pour préparer directement
dans le jeune lévite le prêtre de l'avenir, car l'Église ne
veut compter dans ses rangs que des prêtres saints,
instruits et zélés. **Le séminariste obéit,** comme il
obéira, plus tard, à ses supérieurs dans la sainte hiérarchie. **Il étudie,** pour devenir, demain, docteur des
âmes, prédicateur, moraliste et controversiste tout à la
fois. **Il prie,** pour se revêtir de la force d'En-Haut et
amasser en lui des trésors d'énergie surnaturelle. **Il
forme sa conscience,** afin de pouvoir diriger un jour
celle des autres. **Il trempe, enfin, son caractère,** qui
lui permettra de persévérer généreusement au milieu
des contradictions de sa vie apostolique. De nos jours,
les âmes sans vocation, surtout avec les deux années de
service militaire, ne sauraient résister à l'épreuve. Les
âmes molles et indisciplinées doivent nécessairement
succomber, et les volontés persévérantes et fortes arri-
vent, seules, au but.

Que le *Collège Saint-Bertin*, fidèle à ses traditions,
que le *Pensionnat des Frères de L'Écluse*, toujours nôtre,
que nos *Écoles libres*, que le *Lycée* et les *écoles neutres*
elles-mêmes, cela s'est vu et se verra encore, continuent
à recruter, en rangs serrés, le bataillon sacré de ceux
qui, d'après le Saint Évangile, doivent être la lumière
du monde, le sel de la terre et les sauveurs d'âmes.

**Nous avons recherché avec soin les noms des
prêtres,** qui ont été baptisés dans l'église paroissiale
des faubourgs, ou s'y rattachent par un séjour prolongé
de leur famille, domiciliée sur la paroisse. Nous en
donnons, ici, la liste qui constituera la première page
d'un *livre d'or* dont, nous l'espérons, les feuillets se

Comment
les aspirants
au
sacerdoce
se préparent
à
recevoir la prêtrise.

multiplieront, sous le regard de Dieu, jusqu'à la fin des temps, pour le plus grand bien spirituel des familles.

Enfants de la paroisse appelés par Dieu au suprême honneur du sacerdoce. Avant la Révolution : Jacques Montack, curé de Cappellebrouck ; Pierre Williers et Hubert Berteloot, curés de Pitgam. — **Au XIXe siècle :** Jules Berteloot, curé du Courgain ; Henri Clayes, curé de Tardinghem ; Jules Berteloot, doyen de Desvres ; Léon Monsterlet, curé de Robecq ; Eugène et Joseph Monsterlet. religeux de l'Assomption ; Joseph Berteloot, jésuite ; Paul Lammens, vicaire à Berck ; Flavien Foucaut, curé de Lespinoy ; Joseph Dewerdt, professeur au Petit Séminaire de Boulogne-sur-Mer.

CHAPITRE XVII

Le mariage indissoluble, contracté au pied de l'autel paroissial. – Dispositions requises pour recevoir, avec fruit, la grâce de ce sacrement. – Utiles conseils pour l'assistance à la messe de mariage. – Le divorce est une source de désordre social. – Il sème la discorde dans les familles. – Il ne peut être rêvé que par les sans-cœur. – Se supporter mutuellement, avec la grâce du sacrement, dans une inaltérable fidélité, c'est servir la cause de la Patrie Française.

Il nous reste maintenant à dire un mot du Sacrement de Mariage, que saint Paul proclame grand devant Dieu et devant les hommes, et dont la solennité se célèbre, elle aussi, *dans le sanctuaire de l'église paroissiale.* La comparution des futurs époux devant l'Officier de l'État-civil, à la Mairie, est une formalité qu'il faut remplir pour obtenir les effets civils qui en découlent, et qui sont avantageux, à la fois, aux individus, à la famille et à la Société ; mais c'est à l'Église, que le consentement mutuel des époux, reçu par le prêtre officiellement délégué, constitue le seul véritable mariage légitime, qui relève de Dieu lui-même. **Toute autre union contractée, en dehors de la réception du Sacrement, reste nulle,** et ceux qui vivraient ensemble après le simple accomplissement des formalités civiles, sans passer par l'église, resteraient dans un déplorable concubinage et dans l'état habituel du péché mortel.

La grâce reçue par ce sacrement unit l'homme et la femme par les liens indissolubles d'une mutuelle charité, et elle fixe leur affection réciproque qui perfectionne l'amour naturel en le rendant sage, patient, juste et miséricordieux et fidèle au devoir. **Les jeunes gens et**

les jeunes filles appelés à la vocation commune du mariage par Dieu lui-même, doivent s'y préparer sérieusement par la prière, par la réflexion qui leur montrera, à l'avance, les peines et les obligations attachées à cet état en même temps que ses réelles consolations, enfin, en consultant des personnes d'expérience et désintéressées. Il faut, autant que possible, éviter les mariages entre parents, même éloignés, car ils sont souvent la source d'une foule d'infirmités et de maladies pour les familles. L'Eglise, dans sa sagesse, a établi à cet égard un empêchement qui s'étend jusqu'aux enfants des issus de germain. On évitera aussi les mariages entre futurs de différentes religions. **Les bans que l'on publie à la grand'messe paroissiale** ont été établis, pour obtenir la connaissance des empêchements cachés, prohibitifs, rendant l'union illicite, ou dirimants qui pourraient entacher le mariage de nullité.

Les futurs époux, après s'être approchés du sacrement de pénitence et, autant que possible, de la table sainte, le jour précédent ou le matin de leur mariage, veilleront à ce que *l'exactitude* soit observée pour leur arrivée à l'église paroissiale. *Instruits à l'avance* des différentes cérémonies qui accompagnent la *célébration de leur mariage,* tels que l'exhortation, l'acte solennel du consentement mutuel, la bénédiction de l'anneau nuptial et de la pièce de monnaie traditionnelle, les deux bénédictions des époux eux-mêmes, après le « *Pater* » et les dernières oraisons, *les nouveaux époux suivront avec attention les cérémonies de la messe* et, cette attention sera partagée par tous leurs invités admis, qu'ils ne l'oublient pas, à une place d'honneur dans le chœur même de l'église. *Le petit livre,* que nous souhaitions voir entre les mains des hommes aussi bien que des femmes dans les autres solennités liturgiques, serait encore très utile en cette circonstance, où la dissipation qu'entraîne, fatalement, le luxe mondain, est toujours nuisible au recueillement général. **Il est aussi à dé-**

Utiles conseils
pour
l'assistance
à la
messe de mariage.

sirer que les jeunes travailleuses de l'aiguille,
venues dans l'église, ce jour-là, sur le passage du cortège, pour juger de l'effet des toilettes à la confection
desquelles elles ont consacré tant de soins et peut-être
trop de veilles, n'oublient pas, qu'en retour du salaire
reçu qui leur permettra de préparer elles-mêmes leur
propre corbeille de noces, elles doivent, avant de quitter
le sanctuaire, prier quelques instants devant le tabernacle, pour leurs bienfaiteurs et leur propre avenir, que
Dieu seul tient dans ses mains souveraines.

**Le mariage étant la donation mutuelle que se
font d'eux-mêmes deux êtres humains,** l'expérience
est là pour l'attester, le cœur de ces deux êtres n'est
satisfait que si la donation mutuelle est totale et pour
toujours. Se donner à moitié, à bail pour ainsi parler,
contrarierait les justes exigences de l'amour chrétien.
Donc le mariage indissoluble répond seul aux aspirations
du cœur humain. Aussi l'Église a-t-elle énergiquement
condamné de tout temps *le divorce,* comme un crime,
source de malédiction. **Le divorce en effet avilit le
mariage qu'il réduit à n'être qu'un contrat rési-
liable.**

Il nuit aux mariés dont il encourage les dissensions
conjugales, par l'espoir d'une rupture. Il est préjudi-
ciable à la femme qui, plus que l'homme, reste victime
des abaissements qu'il entraîne inévitablement. *Il est
surtout nuisible aux enfants* qui restent exposés aux an-
tipathies, aux rebuts, aux mauvais traitements de nouveaux pères ou de nouvelles mères, et il jette dans les
jeunes âmes des semences de mépris et de haine, celui-ci
prenant le parti d'une mère injustement abandonnée,
celui-là le parti d'un père lâchement trahi.

**Enfin, le divorce arme des familles entières les
unes contre les autres** et, va jusqu'à ruiner le principe d'autorité de la Société elle-même, car le pouvoir
public n'est qu'une application en grand du pouvoir de
la famille. *L'opinion et le bon sens* du public sont là

d'ailleurs, pour proclamer, bien haut, que *les divorcés sont des sans-cœur.*

Si dans certains cas graves, la simple séparation de corps et de biens s'imposait aux époux, il est à souhaiter qu'elle ne soit jamais définitive, car, elle aussi, est la source des plus lamentables misères et, de plus, compromet le salut éternel des deux séparés, dans la fausse situation où ils se trouvent.

Époux chrétiens unis au pied des autels de la paroisse, *restez donc toujours unis* pour multiplier, sous le regard de Dieu, la vie autour de vous, et vous entourer d'une couronne de vivants qui seront votre gloire, parce qu'ils reproduiront vos vertus ! **Restez unis,** pour que vos enfants vous rendent en tendres respects et en pieuse assistance, tout le bien que vous leur avez fait ! **Restez unis,** pour vous voir revivre encore dans les rejetons de ceux qui sont issus de votre sève généreuse ! **Restez unis** enfin, pour servir de modèle à ceux qui s'uniront après vous et, pour cimenter, par votre inaltérable fidélité, la sainte unité de la famille. *Catholiques, en agissant ainsi,* vous aurez bien mérité de notre cité audomaroise et de la Patrie Française dont l'inquiétante dépopulation s'affirme, chaque année, comme le déplorable châtiment de la profanation des lois saintes du mariage chrétien.

Les premiers époux mariés dans la nouvelle église de l'Immaculée-Conception, en 1860, furent M. et Mme Decludt-Decupper, qui, en 1910, eurent le bonheur d'y célébrer leurs noces d'or. Ce dernier avantage fut également celui des ménages Prévost, Hau-Vitse et Cagnieux-Dewalle.

Se supporter mutuellement, avec la grâce du sacrement, dans une inaltérable fidélité, c'est servir la cause de la Patrie Française.

CHAPITRE XVIII

La Paroisse forme une véritable famille. - Son premier Chef et
Père c'est le Souverain Pontife. - Rayonnement de la Papauté
sur les âmes, à travers le monde. - Français ! Soyons Catho-
liques Romains. - Groupons-nous, autour de notre Evêque. -
L'Evêque Pontife, Docteur et Législateur dans son diocèse. -
Episcopat du Cardinal de la Tour d'Auvergne Lauraguais,
1802 à 1851. - Episcopat de Mgr Parisis, 1851 à 1866.
- Episcopat de Mgr Lequette, 1866 à 1882. - Episcopat de
Mgr Meignan, 1882 à 1884. - Episcopat de Mgr Dennel,
1884 à 1891.

**Un des caractères les plus attachants de l'Église
paroissiale. c'est celui qui la distingue comme la
« Maison de famille ».** Nous avons, en effet, notre
paroisse, comme nous avons notre famille. *Elle est
nôtre,* par les secours qui nous y ont été prodigués et
par ceux que nous avons le droit d'y trouver encore.
Elle est nôtre par la demeure familiale où nous sommes
appelés, avec instance, pour nous fortifier dans la foi et
dans la charité. *Elle est nôtre* par le Clergé à qui nous
sommes confiés, et à qui il appartient de veiller sur nous et
de nous diriger dans le chemin de la vertu. *Elle est nôtre*
par les fidèles qui la composent et avec lesquels nous
formons, dans l'Église universelle, une petite société dis-
tincte que Dieu veut prospère et invincible par l'union
de ses membres. *Elle est nôtre* enfin, et, surtout, par
notre Père céleste, dont la présence réelle parmi nous,
fait de l'autel, où il réside, au milieu du groupe familial
qu'il a constitué, le point central autour duquel gravite
la vie de chaque paroissien depuis sa naissance à la vie
divine par le baptème, jusqu'au seuil de son éternité.

La Paroisse
forme une véritable
famille.

Quelles sont les autorités préposées à la garde de cette intéressante famille paroissiale ?

Son premier
Chef et Père
c'est le
Souverain Pontife.

Tout d'abord au sommet de la hiérarchie catholique se trouve placé dans une situation, unique ici-bas, **le Souverain Pontife**, le Père commun des fidèles des paroisses du monde entier. C'est au Pape, en effet, dans la personne de *saint Pierre*, que Jésus-Christ, dans le saint Évangile, a donné la *suprême autorité* et a réservé le privilège de *l'infaillibilité*, quand, du haut de sa chaire apostolique, il définit, pour toute l'Église, un point de doctrine qui intéresse la foi et les mœurs. A cette double auréole de l'autorité et de l'infaillibilité, Dieu a ajouté au front de ses Pontifes celle de *l'immortalité*, et nous voyons, à travers les âges, la dynastie des Papes rayonner de sainteté et briller d'un éclat incomparable.

Rayonnement
de la Papauté
sur les âmes
à travers le monde.

La Papauté rayonne sur les âmes à qui elle donne la vérité, la grâce de Dieu, le salut éternel là-haut et, ici-bas, la sanctification. *Elle rayonne*, dans le monde catholique, en sauvegardant les droits de la morale évangélique, en favorisant les progrès des lettres, des sciences et des arts et, en défendant contre toutes les tyrannies la liberté des peuples. *Elle rayonne*, enfin, par ses souffrances rédemptrices qui la constituent la digne et légitime héritière de Jésus crucifié, sauveur des âmes. Persécuté et pauvre comme son divin Maître sur le Calvaire, contristé par les ingratitudes d'un trop grand nombre, le Pape éprouve aussi d'immenses consolations à la vue du réveil de la foi, de la charité et de l'obéissance à travers l'univers Catholique, à la vue des progrès de l'Évangile par les Missions lointaines dans le monde païen, et de l'impuissance, contre le siège de Pierre, de l'impiété de tous les âges, prédite d'ailleurs par le Sauveur Lui-même.

Français !
Soyons Catholiques
Romains.

Paroissiens de l'Immaculée-Conception, rappelez-vous la grandeur du ministère du Pontife Romain. *Des millions de consciences* dépendent de Lui, des milliers de causes attendent sa décision. Une seule journée de gouvernement de l'Église renferme plus de conséquences graves qu'une journée de gouvernement des plus puissants empires de la terre. Donnez donc au Pape votre confiance, donnez-lui l'amour de vos cœurs ; réservez-lui également l'humble offrande du « *Denier de saint Pierre* » destinée aux besoins spirituels de l'univers entier dont il reste le Père, et accordez-lui, surtout, le secours de vos filiales et ferventes prières, car les supplications que la chrétienté fait monter vers le Ciel pour son Chef et avec lui, domineront, toujours le bruit de toutes les tempêtes et de toutes les révolutions de la terre.

Depuis 1846, Pie IX, Léon XIII, Pie X, Benoît XV et Pie XI, cinq illustres Pontifes merveilleusement inspirés de Dieu, ont tenu, en mains fermes, le gouvernail de la barque de l'Église universelle, et leur paternelle sollicitude pour les intérêts spirituels de l'Église de France n'a fait que grandir avec les épreuves de cette dernière.

En retour, guidés par une filiale reconnaissance, nous resterons invinciblement attachés au siège de Pierre, sous l'égide de l'antique et fière devise « Catholiques Romains et Français, toujours !! »

A côté de la Papauté. Jésus-Christ a placé l'Episcopat pour la direction de son Église, et depuis dix-neuf siècles, nous voyons les Évêques associés au Chef suprême de cette Église, comme des collaborateurs divinement institués et toujours respectés. *Le schisme* qui, nous l'avons vu en 1791, périt dans le ridicule, après avoir végété dans l'impuissance, n'a même pu renaître, au XXe siècle, et, à l'heure présente, malgré les savantes et sournoises combinaisons de l'impiété maçonnique, les Évêques de France intrépidement unis au Successeur de saint Pierre trouvent dans cette glorieuse dépendance *non une servitude mais une liberté, et le secret de la force apostolique qui sauve les âmes et régénère les peuples.*

Ce sont les Évêques qui, en rattachant à leur propre

siège la plus humble paroisse, la font entrer dans la vaste ordonnance de l'Église Catholique. **Comme Pontife, l'Évêque entretient et dirige le culte public.** donnant à Dieu des prêtres par le Sacrement de l'Ordre, à Jésus-Christ des soldats par la Confirmation, et à la Religion de la dignité et de l'éclat par l'observation des règles liturgiques. *Comme docteur,* il propose à son peuple par ses « *Lettres pastorales* » les vérités évangéliques, et condamne les opinions contraires à la foi. Si le pouvoir civil fait le code, l'Évêque rédige le *catéchisme diocésain,* et, si le pouvoir civil a la direction de la société civile, l'Évêque conserve la direction de la société religieuse.

L'Évêque est aussi législateur et il coordonne sa législation à celle du Pontife Romain et des Conciles généraux ; enfin, *il est maître dans son diocèse* où les érections de paroisses et la nomination des prêtres lui appartiennent entièrement. Sentinelle vigilante et, la tête ceinte de la *mitre* d'honneur comme d'un casque, il a mission de signaler les embûches de l'ennemi dans les batailles de la foi, et la *crosse* qu'il porte rallie comme un sceptre tout le troupeau autour de lui et, écarte, comme un glaive, les loups ravisseurs qui menacent le bercail.

On nous saura gré de donner ici, quelques détails biographiques sur les huit évêques d'Arras à qui, de 1802 à 1923, la Divine Providence a confié le soin spirituel des anciens évêchés de Saint-Omer et de Boulogne et qui, par suite, sont devenus les successseurs du Saint évêque Omer, le premier pasteur de l'antique et vaste diocèse de Thérouanne, la célèbre capitale de la Morinie. Leurs photographies bien réussies, que nous avons groupées à la fin de notre travail, réveilleront certainement dans les âmes de précieux et chers souvenirs.

C'est en 1802, qu'à l'âge de 34 ans, **Mgr Hugues-Robert, Jean-Charles de la Tour d'Auvergne Lauraguais,** né au château d'Anzeville, diocèse de Toulouse, fut nommé évêque d'Arras, il prit possession de son siège le 5 juin. Élève du séminaire de Saint-Sulpice, il fut ordonné prêtre, à Paris, en 1792, en pleine révolution, et, pendant les plus mauvais jours de la Terreur, emprisonné sous prévention de « noblesse ». Il fit ensuite partie d'une administration militaire. Une tradition raconte que M. Émery, le vénérable supérieur de Saint-Sulpice, après avoir lui-même décliné de nombreuses candidatures, ayant présenté son ancien élève au premier consul, comme son candidat privilégié pour l'épiscopat. « Vous êtes bien jeune, monsieur, lui dit Bonaparte ». « Avec une année de moins que moi, répondit l'abbé de la Tour d'Auvergne, vous gouvernez l'Europe. J'espère, de mon côté, avec l'aide de Dieu, pouvoir gouverner mon diocèse ».

Sa haute stature, la noblesse de ses traits, sa distinction, la douceur de sa parole, lui concilièrent de nombreuses sympathies pendant son épiscopat, qui dura près de cinquante ans. Le rétablissement du culte, la réouverture des églises, les règlements relatifs au clergé et aux communautés religieuses, les œuvres de zèle et de charité absorbèrent entièrement sa longue et féconde carrière, pendant laquelle il refusa successivement les archevêchés d'Avignon, de Lyon, de Paris, et de Cambrai, afin de ne point se séparer de ses diocésains. Mgr de la Tour d'Auvergne fut créé cardinal du titre de Ste Agnès hors les murs, en 1839, et grand-croix de la légion d'honneur, en 1840.

Il fit son entrée solennelle à Saint-Omer, en octobre 1802, au son des cloches et au bruit du canon. Descendu chez M. de Blairville, il assista ensuite à une cérémonie à l'église Notre-Dame, où il donna un sermon très apostolique. Le 28 février 1803, il reçut, officiellement, le serment à l'évêque et au sous-préfet, de cent cinquante curés et desservants, groupés dans le chœur de l'ancienne cathédrale et mettant la main sur le livre des saints évangiles. La même année, il adressa à tout son

Episcopat
du
Cardinal
de
la Tour d'Auvergne
Lauraguais,
1802 à 1851.

diocèse ses conseils et ses encouragements dans une instruction pastorale remarquable, qui devait porter ses fruits. Son long épiscopat pendant un demi-siècle, dit Mgr Deramecourt, devenu lui-même plus tard le pasteur vigilant et intrépide de l'église de Soissons, fut l'application des principes énoncés dans cette lettre pastorale, et les évêques et les prêtres du Pas-de-Calais sont restés fidèles, grâce à Dieu, à la noble tâche de restauration religieuse dont il avait tracé le programme précis au début du xixe siècle.

En 1806, Mgr de la Tour d'Auvergne fit la reconnaissance officielle des reliques de saint Bertin, replacées à l'honneur dans l'église Saint-Denis, à Saint-Omer, sous l'autel actuel du Sacré-Cœur. En 1815, il bénit le nouvel étendard donné par le Roi au régiment de cuirassiers, alors en garnison à Saint-Omer. — En 1827, à titre de chapelain du roi Charles X il célébra la messe, en plein air, sur le plateau d'Helfaut, en présence de 12.000 hommes sous les armes et profondément recueillis. Au cours de la grande « Mission » audomaroise de 1828, prêchée par le R P. Rauzan et les missionnaires de France, l'évêque d'Arras présida et prêcha la plantation du grand calvaire, dans l'enclos Notre-Dame, contre le mur extérieur de la nef latérale sud. Ce calvaire se trouve maintenant placé dans la Basilique Notre-Dame, dans le transept nord, et reste l'objet d'une dévotion très suivie. La fresque qui en forme le fond est due au pinceau d'Henri Hancquier, artiste audomarois. Le Cardinal de la Tour d'Auvergne mourut en 1851, après avoir paternellement administré son vaste diocèse pendant près de cinquante ans, avec toute la distinction que comportait son nom et l'illustre famille d'où il descendait, et après avoir restauré le culte catholique en Artois, bienfait inestimable dont nous goûtons encore les consolants résultats de nos jours.

Son oraison funèbre fut prononcée par M. le Chanoine Planque, qui montra éloquemment ce que Dieu avait fait pour l'illustre Pontife et ce que lui-même, correspondant à la grâce divine, fit pour Dieu et les âmes. — Un magnifique monument a été élevé à la mémoire du Cardinal dans la chapelle absidale de la cathédrale d'Arras, chapelle heureusement préservée des obus incendiaires de la barbarie allemande, en 1916. Il y est représenté, à genoux, les yeux élevés vers la statue de la Ste Vierge qui domine l'autel, et les bras étendus pour lui offrir son diocèse. Son attitude est celle d'une douce extase, qui peint admirablement sa tendre dévotion pour sa Mère du Ciel. Le bloc de marbre, merveilleusement sculpté, a été offert par le Gouvernement. Le blason de famille du Cardinal était : Ecartelé aux 1 et 3 d'azur semé de fleurs de lys d'or, à une tour d'argent maçonnée de sable brochant sur le tout ; aux 2 et 4 de gueules à la croix vidée, cléchée et pommelée d'or (croix des comtes de Toulouse). Sur le tout : d'or à un gonfanon de gueules frangé de sinople.

Le successeur du Cardinal de la Tour d'Auvergne. fut Mgr Parisis, précédemment évêque de Langres. de 1834 à 1851. Nous engageons vivement le lecteur à prendre connaissance des deux volumes publiés, en 1916 et 1917, par M. le vicaire général Guillemant, et couronnés par l'Académie Française. Cet ouvrage, traité de main de maître, expose en détail la vie de Mgr Parisis durant sa jeunesse à Orléans, son ministère à Gien, son épiscopat fructueux à Langres et, surtout, le présente comme le « Champion de la Sainte Église », au moment des grandes luttes livrées autour du monopole universitaire, luttes qui devaient aboutir, après vingt années d'une laborieuse et intense polémique à la « Loi sur la liberté de l'enseignement », votée en 1850. **Trois mots résument la vie de Mgr Pariris, évêque d'Arras de 1851 à 1866 : Il fut un grand évêque. un écrivain distingué et un habile polémiste.** Son épiscopat, à Langres comme à Arras, a laissé des traces ineffaçables dans le souvenir d'émi-

Episcopat
de
Mgr Parisis,
1851 à 1866.

nentes vertus et dans l'établissement d'œuvres considérables. Pour ne parler que de notre diocèse, Mgr Parisis se fit remarquer par la foi vive qui, partout, le pénétrait, l'animait et le soutenait. Il rétablit la liturgie romaine à laquelle Mgr de Bruyères-Chalabre avait substitué, quelques années avant la Révolution, la liturgie dite parisienne. Veillant avec soin au recrutement des vocations sacerdotales, il construisit un nouveau Petit Séminaire et institua les « Conférences ecclésiastiques ». Après avoir assuré la formation d'un clergé modèle dans son diocèse, il encouragea également les autres œuvres catholiques et les différentes Communautés religieuses, qui se fondèrent en foule pendant son épiscopat, grâce à sa sollicitude pastorale. La seule ville de Saint-Omer vit s'établir, à cette époque, les communautés du Bon Pasteur, des Petites Sœurs des Pauvres, de la Sainte-Union et des RR. PP. Carmes. En 1859, le 26 juin, Mgr Parisis vint présider lui-même, à l'église Notre-Dame, l'inauguration et la bénédiction des grandes orgues restaurées.

Episcopat
de
Mgr Parisis,
1851 à 1866.

C'est grâce à ses encouragements que la Société de Saint-Bertin fut fondée. Cette Société, destinée à l'enseignement, était composée, à l'origine, d'une élite du clergé du diocèse, qui recevait dans un noviciat, à Saint-Martin-au-Laërt, aux portes de Saint-Omer, une formation particulière confiée aux maîtres les plus distingués. Les circonstances ne tardèrent pas à l'obliger à rentrer sous le gouvernement immédiat de l'Administration diocésaine. Le Collège Saint-Bertin, dont le nom est inséparable de celui de la Ville de Saint-Omer, et qui a célébré, en 1913, son glorieux centenaire, a joué un rôle prépondérant dans l'éducation de la jeunesse du Nord et du Pas-de-Calais au XIXe siècle, et il reste toujours fidèle à ses nobles traditions.

Comme écrivain, l'évêque d'Arras tint un rang éminent parmi ses collègues de l'épiscopat et les auteurs de son époque. Chez lui, la pureté et l'élé-

gance du style s'unissaient à une charmante simplicité,
et ses lettres pastorales sur la « Douleur », la « Vérité
divine » et la « Famille » sont restées célèbres.

**Mgr Parisis ne fut pas moins habile polémiste
qu'auteur remarquable.** Ancien député à la Consti-
tuante et à l'Assemblée législative, il soutint pendant de
longues années, avec Montalembert, le Père Lacordaire
et Louis Veuillot, la cause de la liberté de l'Enseignement, par sa parole ardente, sa logique serrée et ses
arguments vigoureux, avec une merveilleuse lucidité.

Ce sera sa gloire, devant l'Histoire, d'avoir combattu,
presque toute sa vie, et d'avoir remporté d'éclatants
triomphes contre les adversaires de l'Église et de ses
libertés. Il mourut le 5 mars 1866, et sa dépouille mortelle fut ensevelie dans le caveau des évêques dans la
cathédrale d'Arras, à côté de celle du Cardinal de la
Tour d'Auvergne. Ce fut le cardinal-archevêque de
Bourges qui prononça son oraison funèbre. Son monument, en marbre blanc, placé dans la chapelle absidale,
le représente, étendant noblement la main au-dessus
d'une tiare pontificale, pour bien indiquer qu'il fut l'un
des plus illustres défenseurs de l'Église catholique et
romaine, au xixᵉ siècle. En 1853, le Souverain Pontife
Pie IX accorda à Mgr Parisis, l'autorisation, pour lui et
ses successeurs, de porter le triple titre d'évêque d'Arras,
de Boulogne et de Saint-Omer, titre d'union sacrée, laissant à chacune de ces antiques églises le patrimoine de
ses glorieux et ineffaçables souvenirs. Les armes de
Mgr Parisis étaient : D'azur à la bande d'or, chargée de
trois croisettes d'argent, accompagnées d'une ancre du
même en chef, et d'une étoile du même en pointe. Sa
devise était « Spes mea in Deo est. — Toute mon espérance est en Dieu ».

**Mgr Jean-Baptiste-Joseph Lequette, né à Ba-
paume, le 23 juin 1811, et vicaire général d'Arras,
sacré le 6 août 1866, succéda à Mgr Parisis.** Élève
du Séminaire de Saint-Sulpice, il fut successivement

Episcopat
de
Mgr Lequette,
1866 à 1882.

professeur au Grand Séminaire et vicaire général. Défenseur intrépide de la foi catholique, et l'adversaire convaincu des erreurs janséniste et gallicane, ce fut pour lui une grande consolation de pouvoir prendre part, en 1870, au Concile du Vatican, qui définit le dogme de l'infaillibilité pontificale. Il fit, de la Foi, le sujet le plus ordinaire de son enseignement pastoral. Tantôt, il en retraçait la nature et s'efforçait d'en développer l'admirable fécondité pour la sanctification des âmes ; tantôt, il en redisait l'impérieuse nécessité ; tantôt enfin, il déduisait de ses enseignements la belle doctrine des droits de Dieu. Pour garder le trésor de la foi au cœur de l'enfant il multiplia les maisons d'éducation, à Saint-Pierre-lès-Calais, à Saint-Pol, à Bapaume, et contribua pour une large part à la fondation de l'Université catholique de Lille, œuvre aujourd'hui très prospère, vraiment digne d'exciter toutes les générosités et, qui a contribué à la formation des élites catholiques de toute la région du Nord.

Episcopat
de
Mgr Lequette,
1866 à 1882.

Élevé à l'ombre du sanctuaire bapalmois de Notre-Dame de Pitié, Mgr Lequette avait développé dans son cœur la dévotion à Marie. Il eut toujours un attachement particulier pour le sanctuaire de Notre-Dame des Miracles, et c'est lui qui introduisit, en 1867, la pieuse tradition, suivie par ses successeurs et qui procure, chaque année, à la Ville de Saint-Omer, à ses Paroisses et à ses Communautés l'honneur et le bonheur de posséder son évêque pendant la neuvaine, au mois de juillet. Nous voyons le prélat, dont la noble prestance rappelait aux fidèles le souvenir du Cardinal de la Tour d'Auvergne, et dont la bonté lui avait valu le nom d'évêque bien-aimé, bénir, le 20 septembre 1868, la première pierre de la chapelle absidale de l'ancienne cathédrale et en consacrer l'autel en 1874.

En 1870, à Rome, Mgr Lequette offrait, à la bénédiction du Souverain Pontife Pie IX, les deux riches couronnes, qui ornent aujourd'hui le front des statues de

LA GARE DE SAINT-OMER, INAUGURÉE EN 1904

Notre-Dame des Miracles et de l'Enfant Jésus .Le couronnement eut lieu en 1875, au milieu des splendeurs de fêtes inoubliables, qui seront, nous l'espérons, encore dépassées en magnificence, à l'occasion de la solennité et de la procession du cinquantenaire, en 1925. En 1876, l'Évêque d'Arras, sans oublier Notre-Dame de Boulogne, glorifiait à son tour Notre-Dame des Ardents, dont il transportait le « saint cierge » dans la nouvelle église qu'il venait de faire construire en l'honneur de la protectrice séculaire de l'antique cité d'Arras.

C'est dans l'Église Notre-Dame de Saint-Omer, qu'environné de 1.200 pèlerins d'Arras et des chanoines de son Chapitre, le vénérable prélat fit la promesse de restaurer le culte de Notre-Dame des Ardents, et le 20 mai 1878, il pouvait dire, du haut de la chaire de la nouvelle et gracieuse église romane, en s'adressant aux pèlerins de Saint-Omer qui s'y trouvaient rassemblés : « C'est Notre-Dame des Miracles qui m'a inspiré de restaurer la dévotion à Notre-Dame des Ardents. Cette église et ce pèlerinage sont un miracle de la Vierge de Saint-Omer ». Un ex-voto de marbre placé par M. le Grand-doyen Duriez, dans le transept sud, rappelle cet intéressant épisode de l'histoire de la Basilique Notre-Dame. Enfin, en 1882, quelques jours avant sa mort, il ménageait à saint Benoît-Joseph Labre les fêtes triomphales de sa canonisation. On a pu dire que Mgr Lequette était la Bonté même : Son activité trouva du temps pour tout, et ses forces physiques ne lui firent jamais défaut. Confirmations, consécrations d'églises, vêtures et professions religieuses, neuvaines solennelles le trouvaient toujours prêt ; enfin, une merveilleuse facilité d'élocution mettait partout en relief sa paternelle bonté. Rappelé à Dieu le 13 juin 1882, il fut, selon son désir, enterré derrière le maître-autel de l'Église de Notre-Dame des Ardents, où sa statue en marbre, œuvre superbe de l'artiste audomarois, Louis Noël, produit le meilleur effet. Son oraison funèbre fut prononcée par

Episcopat
de
Mgr Lequette,
1866 à 1882.

Mgr Clovis Catteau, évêque de Luçon et ancien vicaire général d'Arras. Mgr Lequette avait pris pour devise : « **Pascor a vulnere.** — Mon âme s'abreuve à la divine blessure. » Son blason portait : d'azur à un astre d'or rayonnant, sur lequel repose un cœur saignant et enflammé, de gueules, ceint d'une couronne d'épines de sable, sommé d'une croix de même !

Mgr Guillaume - René Meignan. né à Denazé (Mayenne). le 11 avril 1817. sacré évêque de Châlons le 1er mai 1864, a été transféré à Arras le 20 septembre 1882. puis nommé archevêque de Tours, le 25 mars 1884. L'abbé Guillaume Meignan, après avoir fait de sérieuses études à l'Université catholique de Bavière et étudié de près le rationalisme allemand, exerça le saint ministère pendant quelque temps dans plusieurs paroisses de Paris et devint professeur d'Écriture Sainte à la Sorbonne. C'est alors que, prenant place à côté des Parisis, des Pie, des Freppel et des Plantier, il réfuta, victorieusement, en 1863, les blasphèmes de l'auteur de la fausse « Vie de Jésus », en publiant une brochure restée célèbre, et ayant pour titre « Renan réfuté par les Rationalistes allemands ». Devenu vicaire général de Paris, il fut promu, en 1864, au siège épiscopal de Châlons, il avait quarante-huit ans. Le nouvel évêque ne tarda pas à donner une forte impulsion à la marche de son diocèse : la création de la « Semaine Champenoise », des œuvres de l'Adoration perpétuelle et des Églises pauvres, du Collège Saint-Étienne, et sa sollicitude pour le recrutement de son clergé et la fondation de l'Université catholique de Paris, sont là pour prouver son activité apostolique pendant dix-huit ans. **Arras ne posséda Mgr Meignan que pendant dix-huit mois.** le diocèse avec sa population considérable, ses éloignements, son intensité de vie religieuse, aurait trop promptement conduit au terme ce vieillard de soixante-sept ans. Il présida à Saint-Omer, les funérailles de M. le Grand-Doyen

Episcopat
de
Mgr Meignan,
1882 à 1884.

Duriez, en 1883 et, en 1884, les solennités de la Neuvaine, du Pèlerinage régional et du Jubilé célébré à l'occasion du 25ᵉ anniversaire du rétablissement des pèlerinages à Notre-Dame des Miracles. La statue miraculeuse, du XIIIᵉ siècle, fut, à cette occasion, portée processionnellement à travers les rues de la ville.

On ne saurait oublier que Mgr Meignan fut également un savant et un exégète de premier ordre. Ses « Études messianiques » constituent une œuvre à laquelle on reviendra, qui fera époque et durera, car il a traité la question du Messianisme à fond et, d'une manière tout à fait imposante pour les esprits scientifiques. Depuis 1868, époque où parut son premier ouvrage les « Prophéties messianiques » il a publié une dizaine de volumes pour défendre l'authenticité divine de nos livres saints. Son dernier ouvrage « **L'Ancien Testament dans ses rapports avec le nouveau et la critique moderne de Moïse à David** », est tout à fait remarquable, et il est le fruit des patientes recherches de sa longue vie de travailleur. A Tours, où il occupa le siège archiépiscopal de 1884 à 1896, il construisit la nouvelle basilique romane de Saint-Martin. Officier de la Légion d'honneur, il fut créé en 1893, cardinal-prêtre du titre de la Trinité du Mont, par le Pape Léon XIII, qui le tenait en particulière estime. C'est Mgr Williez, évêque d'Arras, qui prononça son oraison funèbre. Le Cardinal Meignan avait pris pour devise « Pax in caritate. — La paix dans la charité ». Ses armoiries portaient : d'azur à une colombe d'argent, tenant dans son bec un rameau d'olivier.

Mgr Désiré-Joseph Dennel, né à **Mons-en-Pevèle,** dans le diocèse de **Cambrai,** le **7 mai 1825,** évêque de **Bauvais,** le **1ᵉʳ mai 1880,** a été appelé à succéder à **Mgr Meignan sur le siège d'Arras le 13 novembre 1884,** qu'il a occupé jusqu'au **28 octobre 1891.** L'Abbé Dennel, licencié ès-lettres, fut d'abord professeur au Collège de Marcq-en-Barœul, puis directeur du

Episcopat de Mgr Dennel, 1884 à 1891.

Collège Saint-Joseph à Lille, qui fut, en 1872, confié aux Pères de la Compagnie de Jésus. Nommé ensuite doyen de Saint-André et archiprêtre, il se trouva alors à la tête de toutes les œuvres qui s'accomplissaient à cette époque pour le relèvement social et religieux du pays : Université catholique, Comité catholique, Société de Saint-Vincent de Paul, Cercles ouvriers, sans compter les œuvres paroissiales et, tout particulièrement, les œuvres consacrées au soulagement des pauvres et des délaissés de ce monde, qui étaient ses privilégiés. Préconisé évêque de Beauvais, il était sacré le 1er mai 1880, dans son église paroissiale par Mgr l'Archevêque de Reims, son métropolitain. Pendant quatre années, il fit la visite complète des sept cents communes de l'Oise, et sut faire apprécier tout à la fois, l'aménité de son caractère, sa bonté naturelle, son égalité d'âme, sa piété tendre et affectueuse, sa précision dans les jugements, enfin, l'indulgence et la modération pour les personnes, en même temps que la prudence et la fermeté dans l'application des principes.

En 1884. Léon XIII nommait Mgr Dennel à l'évêché d'Arras. Comme Mgr Lequette, le dévoué prélat se prêtait. sans mesure, à tout ce qui contribuait à la gloire de Dieu et au bien des âmes. En dehors des visites pastorales régulières, les visites des Communautés, les consécrations et bénédictions d'églises, les distributions des prix, les pèlerinages diocésains, sans compter les grandes assemblées générales de Lille, intéressant la province ecclésiastique de Cambrai, rien ne pouvait épuiser son zèle. L' **« homme de la charité » il fut aussi l' « homme de la vérité »,** et toutes ses lettres pastorales sont là pour attester qu'il sut affirmer la vérité, sans diminution ni altération, surtout lorsqu'il s'agissait de condamner des mesures attentatoires à la justice et à la liberté de la sainte Église. Il créa un nouveau foyer d'instruction religieuse en faveur de la jeunesse, en fondant le Collège ecclésiastique de Béthune et publia, en 1890, une nouvelle édition des « Statuts » de son diocèse. Dieu l'appela à Lui le 28 octobre 1891. Une de ses dernières paroles fut pour son clergé. **« Je fais le sacrifice de ma vie pour mes prêtres. Qu'ils gardent dans leur cœur, l'amour du Sacré-Cœur, de la Sainte Vierge et de la sainte Église »**. Son corps repose dans la chapelle absidale de la cathédrale, à l'entrée de laquelle un médaillon de marbre rappelle son pieux souvenir à ses diocésains. On peut dire que Mgr Dennel a réalisé dans toute son étendue, la haute signification des paroles qu'il avait prises pour devise **« In veritate et caritate. — Dans la vérité et la charité ». Dans son blason** figurait un cœur rayonnant de lumière, embrasé de flammes, portant une croix et entouré d'épines. En effet, il ne saurait y avoir de véritable amour sans sacrifice.

CHAPITRE XIX

Episcopat de Mgr Williez, 1892 à 1911. - Episcopat de Mgr
Lobbedey, 1911 à 1916. - Episcopat de Mgr Julien, 1917.

**Mgr Alfred Williez, né à Chinon, Indre-et-Loire,
le 16 mai 1836, fut préconisé évêque d'Arras le
16 juillet 1892 et sacré, dans sa cathédrale, en la
fête de la Nativité, le 8 septembre suivant, par
le cardinal Meignan, archevêque de Tours.** La vie
du vénéré Prélat a été consciencieusement écrite, en
1919, par M. le Vicaire général Hoguet, son ancien secrétaire particulier ; le récit en est très attachant et
traduit parfaitement les sentiments d'affection et de
filiale reconnaissance, que le diocèse d'Arras tout entier
éprouvait à l'égard de son premier pasteur.

L'Abbé Williez fut, au début de sa carrière sacerdotale, professeur à l'Institution Saint-Louis de Gonzague
à Tours, et aumônier du Pensionnat du Saint-Esprit.
Curé de la paroisse d'Izeures pendant six ans environ, il
eut le temps d'y exercer une action profonde et d'y créer
des œuvres durables jusqu'au moment où, le 8 mars
1878, l'archevêque de Tours l'appela à l'importante cure
d'Amboise et le nomma, en même temps, chanoine honoraire de l'Eglise métropolitaine. Le nouvel archiprêtre d'Amboise développa encore sur le terrain des
œuvres paroissiales toutes les qualités qui l'avaient
rendu si populaire à Izeures, et Mgr Meignan ne tarda
pas à lui réserver le titre de vicaire général et à l'appe-
ler à la direction du Petit séminaire, jusque-là confiée
aux RR. PP. Lazaristes. Homme de bon conseil et d'ini-
tiative, toujours calme et modéré, sage en ses décisions,

ne se prononçant qu'à bon escient, tel fut **M.** le vicaire général Williez qui eut une influence heureuse sur l'administration diocésaine. Il était quelqu'un, on le savait à Tours, et l'on en était fier.

Devenu évêque d'Arras en 1892, Mgr Williez, dans sa première lettre pastorale, disait à ses diocésains que, selon sa parlante devise : « Caritate vincit. — Il triomphe par la charité », c'était en les aimant et en se dévouant pour eux qu'il espérait conquérir leurs âmes afin de les offrir à Dieu.

Pendant les dix-neuf ans de son épiscopat à Arras, il fut en effet l'évêque des siens, à qui il avait donné sa vie et qu'il voulut gouverner exclusivement pour leur plus grand bien spirituel. Sa première pensée fut de consacrer tout spécialement son ministère à la Très Sainte Vierge, dans les trois sanctuaires privilégiés d'Arras, de Boulogne et de Saint-Omer. Prolongeant volontiers son séjour à Saint-Omer où il aimait à rendre une visite toute paternelle aux nombreuses Communautés de la Ville, Mgr Williez célébrait, chaque année, le second dimanche de la neuvaine de N.-D. des Miracles, l'office pontifical, groupant une élite compacte d'habitants de Saint-Omer et des faubourgs sous la bénédiction de leur évêque, dans de majestueuses cérémonies, qui ne pouvaient être mieux encadrées que par le merveilleux décor de notre ancienne Cathédrale. **En 1895, l'évêque d'Arras célébrait le XIIe centenaire du saint évêque Omer et, en 1901, il présidait également l'inoubliable Fête eucharistique, qui fut un triomphe incomparable pour Jésus-Hostie à travers les rues de Saint-Omer splendidement pavoisées.**

A toutes les Œuvres fondées par ses prédécesseurs, Mgr Williez, chargé de la responsabilité de plus d'un million d'âmes, en ajouta d'autres, exigées par les mesures persécutrices qui, de 1895 à 1906, mirent en danger le salut des âmes et les libertés religieuses. Entre

Episcopat
de
Mgr Williez,
1892 à 1911.

toutes, l'Œuvre de la Bonne Presse, l'Œuvre des vocations, dite de Saint-Joseph, et celle de la Jeunesse catholique; celle des Retraites fermées et des patronages, si pleines de solides espérances pour l'avenir, lui furent particulièrement chères. En 1898, une Commission spéciale, sous sa présidence, édita un nouveau catéchisme diocésain. Violemment expulsé de son palais épiscopal par la « Loi de Séparation », obligé de trouver un refuge pour son Grand et ses deux Petits-Séminaires, aidé de ses vaillants vicaires généraux, le courageux Prélat sut tenir tête à l'orage et, grâce à de multiples et sages mesures administratives qu'il prit aussitôt, l'organisation diocésaine triompha bientôt complètement des obstacles accumulés contre elle.

Pèlerin de Lourdes avec ses diocésains, presque chaque année, il prit aussi, maintes fois, le chemin de la Ville éternelle, pour porter aux pieds des Souverains Pontifes, Léon XIII et Pie X, l'hommage du filial dévoûment de son cher diocèse. Les grandes solennités de la Béatification de Jeanne d'Arc, à Saint-Pierre de Rome, le trouvèrent aussi, debout, avec soixante autres évêques français, autour du Pontife suprême, acclamé par 50.000 pèlerins. Que dire enfin de ses lettres pastorales toutes pénétrées de l'esprit surnaturel qui sanctifie et sauve les âmes, lettres à la fois si poétiquement et si apostoliquement écrites. Enfin, le Congrès diocésain de 1909, le Synode de 1910, et les fêtes jubilaires de la cinquantième année de son sacerdoce couronnèrent dignement, le 2 juin 1910, son long et fructueux épiscopat.

Mgr Williez s'endormit paisiblement dans le Seigneur le 25 janvier 1911. Son oraison funèbre fut prononcée par Mgr Lejeune, Prélat de Sa Sainteté, et son ancien vicaire général, devenu, à cette époque, Curé-Archiprêtre de Notre-Dame de Boulogne. Avec l'orateur qualifié entre tous pour prendre la parole en cette mémorable circonstance nous

Episcopat
de
Mgr Williez,
1892 à 1911.

concluerons : Le vénéré défunt fut d'adord **l'Evêque de la paix** et, sa bonté, sa piété, sa haute conscience et sa sagesse firent de lui un éducateur modèle et un inspirateur d'œuvres. **Il fut aussi l'Évêque des saints combats, et l'intrépide défenseur de la Sainte Eglise lors de la « Séparation » de l'Eglise et de l'Etat, et de l'âme de l'enfance, dans le « Conflit scolaire ».**

Mgr Williez repose désormais dans le caveau des Évêques, à la cathédrale d'Arras. Son blason était : coupé au 1 parti, au 1 de gueules, la croix palée d'argent ; au 2 fascé de gueules et d'argent de 8 pièces ; au 2 d'azur à un agneau pascal saignant posé sur une terrasse de sinople, accompagné en chef de trois roses d'argent. La croix d'argent sur fond rouge est l'écusson de l'église métropolitaine de Tours. — Les huit bandes blanches et rouges constituaient l'écusson de la Basilique Saint-Martin. — L'Agneau pascal portant la croix et l'étendard de la victoire évoquait un souvenir de famille. — Enfin, les 3 roses d'argent rappelaient les 3 formes de dévotion à la Ste Vierge dans le diocèse d'Arras, les trois Madones vénérées d'Arras, Boulogne et Saint-Omer.

Mgr Émile-Louis-Cornil Lobbedey, né à Bergues (Nord), le 29 février 1856, sacré évêque de Moulins le 26 août 1906, a été transféré à Arras, le 5 mai. Il a occupé ce siège jusqu'au 24 décembre 1916, date de sa mort. La vie de Mgr Lobbedey a été écrite, en 1920, par M. le Chanoine Vergneau, son ami intime et son secrétaire particulier. Providentiellement désigné pour ce travail, l'auteur a su, tour à tour, faire merveilleusement revivre, dans des pages très documentées et très émouvantes, l'étudiant qu'il avait connu à Rome, le professeur, le curé, le vicaire général, l'évêque de Moulins et, surtout l'évêque d'Arras, l'évêque martyr de la Grande guerre de 1914.

Après de fortes études, au Collège de Saint-Winoc à

Episcopat de Mgr Lobbedey, 1911 à 1916.

Bergues, au Collège de Marcq, alors dirigé par les prêtres de la Société de Saint-Bertin, au Grand Séminaire de Cambrai et enfin au Séminaire Français de Rome, de 1874 à 1879, où il prit le grade de docteur en théologie et en droit canon et, puisa, pour toujours, dans les entrevues particulières qu'il eut avec les Souverains Pontifes Pie IX et Léon XIII un invincible attachement au Pape et au Siège de Saint Pierre, l'Abbé Lobbedey fut professeur de seconde au collège de Marcq, qu'il affectionnait beaucoup, à Saint-Joseph de Lille et au Petit-Séminaire de Cambrai. L'Autorité diocésaine le nomma enfin curé à Pradelles et à Terdeghem, villages où il put rétablir sa santé un instant fortement ébranlée.

Le 10 juillet 1887, il devenait le pasteur de la nouvelle paroisse de Notre-Dame de Lourdes à Hazebrouck, il y resta dix années, jusqu'au moment où Mgr Sonnois, achevêque de Cambrai le prit auprès de lui en 1897, comme vicaire général et archidiacre des Flandres. Pendant son séjour à Hazebrouck, il travailla constamment à l'ornementation de son église, en obtint la consécration et, sous la protection de Notre-Dame de Lourdes, qu'il aimait tant, il fut vraiment le Bon Pasteur : Son souvenir y est resté ineffaçable et les ouvriers l'ont tout particulièrement regretté comme leur ami et leur père ; il était en effet doué d'un cœur d'or.

Le nouveau vicaire général était né administrateur et, dès ses premiers actes, il en donna des preuves de 1897 à 1906. Cette période, comme nous l'avons vu pour Mgr Williez, fut difficile pour l'Église de France, mais le vénérable archevêque de Cambrai trouva toujours debout, à ses côtés, son vaillant archidiacre des Flandres, tout particulièrement au moment des inventaires et des douloureuses expulsions de 1906. En dehors de ses multiples fonctions se rattachant à son titre officiel, le Couronnement de Notre-Dame des Dunes à Dunkerque, le Millénaire de Saint-Winoc, en 1900, à Bergues, sa ville natale, et les imposantes Assemblées diocésaines de la Jeunesse catholique, dont il avait été nommé le directeur général, resteront à jamais unies dans l'histoire au glorieux souvenir du Chanoine Lobbedey.

En août 1906, Mgr Lobbedey, nommé à l'Évêché de Moulins, était sacré dans la métropole de Cambrai par le vénérable doyen de l'épiscopat de France, Mgr Monnier, évêque de Lydda, alors âgé de 87 ans. Pendant les cinq années qu'il passa à Moulins, après avoir subi, comme tous les évêques de France, la pénible épreuve de l'expulsion de son palais épiscopal, le nouveau prélat travailla sans relâche à la réorganisation de son diocèse et assista à deux des réunions plénières des évêques de France. Il se rendit aussi plusieurs fois à Rome pour y prendre son mot d'ordre. « Parole du Pape, répétait-il souvent, consigne de Dieu ». On disait de Saint Vincent de Paul : « Il a l'impétuosité de la vie héroïque, voyez-le agir ! C'est un tourbillon de bonnes œuvres ». Toute proportion gardée on a pu appliquer cet éloge à l'Évêque de Moulins, qui fut toujours un véritable père pour ses prêtres et encouragea sans cesse toutes les œuvres diocésaines. Il savait parler à son peuple une langue claire, chaude et communicative et se mouvait à l'aise dans les improvisations où il excellait. Parmi ses nombreuses lettres pastorales celle qui a pour titre : « **Doctrine et organisation** », fut particulièrement louée par Pie X lui-même. L'œuvre des Vocations ecclésiastiques le préoccupait constamment et il publia une lettre à son clergé, pour l'encourager à la rédaction des « **Monographies paroissiales** ». Il possédait enfin les dons qui font le chef ; il avait de l'autorité et il sut exercer le pouvoir avec perspicacité. **Dans les nombreux congrès cantonaux, régionaux et diocésains qu'il présida, il aima à redire ce superbe mot d'ordre : « A genoux, pour la prière ! Debout, pour la victoire et la conquête de nos libertés foulées aux pieds ! »**

Sa piété profonde, sa dévotion au Sacré-Cœur et à la

Episcopat
de
Mgr Lobbedey,
1911 à 1916.

Sainte Vierge faisaient l'édification de tous ceux qui l'entouraient. Chaque année, il se faisait un devoir de conduire ses diocésains à Paray-le-Monial et à Lourdes, et ce fut pour lui un immense bonheur d'obtenir de Rome la permission de placer solennellement, en 1908, un diadème royal sur le front d'une statue du Sacré-Cœur, afin de mieux affirmer la Souveraineté première et absolue du Sauveur. Le 17 juin 1910, c'est une statue de la « **Vierge noire** » honorée depuis le xve siècle dans sa cathédrale et qu'un moine de Souvigny avait sculptée au xiie siècle, qu'il couronnait dans une inoubliable cérémonie, à laquelle assistaient quinze évêques.

Devenu évêque d'Arras, Mgr Lobbedey fit son entrée solennelle dans sa ville épiscopale le 6 juin 1911. Cette entrée fut triomphale, comme celle que lui ménagèrent aussi les villes de Boulogne et de Saint-Omer et les autres centres importants de son vaste diocèse, comprenant alors 1.100.000 âmes. Fidèle à la mémoire de ses devanciers et, plus spécialement, à celle de l'illustre évêque que fut Mgr Parisis, Mgr Lobbedey, selon le programme tracé dans son premier discours, s'efforça d'être à Arras, comme il l'avait été à Moulins, **le pontife** aimant la pureté des rites liturgiques, l'ordre dans les cérémonies, la splendeur des fonctions pontificales aux jours des grandes solennités. **Docteur**, il sema abondamment la parole divine dans ses lettres pastorales, ses discours et ses improvisations toujours pleines de charme poétique et, dans sa correspondance qu'il regardait comme un moyen de gouvernement. **Chef, enfin,** il posséda la puissance du commandement et sut rendre aux siens, dans les circonstances délicates, le joug suave et léger. **L'évêque d'Arras se plut à encourager les nombreux Congrès** destinés à promouvoir les œuvres d'hommes et de jeunes gens, ainsi que les œuvres de dames et de jeunes filles, l'œuvre des vocations sacerdotales, les Congrès eucharistiques annuels, le Congrès

Épiscopat
de
Mgr Lobbedey,
1911 à 1916.

Marial de Boulogne-sur-Mer, le 25me Congrès des juris-
consultes en 1911, et les pèlerinages diocésains. Son
projet était de réserver à la statue de Notre-Dame des
Ardents, les gloires du couronnement qu'il avait si
magnifiquement procurées à la Madone vénérée de
Moulins. Enfin, les fêtes du centenaire des Collèges de
Saint-Bertin à Saint-Omer, d'Haffreingue à Boulogne,
de Sainte-Marie, à Aire-sur-la-Lys, révélèrent la sollicitude active de Mgr Lobbedey pour l'enseignement
secondaire.

**La guerre vint, le vaillant Prélat ne put se rési-
gner à quitter sa ville épiscopale bombardée par
les Allemands que sur les ordres de l'Autorité
supérieure** et, pendant près d'un an, on le vit se multiplier partout dans Arras et aux environs, sans crainte
du danger, toujours cependant imminent, afin d'encourager et de consoler non seulement les habitants d'Arras,
mais encore les troupes françaises et alliées, accomplissant généreusement leur devoir dans le dédale intermi-
nable des tranchées de guerre. Son dévoûment admiré
de tous, lui valut la décoration de Chevalier de la
Légion d'honneur.

**En septembre 1915, le Souverain Pontife Be-
noît XV approuvait le transfert provisoire de
l'Évêché d'Arras à Boulogue-sur-Mer.** Mgr Lobbedey préférait Saint-Omer. Homme du devoir avant
tout, il obéit et prit possession, avec son Chapitre, de la
Basilique Notre-Dame, redevenue cathédrale comme
jadis. Nous avons rappelé plus haut que les évêques de
Thérouanne avaient trouvé un refuge dans l'antique
« Bononia », au IXe siècle, contre les invasions normandes. L'Histoire est un perpétuel recommencement et,
malgré les progrès de la civilisation moderne, la race
des Barbares, hélas, n'est pas encore éteinte.

**Au cours de l'année 1916, l'évêque exilé conti-
nua, malgré son état de fatigue, à multiplier ses
lettres, ses prédications, ses démarches dans le**

Episcopat
de
Mgr Lobbedey,
1911 à 1916.

Pas-de-Calais et dans le Nord, visitant les ambulances et se portant partout, là où il y avait des âmes à encourager, au milieu de la plus terrible des épreuves qu'un pays puisse avoir à supporter, et cela, pendant que la lente et méthodique destruction d'Arras et de sa région se poursuivait, anéantissant sa cathédrale et environ 250 églises de son diocèse. **Paris l'entendit deux fois,** au mois de février, au cours d'une conférence où il décrivit les désastres de la ville martyre, et dans un sermon, tout à fait remarquable, le 27 février, à l'église Saint-Augustin. **Le 10 septembre il était à Meaux pour célébrer, du haut de la chaire, l'anniversaire de la Bataille de la Marne,** et il expliqua ce que cette victoire avait été, pour l'ennemi, dont elle brisa l'élan, et pour nous, à qui elle montra notre force et notre faveur auprès de Dieu. **La dernière démarche officielle du vénérable Prélat s'accomplit dans le sanctuaire privilégié de N.-D. des Miracles, à Saint-Omer,** pour lequel il avait obtenu de Rome, ainsi que pour Arras et Boulogne, un office particulier réservé aux fêtes patronales des trois principales madones du diocèse. Comme gage de filiale affection il donna à Notre-Dame des Ardents sa croix de la Légion d'honneur ; à Boulogne un anneau et une croix ayant appartenu à Mgr Haffreingue ; à Notre-Dame des Miracles, la Croix pectorale qu'il tenait directement de Pie X. Le 24 décembre, Mgr Lobbedey, victime de la guerre, on peut le dire, était rappelé à Dieu subitement ; il avait encore procédé à une ordination, la veille, dans son oratoire particulier. Ses funérailles furent célébrées le 30 décembre avec une impressionnante splendeur, et c'est Mgr du Bois de la Villerabel, évêque d'Amiens, qui prononça son oraison funèbre, le 13 février suivant.

Le corps du défunt repose, selon son désir, dans la crypte et sous le dôme de la Basilique Notre-Dame, à Boulogne. Un monument, sculpté par l'artiste audomarois, Louis Noël, et rappelant ceux de

NN. SS. de la Tour d'Auvergne, Parisis et Lequette, à Arras, a été placé, face à celui de Mgr Haffreingue. Ce monument rappellera à la postérité, comme l'a dit Mgr Julien, son éminent successeur, que Mgr Lobbedey « fut l'un des grands pasteurs, qui ont eu l'honneur de personnifier le rôle prépondérant que la religion, par ses idées et par ses ministres, a tenu dans le terrible drame où se joua le sort de la France et de la civilisation ».

Mgr Lobbedey a voulu que, sur son blason, figurât en chef, sur champ de gueules, le lion passant de Flandre, symbole de liberté et de courage indomptable au service de l'Église et du droit. On y voit également, en souvenir de son premier siège épiscopal, une gerbe aux épis d'or, encerclée d'épines, sur champ d'azur, avec la devise : « **Spicas non spinas. — Des épis et non des épines** ». A la fin de son épiscopat à Arras, le vaillant Prélat eut à lier les gerbes de sa moisson avec de piquantes épines, avant de l'engranger dans la maison de son Père céleste.

Mgr Eugène-Louis-Ernest Julien, qui était Prélat de Sa Sainteté Benoît XV, depuis le 20 décembre 1916, fut préconisé évêque d'Arras, en remplacement de Mgr Lobbedey, le 22 mars 1917. Ayant pris possession de son siège, par procuration, le 1er mai, il reçut la consécration épiscopale à Rouen, des mains de son Éminence le Cardinal Dubois, devenu depuis archevêque de Paris. Il fut solennellement intronisé à Boulogne-sur-Mer le 24 mai 1917, jour de Notre-Dame auxiliatrice, dans la Basilique Notre-Dame, sa cathédrale provisoire, à cause de la guerre. Les opérations militaires se trouvaient encore, à ce moment, dans une situation très indécise, et le diocèse d'Arras était l'une des contrées envahies les plus éprouvées. Pour succéder à l'intrépide Prélat qui était mort victime de son dévoûment apostolique, il fallait un évêque non moins vaillant et réunissant les qualités du Chef et du Père, tout à la fois, dont la grande famille diocésaine, désorientée par la prolongation de la désastreuse tourmente de 1914, réclamait ardemment l'appui et les conseils. La Divine Providence combla les vœux de tous en désignant, par l'organe du Souverain Pontife, Mgr Julien comme titulaire du siège d'Arras. **Le nouvel évêque né à Canville-les-deux-Églises (Seine-Inférieure) le 16 janvier 1856, ordonné prêtre le 17 juillet 1881, professeur éminent et agrégé des lettres, fut successivement appelé aux importantes charges de supérieur du Collège Saint-Joseph et d'archiprêtre de Notre-Dame, au Havre,** charges dans lesquelles ses talents remarquables et son zèle sacerdotal ne tardèrent pas à attirer l'attention de Rome. Dans la mesure où le permettaient les douloureuses circonstances du moment, le diocèse tout entier lui ménagea, partout, de chaleureuses réceptions, et l'enthousiasme qui ne s'est jamais ralenti depuis, dans les visites pastorales de la Confirmation, indique bien qu'il a su conquérir et garder tous les cœurs. **Au cours de l'année 1917,** Mgr Julien, tout en multipliant les démarches de son ministère ordinaire à travers son diocèse, étendit sa sollicitude pastorale à ses prêtres mobilisés, à l'enseignement chrétien de la jeunesse au milieu du désarroi général occasionné par la guerre, au succès du troisième emprunt national, et se mit aussi en relations directes avec le Souverain Pontife Benoît XV et les Évêques de France, en vue de l'organisation des secours aux habitants des régions envahies par l'ennemi. **En 1918,** à son retour de Rome, après avoir publié sa lettre pastorale sur la « Famille chrétienne », le vénéré Prélat organisa l' « Œuvre des orphelins de guerre » et les Journées de prières qui devaient, avec le triduum général réclamé par les Cardinaux français du 2 au 4 août, préparer la victoire finale. A sa demande et, après une dernière révision, faite personnellement, il obtint de Rome l'approbation du nouveau « Propre diocésain »

Episcopat
de
Mgr Julien.

SA SAINTETÉ PIE XI

ÉLU SOUVERAIN PONTIFE LE 6 FÉVRIER 1922

d'Arras, de Boulogne et de Saint-Omer. En septembre, il prononçait, à Meaux, le jour de la Nativité de la Ste Vierge, le discours du quatrième anniversaire de la Victoire de la Marne, qu'il intitula lui-même le « Miracle de la Marne », discours remarquable autant par sa forme littéraire impeccable que par la sûreté de la doctrine. **Choisi par le Gouvernement français pour représenter l'épiscopat de France au Jubilé de l'illustre Cardinal Gibbons à Baltimore,** c'est sur la terre d'Amérique que l'Évêque d'Arras apprit l'heureuse nouvelle de l' « Armistice du 11 novembre ». Résumant les félicitations françaises au vénérable jubilaire qui, au départ des jeunes américains pour le « Front de guerre », leur avait donné comme mot d'ordre : « Combattez comme des héros et priez comme des saints », Mgr Julien apparut en même temps à nos généreux Alliés comme le vivant symbole des pays, des villes, des églises, sinistrés, et du patriotisme français, plus que jamais ardent au milieu des pires désastres, et il s'appliqua à resserrer encore davantage les liens de la fraternité entre la France, le Catholicisme, et la grande nation Américaine. **Les étapes successives de Washington, de New-York, Fall River, de Boston, de Chicago, de l'Université Notre-Dame, de Toledo et de Philadelphie, permirent aux éloquents conférenciers de la délégation, de faire mieux connaître notre patrie dans certains milieux américains, trop fermés jusqu'ici à ses idées et à son influence.** Sitôt rentré, la première visite du Pasteur fut réservée à la ville d'Arras glorieusement mutilée dans son triomphe, et pour les régions dévastées comprenant plus du tiers de son diocèse, afin d'y relever partout les courages et l'esprit chrétien. **Pendant l'année 1919,** nous voyons Mgr Julien faire un nouvel appel, avec les autres évêques des pays bouleversés par la guerre, à la charité de tous les fidèles français pour la reconstitution des églises, des

Episcopat
de
Mgr Julien.

13

presbytères, des écoles libres et des œuvres paroissiales ruinées par l'invasion. En février, il fait un devoir à son Clergé de réunir avec soin tous les matériaux pouvant servir à l'histoire des paroisses pendant la guerre, travail appelé à compléter les « Monographies » réclamées par Mgr Lobbedey. Infatigable, il prêche le « Panégyrique de Jeanne d'Arc » à Notre-Dame de Paris, où il montra magnifiquement que la France est toujours le « Soldat de Dieu », le « Rosaire de la France », à Notre-Dame de la Délivrance, en Normandie, au Pèlerinage national militaire d'actions de grâces, à Lourdes, le 11 novembre, anniversaire de l' « Armistice », et cela, en accomplissant avec la plus grande exactitude toutes ses autres charges épiscopales, pourtant bien lourdes dans un diocèse d'un million d'âmes. **L'année 1920** vit la cérémonie de la béatification des Filles de la Charité d'Arras, victimes de la Révolution de 1793. Signalons également la lettre pastorale sur l' « Eminente dignité du travail dans la Société chrétienne » et les lettres en faveur des Écoles libres et de l'Emprunt national et, parmi les discours épiscopaux, ceux de Jeanne d'Arc à Rome, sur les Bienheureuses Filles de la Charité, sur les héros de la guerre à Notre-Dame de Lorette, et à Saint-Michel du Havre, enfin sur la « Cité chrétienne » et l' « Évangélisation du peuple », et au Congrès des Jardins ouvriers à Paris. **L'année 1921 ne fut pas moins féconde pour l'apostolat épiscopal,** les lettres pastorales sur le « Recrutement du Clergé paroissial » que le vénéré Prélat a tant à cœur, sur le Pèlerinage votif d'Arras à Lourdes, qu'il présida en personne, le panégyrique de sainte Jeanne d'Arc à Rouen, les discours à la Semaine sociale de Toulouse, à la pose de la première pierre du monument de Notre-Dame de Lorette dont il il fut l'un des inspirateurs, à la rentrée de l'Université catholique de Lille, enfin une magistrale « Conférence sur l'Artois », sont là en effet pour témoigner de l'activité apostolique et on peut dire universelle de l'éminent évêque d'Arras.

Épiscopat
de
Mgr Julien

En 1922, Mgr Julien prit pour sujet de sa lettre pastorale « La Paix religieuse en France ». Il y a exposé, avec la plus grande clarté, des idées qui restaient obscures dans beaucoup d'esprits et il y a donné un enseignement dépassant le cadre ordinaire des lettres pastorales. Ce document aidera beaucoup à maintenir l' « Union sacrée » entre tous les Français de bonne foi. La conclusion en est que les racines de la paix religieuse, à l'heure actuelle, sont dans un nouveau Concordat spontané entre l'Église et la France. **Dans un volume de toute première valeur, ayant pour titre « Bossuet et les Protestants ».** Mgr Julien a exposé quelles étaient les conséquences morales et sociales du Protestantisme. — **Sa brochure « Du berceau à l'école »,** rappelle les principes fondamentaux, qui doivent présider à toute éducation chrétienne. — **Enfin son volume, intitulé « Vers la Victoire ».** reproduit tous les discours prononcés, par lui, au cours de la Guerre et à l'occasion de l'heureuse proclamation de la Paix. Ce livre tout entier est un acte de foi en la Victoire, et un hommage rendu à ceux qui l'ont gagnée par leurs prières, par leur énergie et aussi par leur sang.

En se rendant à Rome pour son voyage « ad limina » il donna à Bordeaux une brillante conférence sur « La grande pitié des Églises d'Artois et prononça, à Toulouse, le panégyrique de saint Thomas d'Aquin et un discours sur « Le Rôle des puissances éducatives contre l'injustice économique » à la « Semaine sociale ». D'autre part, le congrès agricole, celui des catéchistes, celui des Fraternités Franciscaines, et ceux des Journées sacerdotales, véritables réunions de famille du père bien-aimé et de ses enfants d'élite, trouvèrent toujours en lui le président idéal. Le groupement des œuvres diocésaines autour de l'évêque, des œuvres décanales autour de chaque doyen, des œuvres paroissiales autour du curé, se trouve à l'ordre du jour ainsi qu'un important « Synode diocésain » au moment où nous terminons notre travail. Daigne la Vierge des Ardents dont Mgr Julien a bénit, en 1922, la nouvelle statue de marbre, l'aider à mener à bonne fin ces importants projets intimement liés au bien des âmes.

Voici les lignes réservées à Mgr l'Évêque d'Arras, par M. Bucaille, ancien Président de la Jeunesse Catholique de France. « La volonté du Saint-Siège vient à peine de revêtir de la dignité épiscopale Mgr Julien, et voici que sa parole éloquente et claire, servie par la langue la plus châtiée, apprise aux meilleurs professeurs de l'Université, que sa pensée nourrie des maîtres de l'antiquité païenne et chrétienne, l'ont placé au premier rang de l'épiscopat français. Qu'il ait célébré la Marne et Jeanne d'Arc, étoile du patriotisme français, qu'il tente d'éclairer les plus délicates questions sociales, qu'il loue, dans une courte lettre pastorale, la science scripturaire et théologique de Saint Jérôme, il a su toujours réaliser l'accord d'une pensée chrétienne, d'une intelligence philosophique, de la pure langue française, si bien que maintenant, aucune de ces manifestations ne laisse et ne peut laisser indifférent le monde catholique et le monde français. Dans notre épiscopat, où se révèlent de grands cœurs, de nobles caractères, une foi vigilante, son incontestable talent l'a placé en pleine lumière, en faisant d'un de ses membres les plus illustres un de ceux dont l'action pastorale est la plus grande et la plus heureuse. »

En un mot, « Mgr Julien possède le triple talent d'orateur, de philosophe et d'historien. Ses écrits visent toujours à l'apostolat, à un progrès de la cité terrestre vers la cité de Dieu ». Sa Grandeur a pris pour devise « **A Dieu va !** » Ses **armoiries** portent « d'azur à la barque d'or voilée d'argent, voguant sur une mer de sinople, adextrée en chef d'une étoile d'or, rayonnant vers le centre de l'écu ».

Pendant que ces pages s'impriment, le couron-

Episcopat
de
Mgr Julien.

nement solennel de Notre-Dame des Ardents, par son Éminence le Cardinal Dubois, vient d'avoir lieu à Arras, le 27 mai 1923, en présence d'une vingtaine d'Evêques et de Prélats et d'une foule considérable venue de tous les points de la région du Nord et du Pas-de-Calais. Le char triomphal de la Vierge était accompagné des autres chars réservés aux Madones les plus célèbres du pays, le tout précédé d'un cortège historique de première splendeur et sans précédent. Les rues d'Arras étaient magnifiquement décorées, et l'illumination du soir présentait un aspect féerique.

CHAPITRE XX

Place de l'Archidiacre et de l'Archiprêtre dans la famille paroissiale
— Le Curé et ses vicaires, pères et bienfaiteurs de tous. — Le
Clergé médiateur entre le Ciel et la terre. — Efficacité de sa
prière, de sa parole et de son action surnaturelles. — Liste des
Desservants, Curés et Vicaires des faubourgs, depuis 1802. —
Honneur aux membres dévoués du Conseil de fabrique et du
Conseil paroissial, sans oublier les fidèles 'employés d'église.
Pourquoi l'Œuvre du Denier du Culte est la première de
toutes. — Réglons nos offrandes à la lumière du jugement
de Dieu. — L'église paroissiale et la parole apostolique. —
Les « Missions », sonnent l'heure du triomphe de cette
parole. — Le besoin social du retour à Dieu. — L'acte
décisif de la délivrance des âmes. — La croisade nécessaire des
prières préparatoires. — Après la « Mission ». — L'état des
Confréries et Associations corporatives paroissiales, au xxᵉ siècle.
— La Confrérie du Saint-Viatique. — Les Confréries du Saint-
Cœur de Marie, de Saint-Corneille et de Saint-Fiacre. — Le
Rosaire, son action efficace dans le monde des âmes. — Conso-
lants enseignements du cycle liturgique.

Place
de l'Archidiacre
et de
l'Archiprêtre
dans la famille
paroissiale.

C'est l'Archidiacre de Saint-Omer, qui est le premier
délégué épiscopal dans l'arrondissement. Depuis trente
ans, M, le chanoine Graux, Mgr Liénard, Mgr Hervin
et M. le chanoine Pollart ont occupé, successivement,
cette charge importante, à titre de vicaire général. Les
Grands-Doyens et Archiprêtres qui, depuis un siècle,
furent MM. les chanoines *Coyecque, Deron, Ducrocq,
Dumetz, Duriez, Sagot, Benoist, Lansoy, Vasseur et
Macquart* ont la mission spéciale de visiter, chaque
année, toutes les paroisses des doyennés de l'arrondissement, et par conséquent, celle des faubourgs audomarois. Chaque Doyen, à son tour, visite, annuellement, les paroisses de son canton.

C'est enfin et, surtout, au Curé et aux Vicaires, que revient le titre de Père et de bienfaiteur de la grande famille paroissiale. *La liste complète des curés et des vicaires de la paroisse de l'Immaculée-Conception, depuis 1802, que nous donnons plus loin, rappellera à chacun, tout un passé consolant de grâces obtenues par l'intermédiaire de ces hommes de Dieu.* Qu'il nous suffise de résumer, ici, les titres du Clergé paroissial à la vénération et à l'affection des fidèles. *Le Prêtre a d'abord le pouvoir incomparable de consacrer le Corps adorable de Jésus-Christ et de le distribuer au peuple,* et, par les Sacrements, il communique la vie divine aux âmes, à tous les âges et dans toutes les situations de la vie. *Séparé du reste des hommes,* sacrifiant les joies de la famille, il a reçu la sublime mission de renouveler, perpétuellement, l'offrande du sacrifice divin qui a sauvé le monde et peut, seul, le maintenir dans la paix. Tout en lui doit être divin, c'est Dieu qui vit et agit par lui.

Médiateur entre le Ciel et la terre, il est l'homme du pauvre qu'il assiste et en qui il voit Jésus-Christ ; il est l'homme du malade qu'il visite, encourage et rapproche de Dieu ; il est l'homme du découragé qu'il réconforte, pardonne et réhabilite, s'il est coupable ; il est enfin le trait d'union des familles qu'il bénit et conseille.

La prière fréquente du prêtre à la Messe, au saint bréviaire, dans ses exercices de piété, apaise la colère de Dieu, compense les blasphèmes et attire les grâces célestes sur sa paroisse. *Sa parole du haut de la chaire,* forme l'enfance, guide l'adolescence à l'âge des passions, soutient l'âge mûr et reste toujours la meilleure conseillère de la vieillesse. **Le Prêtre est en un mot, le cœur et la bouche de l'Église,** et c'est par lui que la paroisse entière, adore, expie, remercie et demande. Coadjuteur et coopérateur de Dieu, le prêtre est enfin, *l'homme de tous ;* conseiller écouté, il est l'intermédiaire obligé de la richesse et de l'indigence ; consolateur par état, de toutes

Le Curé
et ses Vicaires,
Pères et bienfaiteurs
de tous.

Le Clergé paroissial
médiateur
entre
le Ciel et la Terre.

Efficacité de sa prière,
de sa parole
et de son action
surnaturelles.

— 200 —

les peines de l'âme et du corps, il est appelé du nom béni de « *Père* » par les fidèles de toutes les classes de la société, qui viennent répandre, à ses pieds, les aveux les plus intimes et les larmes les plus secrètes, et sa parole tombe, suavement, sur les intelligences et sur les cœurs, avec l'autorité d'une mission divine, au tribunal de la sainte réconciliation.

Paroissiens, qui voyez, chaque jour, vos prêtres à l'œuvre, dans l'incessant labeur du travail apostolique, *ayez pour eux un respect affectueux*, soutenez-les toujours dans leurs épreuves et *priez beaucoup pour eux*, par reconnaissance pour le bien qu'ils vous font et même, par intérêt personnel, car plus vos prêtres seront saints, plus ils pourront sanctifier vos âmes.

Voici la liste des Curés, Vicaires et Prêtres habitués de la paroisse de l'Immaculée-Conception depuis 1802.

En la parcourant, les paroissiens pourront se rappeler les grâces, dont ces âmes sacerdotales ont été les dignes intermédiaires auprès d'eux.

1° **Desservants de la paroisse Ste Élisabeth pendant la Révolution** : Les RR. PP. Grégoire Lagache, Benoît Brasseur, Marcel, et Louis Caron. — En 1802, M. Delerue. — En 1812, M. Huguet. — En 1817, M. Macrez. — En 1829, M. le chanoine Paschal. — En 1850, M. Bloëme.

2° **Curés de l'Immaculée-Conception :** En 1851, M. le chanoine Henri Sockeel. — En 1880, M. Bret. — En 1886, M. Décrouille. — En 1891, M. Pillons. — En 1895, M. le chanoine Delattre. — En 1899, M. le chanoine Parent. — En 1901, M. Lesenne. — En 1918, M. Duquesne.

3° **Vicaires depuis 1802 :** MM. Lagache, Brasseur, Dousinel, Leroy Frion, Vallet, Danel, Bouquillion, Darcque, Fournier, Lenain, Marcant, Delory, Dutoit, Bavière, Caron, Martel, Coin, S. Caron, J.-B. Sockeel, Pochet, Demilly, Hermant, Lemort, Campagne, Fou-

Liste des Desservants, Curés et Vicaires des Faubourgs, depuis 1802.

rier, J.-B. Caron, Cléry, Delahaye, Petit, Vervoitte, Ledoux, Demagny, Blarel, Détourné, Canipet, Delaire, Patinier, Dumont, Hanot, Courteville, Morieux, Cornu, Flahaut, Goubet, Bertrand, Bourdrel, Vitel, Goudroy, Cazin et Mol.

Nous ne pouvons séparer du clergé paroissial, le groupe des paroissiens d'élite qui, après avoir été, avant la loi de Séparation, ses précieux auxiliaires dans les rangs de l'ancien Conseil de Fabrique, lui continuent leurs loyaux services sous le nom de « Conseil paroissial ». — Leurs noms méritent doublement de figurer, au livre d'or de la paroisse, dont ils sont les premiers et les vaillants défenseurs.

Ce sont : Depuis 1809, MM. A. Debast. — J.-F. Degrave. — J.-B. Pannier. — C. Decludt. — J.-F. Decrawer. — J. Berteloot. — D. Vanhoeck. — J.-B. Monsterlet, — A. Berteloot. — J. Colin. — J.-J. Berteloot. — M. Bouquillion. — Gilles Vandembossche. — G. Berteloot. — J.-F. Degrave. — Monsterlet-Depledt. — G. Lourme. — F. Decupper. — J.-B. Lefebure, — N. Berteloot. — M. Doncker. — Nicolas Gilliers. — H. Hanteene. — P. Adrien. — L. Decludt. — D. Decrawer. — P. Gilliers.— P. Widehen. — F. Duminy. — Alph. Gérard. — P. Flandrin. — H. Lemaître. — E. Berteloot. — L. Berteloot. — D. Berteloot. — D. Cantraine. — E. Gilliers.— J. Dewerdt. — L. Decludt. — E. Haeüw. — L. Dewalle. — J. Gérard. — Boulan. — J. Delpierre.

Les Conseillers conservent les mêmes fonctions que précédemment, sauf qu'ils sont dégagés de toute responsabilité vis-à-vis de l'Etat qui n'a plus rien à voir dans la gestion des intérêts matériels de la paroisse. Le Comité Paroissial a également l'importante mission de promouvoir, de concert avec le Clergé, toutes les œuvres de la paroisse.

Ajoutons ici les noms des fidèles paroissiens qui, ont rempli avec un entier dévouement, dont Dieu leur tiendra compte dans les parvis célestes, différentes charges honorables et privilégiées.

A titre d'organistes : M. Jean Verroust. — Mlle Schryves. — Mlle Dereuder. — **Comme sacristains :** Jacques Denoor, Adolphe Baës, Henri Vandembossche. **Comme chantres :** Jean Bournonville, Désiré Dewerdt, Louis Piquet, Henri Vandembossche, Jules Sabau, Henri Sanier. — **Comme chaisiers :** Mme Baës, Hippolyte Darras, Mlles Rosalie et Louise Daman. — **Comme suisses :** Vroland, Henri Cabaret, Charles Dewerdt, Alexis Vandembossche. — **Comme bedeaux :** Fidèle Elleboode, Pierre et Léon Barboul, Désiré Decrawer.

Nous devons une mention toute spéciale aux chantres *Désiré Dewerdt* et *Henri Vandembossche* qui ont laissé un excellent souvenir dans le faubourg, tant pour la longue durée de leurs loyaux services que pour leur talent musical remarquable.

Quant au bedeau Elleboode, il est resté célèbre pour les vingt-cinq sauvetages qu'il a accomplis, bien qu'ayant une jambe de bois. L'Académie Française a accordé à ce vaillant entre les vaillants, un prix Montyon.

Pourquoi l'Œuvre du « Denier du Clergé » est la première de toutes.

La souscription annuelle du « Denier du Clergé », s'impose actuellement en tête de toutes les autres. Cette œuvre remplace, en effet, le budget des cultes, injustement supprimé, puisque ce budget était une dette contractée par l'État au moment de la Révolution lorsqu'il s'était emparé de tous les biens de l'Église de France. Les membres du Clergé font aussi *la quête traditionnelle dite du Carême,* dont le produit est affecté à l'Œuvre capitale des Séminaires. Les Œuvres du Denier de Saint-Pierre et de l'Université Catholique de Lille, des Vocations, dite de Saint-Joseph, et de Notre-Dame de Salut, de la Propagation de la Foi et de la Sainte-Enfance, des Écoles d'Orient et de Saint-François de Sales, sont également recommandées à la charité des paroissiens, Il est intéressant de constater que l'Œuvre de Saint-François de Sales pour la conservation de la Foi en France, est tout particulièrement prospère dans les faubourgs. grâce au zèle d'infatigables zélatrices,

Nous n'insisterons pas sur le véritable intérêt que présente chacune de ces œuvres, mais nous engageons fortement les fidèles à *établir*, chaque année, à l'avance, au mois de janvier, et à *la lumière du jugement de Dieu*, qui sera le juge en dernier ressort, dans l'éternité, *le détail et le total* de leurs offrandes pour les Œuvres catholiques. Chacun alors, et en conscience, réglera sa générosité selon ses revenus, n'oubliant pas que *l'aumône efface les péchés*, qu'elle *rend heureux le donateur* et qu'enfin Dieu, à qui elle est faite, dans la personne de son Église, rend au centuple dans ce monde et dans l'autre.

C'est dans la maison de famille de l'église paroissiale, qu'ont lieu les catéchismes atteignant les diverses catégories de la jeunesse paroissiale, et les *prédications ordinaires*, nécessaires à l'entretien de la foi, et dont la forme populaire produit les fruits les plus salutaires dans les âmes de bonne volonté. C'est là aussi que, du haut de la chaire chrétienne, les jours de grande fête, la parole divine revêt un cachet plus solennel dans les *sermons des prédicateurs étrangers*. Le lieu par excellence où les hommes de notre temps peuvent se sentir d'accord, c'est l'église paroissiale. Là seulement s'élève la voix qui constate et produit l'harmonie. *La chaire chrétienne* est d'abord l'auxiliaire de la charité, car la plupart des Œuvres de bienfaisance vivent par elle. Et que ne fait-elle pas pour la moralité ?

Elle est presque seule à combattre l'enseignement du mal qui n'a qu'un but, souiller et corrompre les âmes. Enfin, la chaire distribue la vérité, sans aucune complaisance pour les passions humaines, dont elle poursuit sans relâche la délétère influence, tout en restant miséricordieuse pour le pécheur repentant.

L'heure du triomphe de la parole apostolique sonne surtout dans les « *Missions* » extraordinaires, que le zèle du Clergé paroissial sait ménager, de temps en

Les « Missions »,
sonnent
l'heure du triomphe
de la
parole apostolique.

temps, à sa grande famille spirituelle. La « *Semaine Religieuse du diocèse d'Arras* » nous a redit, dans ces dernières années, le grand bien opéré par ces missions pour la rénovation des paroisses, même dans les milieux qui semblaient tout à fait réfractaires à l'action de la grâce divine, comme par exemple, dans les *centres miniers.*

Le besoin social
du
retour à Dieu.

En raison même des négations sans preuves de l'incrédulité prétentieuse plutôt esclave du respect humain que du doute réel, *notre pays* devenu officiellement « *a-religieux* », selon l'expression de la minorité franc-maçonne, *a plus que jamais soif de Dieu.* Partout, on sent que la Société perd ses bases, la Famille son autorité, la Justice sa balance, l'honnêteté publique son drapeau. *Dans cet énervement* général et dans cet écroulement des fondations sociales, toutes les âmes honnêtes rentrent en elles-mêmes, pour retrouver en Dieu le besoin d'idéal et le désir de l'infini qui les tourmentent. Sachons le reconnaître, si la justice divine s'appesantit sur nous, si tant d'œuvres de foi, de charité et de dévouement semblent stériles, n'en cherchons pas la cause dans les aléas de la politique ou la perversité des persécuteurs de la liberté religieuse. **Notre pays ne pourra reconquérir sa liberté que si, d'abord, les âmes sérieusement converties savent briser les liens du péché.**

L'acte décisif
de la
délivrance des âmes.

Or, la « Mission », c'est l'heure de la délivrance des âmes qui sonne, c'est la grâce qui passe, trop rare, et pour ne plus revenir peut-être pour beaucoup, avant leur entrée redoutable dans l'éternité. C'est donc avec bonheur que tous les paroissiens de l'Immaculée-Conception, sans exception, fervents et tièdes, indifférents et pécheurs, esclaves du surmenage des affaires, prisonniers du travail ou forçats des mauvaises passions, accueilleront cet événement spirituel chaque fois que, dans l'avenir, la Divine Providence le fera apparaître, dans une réconfortante aurore, à l'horizon paroissial.

Ces merveilleuses grandes manœuvres spiri-

tuelles dirigées par d'éloquents missionnaires, à l'âme de feu, au milieu des cérémonies les plus imposantes, attirent toujours des foules compactes au pied des autels, et leurs fruits salutaires, en rendant aux âmes la vraie joie de la bonne conscience réconciliée avec Dieu, assurent le salut éternel de beaucoup.

Mais ne l'oublions pas, une mission sans prières préparatoires extraordinaires serait une navigation sans voiles ni vent, ni vapeur et, une bataille sans munitions. *Qu'une croisade de prières* et de bonnes œuvres décide donc, à l'avance, le Ciel à intervenir extraordinairement. Si l'on peut comparer aux plus grandes des œuvres divines les plus modestes entreprises du zèle, rappelons que la Rédemption du monde a été préparée par des supplications et des sacrifices qui ont duré quatre mille ans. Il est donc opportun que, la *rédemption en miniature,* que l'on appelle une « *Mission* » ait aussi pour elle, au moins plusieurs mois à l'avance, les *prières du Clergé* paroissial et des âmes ferventes, *celles des Confréries,* sans oublier les supplications et les *pénitences des Communautés religieuses* situées sur la paroisse.

La croisade nésessaire des prières préparatoires.

Il va sans dire que la *prière persévérante* continue à féconder les consolants résultats de la Mission qui, en moyenne, se renouvellerait avec avantage tous les dix ans. *Dans certaines paroisses, un capital* constitué par des paroissiens généreux, au jour de la clôture, et fructifiant pendant un certain nombre d'années permet de couvrir les frais relativement considérables de la « *Mission* » suivante.

Après la « Mission ».

Les Confréries, qui forment autant de petites familles d'élite, dans la grande famille paroissiale de l'Immaculée-Conception sont, au xxᵉ siècle, les Confréries du *Saint-Viatique, du Cœur immaculé de Marie, de Saint-Corneille et de Saint-Fiacre.*

L'État des Confréries au XXᵉ siècle.

La Confrérie du Très Saint-Sacrement, anciennement érigée dans l'Église Sainte-Marguerite, *dite aussi du Saint-Viatique,* rétablie le 5 juin 1803, a pour but de

La Confrér'e
du Très
Saint-Sacrement
et du
Saint-Viatique.

rendre à Notre-Seigneur Jésus-Christ, dans la Sainte Eucharistie, aux différentes fêtes où il y a exposition et adoration, ainsi qu'aux processions, tous les honneurs qui lui sont dûs. *Les confrères et consœurs* s'y enrôlent également, afin d'obtenir de Jésus-Hostie, la grâce de ne point mourir sans recevoir les sacrements. La fête annuelle se célèbre en novembre. Cette Confrérie figure avec sa bannière aux processions, où ses membres se font un devoir d'escorter, un flambeau à la main, le Très Saint-Sacrement. Les premiers confrères, en 1803, furent Pierre Doncker, Jean Verroust, Pierre Dewerdt, Pierre Vandembossche et Jean-François Decrawer.

Les registres de cette antique Confrérie portent comme doyens, depuis cinquante ans, les noms de MM. François Thibaut, Louis Decludt et Léon Debast. — *Un procès-verbal de 1882* est contresigné par MM. L. Decludt, J. Dewerdt, J. Depledt, Ch. Willaers, P. Decupper, E. Berteloot, B. Hau, J.-B. Flandrin, N. Gilliers, Alph. Gérard, A. Châteauneuf, L. Bogaert, L. Decludt fils, O. Berteloot, F. Flandrin, E. Dewalle P. Debast et B. Flandrin.

La Confrérie du Cœur Immaculé de Marie. établie, en 1832, par M. Paschal n'est pas moins prospère que celle du Saint-Viatique. Sous la direction du curé de la paroisse, elle est administrée par un confrère doyen et ses deux assistants, les mêmes que pour le Saint-Viatique. Les femmes élisent également une doyenne. Cette charge a été successivement exercée depuis cinquante ans par MM^lles Eugénie et Hélène Berteloot, Mme Joséphine Doncker, Mme Léon Tillie, Mme Pierre Debast. — La Confrérie possède une statue de la Vierge Mère que l'on porte en procession.

Faisons remarquer que dans toutes les Confréries paroissiales une légère cotisation annuelle, destinée à leur entretien, donne droit à un obit spécial chanté à la mort de chaque confrère ou consœur.

La Confrérie de St Corneille autrefois existante à

la paroisse Saint-Martin a été rétablie, en 1807, dans l'église Sainte-Élisabeth, et, depuis lors, a toujours été très florissante. Ses registres portent, chaque année, plus de 400 inscriptions. — On trouvera plus haut, au chapitre VI, tous les détails désirables sur les origines de la dévotion à Saint Corneille, pape et martyr, spécialement invoqué contre les convulsions et les maladies nerveuses, dans les faubourgs de Saint-Omer, et les régions flamandes et belge. En 1923, nous trouvons Désiré Flandrin comme doyen de cette confrérie.

Enfin, la **Confrérie de Saint-Fiacre** jadis établie, en 1719, à la paroisse Sainte-Marguerite, groupe nos fidèles jardiniers de Lysel, qui recourent avec confiance à ce puissant patron pour attirer les bénédictions du Ciel sur leurs travaux de perpétuel jardinage. Saint Fiacre vivait au VIIe siècle dans une solitude près de Meaux. La reine Anne d'Autriche, au XVIIe siècle, avait une grande dévotion envers lui, et prétendait avoir obtenu par son intercession la naissance de Louis XIV. En 1923, Jules Berteloot est le doyen en exercice.

L'Œuvre, très prospère, du Rosaire perpétuel, possède de nombreux adhérents dans les Faubourgs. Elle s'étend à toutes les paroisses, et groupe, ses associés, le 15 de chaque mois, dans une prière commune et fervente, soit à domicile soit dans l'église Saint-Denis, où *le rosaire est médité publiquement,* devant l'autel privilégié de la Confrérie, de trois à quatre heures de l'après-midi. *Les intentions, toutes d'actualité,* sont, régulièrement, communiquées aux associés qui, au nombre d'environ 2.000 dans les doyennés nord et sud de Saint-Omer, attirent par leurs ferventes supplications du rosaire médité pendant « *l'heure de garde* », les bénédictions du Ciel sur les œuvres paroissiales de la ville et de la région.

Tel est le cadre, où la famille paroissiale toujours heureuse de se retrouver dans sa chère église, parcourt, chaque année, le cycle liturgique de l'année ecclésias-

Consolants
enseignements
du
cycle liturgique.

tique. D'abord recueillie et remplie des saintes espérances *pendant l'Avent*, elle participe à la joie promise aux âmes de bonne volonté à l'occasion de la *touchante fête de Noël* et de la glorieuse solennité de *l'Épiphanie*. Puis, aux mortifications quadragésimales et aux tristesses compatissantes de la grande et sainte semaine, succède pour elle l'allégresse du *triple alleluia pascal*, victorieuse proclamation, à la fois, de *la Résurrection du Sauveur* et des âmes régénérées. Bientôt, ce sont le triomphe de *l'Ascension*, les merveilles du *Cénacle*, les splendeurs de la *Fête-Dieu* et la glorieuse *Assomption de Marie*, enfin la fête de *la Toussaint* qui réjouit à la fois l'Église du Ciel et l'Église souffrante du Purgatoire, intimement unies à l'Église militante de la terre, en attendant leur éternelle réunion dans le séjour des élus.

Paroissiens des faubourgs, nous en avons l'intime confiance, vous l'avez compris une fois de plus, *la Paroisse* restera toujours pour vous la demeure de votre Père céleste sur la terre, et l'image vivante du royaume où il vous attend un jour.

LES ÉVÊQUES D'ARRAS, BOULOGNE ET SAINT-OMER

CHAPITRE XXI

Les Œuvres paroissiales. - La Conférence Saint-Joseph. - La
Chorale Sainte-Cécile. - L'Œuvre des Cheminots catholiques.
- L'Œuvre du Tiers-Ordre de Saint François, élite des élites,
œuvre de pénitence fécondant l'action catholique. - La Jeunesse
catholique des faubourgs. - Nécessité sociale des Patronages. -
Il n'y aura jamais deux jeunesses ennemies à Saint-Omer. -
Les « Retraites fermées » de Wardrecques. - La Jeunesse
catholique des faubourgs doit s'inspirer du glorieux passé de
ses aînés. - Son radieux avenir. - La Ligue des Françaises de
Saint-Omer. - Les Conférences populaires pour les femmes. -
L'Œuvre économique du Trousseau. - L'Œuvre capitale de la
Bonne Presse. - Le Journal paroissial et la « Semaine religieuse ». - L'Œuvre des Catéchistes volontaires. Sa sublime
et méritoire mission.

**Il nous reste maintenant à considérer la Paroisse
de l'Immaculée-Conception, comme un centre de
féconde expansion d'œuvres sociales.**

La Conférence Saint-Joseph, fondée en 1923, suit à
peu près le même règlement que celui du Cercle Catholique ouvrier, installé à Saint-Omer, rue Taviel. Il a son
siège dans la Maison d'Œuvres, 15, place de la Ghière,
où il occupe un local spécial. Son premier président a
été M. Gustave Labbe, et son vice-président M. Louis
Dewalle. Les membres de l'Œuvre y trouvent tous les
délassements honnêtes désirables et, surtout, cette agréable fraternité chrétienne, qu'aucune philanthropie ou
solidarité purement humaines ne sauraient jamais remplacer.

La Chorale Sainte-Cécile fondée par M. l'Abbé Hermant, vicaire en 1878, a eu pour présidents MM. Désiré
Berteloot, Jules Flandrin et Léon Debast, et pour chefs

La Chorale Sainte-Cécile.

MM. Hermant, Henri Vandembossche et Louis Decludt. Elle compte 60 membres exécutants et 40 membres honoraires. Cette phalange musicale bien exercée, s'est fait entendre en dehors de la paroisse en de nombreuses circonstances, et elle a toujours été très appréciée des connaisseurs pour la parfaite exécution des morceaux qu'elle interprétait. Elle doit sa renommée tout spécialement au talent d'Henri Vandembossche, rappelé à Dieu en 1923 et qui la dirigeait très habilement.

L'Œuvre des Cheminots catholiques.

Le Groupe des Cheminots dont nous avons relaté la fondation en 1907. au chapitre VI, a pour aumônier M. l'Abbé Duquesne. depuis 1918. Nous lui avons donné nous-même, en 1907, le titre de « Groupe S¹ Bertin », pour rappeler que le Saint Abbé, remontant le cours de l'Aa, au vii⁰ siècle, s'arrêta précisément à l'endroit où se trouve la gare actuelle et prit le premier possession du territoire de l'Ile de Sithiu. — Le drapeau fut béni en 1910, à la Basilique Notre-Dame, par M. le Vicaire général Guillemant, et était entouré de dix-huit autres drapeaux de différents groupes. L'Œuvre a pour devise « J'ai conservé la Foi », et a pour but d'aider les Cheminots à maintenir leurs pratiques religieuses, malgré la surcharge de leurs occupations ordinaires. Elle est rattachée à l'Union Catholique du personnel des Chemins de fer dont le directeur est Mgr Reymann, résidant à Paris. — La réunion est mensuelle, la communion pascale se fait en commun, le dimanche de la Passion. — Une messe est célébrée annuellement pour tous les employés de chemin de fer en général. Le Groupe assiste aux processions du Saint-Sacrement et à celles des Adorations paroissiales et fait son pèlerinage annuel à N.-D. des Sept Douleurs, à Saint-Martin-au-Laërt, et à N.-D. de Bonne Fin, à Salperwick. — Chaque année, le drapeau, porté par une délégation, figure dans la fête fédérale de Montmartre et dans certains grands centres de pèlerinages comme Lourdes, Paray-le-Monial, Sainte Anne d'Auray, etc.

Au départ de M. Delaine, son président, chef de la petite vitesse, M. Labbe a pris vaillamment sa succession en 1918.

L'Œuvre du Tiers-Ordre de Saint François, pour les hommes, trop peu connue, et dont Léon XIII disait qu'elle était la base de sa réforme sociale, a son siège sur la paroisse du Saint-Sépulcre, dans la chapelle du Cercle catholique. *Rétablie par M. le chanoine Doublet,* elle reste sous la direction de M. le Doyen du Saint-Sépulcre, et recrute ses membres dans toute la ville et les faubourgs.

De son côté, c'est au Clergé paroissial de Saint-Denis, qu'incombe la direction de la *« Fraternité des femmes ».* Une « Fraternité » spéciale existe également chez les Religieuses Clarisses, et se maintient dans une ferveur exemplaire. C'est M. le Curé qui la dirige.

Le Tiers-Ordre est une communication de la vie religieuse et de ses mérites à tous les fidèles vivant au milieu du monde. Il est plus facilement accessible qu'on ne le croit généralement, et comporte de *nombreux privilèges,* très utiles à la plus grande sanctification des âmes. Ses réunions sont mensuelles.

Une bénédiction, dite *« absolution générale »,* est réservée aux Tertiaires à l'issue des messes matinales, à certaines fêtes, dans leurs paroisses respectives, ou, à son défaut, au saint tribunal de la pénitence par les confesseurs. **Le Tiers-Ordre forme, on peut le dire, une élite parmi les autres groupements d'élite paroissiaux.** Puisse-t-il voir ses rangs se grossir de jour en jour dans l'intérêt personnel de ses adhérents, et aussi pour le plus grand bien de la Société contemporaine. Il n'est en effet que l'application plus parfaite du Saint Évangile. — La journée franciscaine, qui a groupé en octobre 1911, environ 300 tertiaires du diocèse dans la chapelle du Pensionnat Saint-Denis, a ouvert le plus consolant des horizons.

La **« Jeunesse Catholique des Faubourgs »** fondée,

Le *Tires-Ordre* élite des élites, Œuvre de prière et de pénitence fécondant l'action catholique.

en 1904, sous le pastorat de M. l'Abbé Lesenne, suit intégralement le règlement général de l'Association de la Jeunesse catholique française, qui étend ses ramifications sur la France entière, Ses présidents successifs ont été MM. Jules Degrave, Louis Decludt, Albert Debast et Julien Gilliers. Une réunion a lieu chaque mois. Le groupe participe à toutes les manifestations religieuses, drapeau en tête, et, spécialement, aux processions. Il possède un Cercle d'études avec réunion hebdomadaire, et donne chaque année, cinq ou six séances récréatives au profit des œuvres. Plusieurs de ses membres participent aux « Retraites fermées » annuelles de la Maison de l' « Ave Maria », à Wardrecques. La Jeunesse Catholique du Pas-de-Calais vient de célébrer ses noces d'argent, à Calais, le 24 juin 1923, dans une imposante manifestation, qui a groupé 3.000 jeunes gens, sous la présidence de Mgr Julien, évêque d'Arras.

Le **Patronage des garçons,** fondé sous le pastorat de M. Décrouille, se trouve sous la direction de MM. les Vicaires et groupe environ 50 membres bien assidus. **Quant à celui des filles,** il est confié à la maternelle sollicitude des dévouées Religieuses Clarisses. Soixante enfants fréquentent ce patronage vraiment providentiel.

L'entretien des Œuvres de Jeunesse réclame, sans doute, des frais considérables, surtout à leurs débuts, mais leur importance au point de vue social et moralisateur engagera toujours ses bienfaiteurs à se montrer largement généreux à leur égard.

Nécessité sociale des Patronages.

–Le patronage s'impose comme complément indispensable des catéchismes paroissiaux, continués sous la forme attrayante d'allocutions ou d'avis généraux donnés par l'aumônier, et sous celle plus efficace encore des conseils particuliers paternellement dispensés aux jeunes gens. *Les jeux,* les fêtes, les récompenses sont inséparables d'une œuvre de jeunesse, mais il ne faut pas oublier que le but essentiel du patronage, c'est la *formation morale et religeuse des jeunes gens.* Les éco-

liers, les apprentis et les jeunes employés qui le fréquentent si volontiers, et qui sont recrutés sans distinction d'écoles, d'ateliers ou de bureaux, y viennent avec le désir sincère de préparer pour l'avenir des chrétiens solides et convaincus. *De son côté, l'aumônier du patronage* et les jeunes gens de la classe aisée, qui peuvent être ses précieux auxiliaires, s'efforcent, avant tout, d'atteindre ces jeunes âmes, de comprendre leur mentalité, de répondre à leurs objections et de faire en un mot en elles œuvre de lumière et de vie. *En résumé, au patronage,* on ne prépare pas seulement les jarrets et les biceps d'acier des futurs soldats Français, on prépare *aussi les âmes vaillantes des soldats de l'Église catholique de France.*

Non, il ne saurait jamais exister deux jeunesses ennemies à Saint-Omer : *l'émulation,* sur le terrain des écoles religieuses ou a-religieuses, et de leurs Associations d'anciens élèves, sur le terrain des sociétés sportives, de gymnastique, de musique ou autres, sera toujours excellente et on ne pourra y réaliser la parfaite unité. Mais là, où toutes ces sociétés doivent s'entendre et s'unir, c'est le terrain religieux, le terrain paroissial ; en un mot, ce serait un crime de diviser la famille paroissiale à laquelle les enfants prodigues aussi bien que les enfants fidèles appartiendront toujours, quoi qu'on fasse et quoi qu'on dise. *Puisse le souvenir de l'inoubliable manifestation des 5.000 gymnastes catholiques* venus à Saint-Omer, le 21 juillet 1912, au concours fédéral, aider à la réalisation de cette union tant désirée.

Il n'y aura jamais deux Jeunesses ennemies à Saint-Omer.

Une brochure que nous avons publiée, en 1898, comme résultat d'expérience personnelle à l'aumônerie du patronage d'Arras dans les exercices des « *Retraites fermées* », redit tout le bien spirituel accompli en ces circonstances, parmi l'élite des jeunes gens des patronages qui deviennent ensuite apôtres auprès de leurs jeunes camarades.

Les « Retraites fermées » de Wardrecques.

Nous recommandons, ici, de tout cœur, la Maison de retraites établie sous le vocable de « l'Ave

Maria » à **Wardrecques près Saint-Omer et dirigée par MM. les Abbés Delépine et Oudin.** tous deux, prêtres à l'âme apostolique. *Cet asile privilégié, situé dans un site enchanteur* est ouvert, toute l'année, aux retraitants de différentes catégories, désireux de se recueillir, pendant trois jours, sur le chemin de leur éternité, afin d'en sanctifier davantage les importantes et décisives étapes. C'est là que, dans le calme d'une délicieuse solitude les jeunes gens de la région, avant et après le régiment, les commerçants et les industriels, les bourgeois et les gens de la campagne viennent retrouver ou augmenter en eux la Grâce divine. Avec elle, ils exercent alors auprès de leurs concitoyens, le charitable et généreux apostolat devenu si nécessaire au milieu des épreuves de la Société contemporaine, qui ne trouvera jamais le bonheur en dehors de Dieu. En un mot, le recueillement de la « **Citadelle des Vaillants** » constitue le milieu idéal pour méditer sur les conclusions pratiques à tirer, au point de vue social, des éloquentes leçons de la Grande guerre de 1914.

La « Jeunesse catholique » des faubourgs, doit s'inspirer du glorieux passé de ses aînés.

C'est dans le confortable local du numéro 116 de la rue de Dunkerque. que s'est établie l'Œuvre de la Jeunesse Catholique de Saint-Omer. le plus beau fleuron de la couronne d'œuvres sociales. qui a remplacé. pour notre vieille cité. sa couronne murale sacrifiée par le démantèlement. Les quelques jeunes gens d'élite que nous avions groupé, nous-même, dans une première réunion, en octobre 1898, sont devenus maintenant légion tant à Saint-Omer que dans les paroisses suburbaines et celles de l'arrondissement.

Tour à tour, nous avons vu nos chers jeunes gens donner l'exemple, à la Table Sainte, dans les adorations nocturnes et diurnes, dans les processions et dans toutes nos grandes solennités catholiques toujours si appréciées et si aimées des Audomarois. *Nous les avons vus* dans leurs réunions intimes d'étude, traiter successivement par la plume et par la parole les sujets si divers de la question sociale, en vue de l'apostolat à accomplir, tout spécialement auprès de la classe ouvrière. *Nous les avons vus*, enfin, prodiguer sans compter toutes les énergies de leur ardente jeunesse dans les Congrès, les fêtes annuelles, les soirées dramatiques et musicales, et des centaines de Conférences instructives, en ville ou à la campagne. Et cela toujours devant des salles combles.

En un mot, les adhérents de la Jeunesse Catholique ont compris la vérité de leur devise « *Jésus-Christ, ou rien* »; comme le *Souverain Pontife Pie X* et ses éminents successeurs, ils ont à cœur de tout restaurer dans le Christ, et ils ont mérité d'entendre *leur Évêque bien-aimé* qui est venu lui-même bénir leur nouvelle installation, proclamer leur chère Œuvre, la « *première Œuvre de son diocèse* ». *Son radieux avenir.*

En avant donc, chers jeunes gens ! Oui ! en avant ! vous avez toujours su, sagement, vous tenir à distance du terrain brûlant et instable de la politique; continuez à demeurer sur l'unique terrain de la divine charité, puisée dans la Sainte-Eucharistie, *et l'avenir qui est à Dieu, sera aussi à vous.*

Le zèle des dames et demoiselles de la paroisse, adhérentes de la « Ligue des Françaises de Saint-Omer » s'efforce de ranimer l'esprit religieux dans toutes les classes de la société, par l'exercice de l'apostolat. Les « *Françaises* » (pouvait-on choisir un nom plus sympathique ?) ont, en effet, à cœur de relever la moralité publique, par l'influence de la femme, et de faire du bien à la classe ouvrière, aux jeunes filles et aux femmes qui travaillent. *En un mot, elles veulent montrer que la vraie chrétienne n'est pas égoïste,* ne vit pas pour elle seule, mais veut le bien des personnes qui l'entourent. *La Ligue des « Françaises de Saint-Omer »*

Elles obtiennent plein succès, sur le terrain des *Conférences populaires* confiées à d'éloquents conféren-

Les Conférences
populaires
pour les femmes.

L'Œuvre
économique
du Trousseau.

L'Œuvre capitale
de la
Bonne Presse.

Le Journal
paroissial,
et la « Semaine
religieuse »
du diocèse.

L'Œuvre
des « Catéchistes
volontaires ».

ciers, et même à des conférencières non moins vaillantes. *Les Françaises travaillent* également à obtenir le repos du dimanche aussi complet que possible, et à favoriser *le petit commerce local*. Elles ont fondé aussi, une Œuvre du Trousseau avec sa bibliothèque, et une Œuvre du *« Secrétariat du peuple »* qui constitue un bureau de renseignements et de placement à la disposition de toutes les classes de la société.

Les *« Françaises de la Bonne Presse »* toujours vigilantes, secondent le *Comité directeur*, admirable par son dévoûment pour la *propagation des abonnements*, à prix réduits, aux bons journaux moralisateurs et défenseurs des droits sacrés et inséparables de la Religion et de la Patrie, et leur *prêt aux familles ouvrières* qui les reçoivent, à domicile et gratuitement, quand les abonnés directs en ont pris connaissance.

Entre toutes les revues périodiques, il en est deux, qui devraient se trouver, en bonne place, à chaque foyer familial, nous voulons parler, d'abord, du Bulletin mensuel paroissial que NN. SS. les Évêques désirent voir paraître dans toutes les paroisses de notre vaste diocèse. Comme les fidèles de Notre-Dame et du Saint-Sépulcre, ceux des faubourgs ne tarderont pas à posséder leur bulletin paroissial mensuel. La seconde revue recommandée sera **la « Semaine religieuse »** du diocèse d'Arras, organe hebdomadaire officiel de l'Évêché, dont la rédaction placée en d'excellentes mains, permet à ses lecteurs de vivre intimement, chaque semaine, la vie si intéressante de l'immense famille diocésaine. On y puisera, à pleins bords, la sève vivifiante de la doctrine catholique, nécessaire aux paroisses, qui sont comme autant de rameaux du tronc vigoureux confié à la sollicitude pastorale de l'Évêque diocésain.

C'est avec raison que l'Œuvre des catéchismes a été proclamée « l'œuvre par excellence », et que le Souverain Pontife *Pie X* a demandé, en 1905, l'établissement de l'« *Œuvre de la Doctrine chrétienne* ». *Chaque jeudi, tous les enfants des écoles, sans exception, sont convoqués dans l'église paroissiale. Là, après avoir pieusement assisté au saint sacrifice de la messe, 12 dames ou demoiselles catéchistes, anges gardiens visibles de ces chers enfants, prennent à part un certain nombre d'entre eux, et donnent à leur groupe, devenu leur petite famille, l'enseignement religieux, en rapport avec la capacité des jeunes intelligences. Certaines les reçoivent même chez elles.* Mlle Dewalle en est la zélée Présidente.

Cet apostolat demande un véritable dévoûment, et il s'imposera aussi longtemps que la trop grande insouciance des familles ouvrières et l'enseignement a-religieux de l'école neutre subsisteront, pour le plus grand détriment de la Société civile elle-même.

Instruire les ignorants, a toujours été regardé, comme un acte de charité d'ordre supérieur. *Les sciences humaines*, dont le domaine si varié s'agrandit chaque jour, ont leur réelle importance, mais *la science de Dieu* et des réalités éternelles, *la science* dont les leçons apprennent à éviter le mal et à faire le bien, *la science* qui rend l'homme vertueux ici-bas et, par là, lui assure le bonheur céleste, **le catéchisme, en un mot, voilà la première de toutes les sciences, utile pour ce monde et pour l'éternité.** *Parents chrétiens*, comprenez bien ces choses, et vous, nobles auxiliaires du Clergé, dévouées Catéchistes Volontaires, attachez-vous, plus que jamais, à votre sublime et fécond ministère, et, comme Notre-Seigneur Jésus-Christ, Lui-même, qui montrait une tendresse toute particulière pour l'innocence des enfants, répétez souvent avec bonheur : « *Laissez venir à moi les petits enfants* ».

CHAPITRE XXII

> Bonheur du « Catholique pratiquant ». – Bonheur absolu et
> bonheur relatif. – Le prétendu bonheur apparent des gens sans
> religion. – Les étapes de la route mystérieuse du bonheur. – La
> richesse. – La santé source de bonheur. – Rôle admirable de
> la charité paroissiale auprès de la sympathique légion des
> souffrants de ce monde. – Les sources de la véritable joie. –
> Les lectures malsaines, chancre rongeur des âmes. – Vaine
> gloire et vraie grandeur. – L'importante loi sociale de l'amour
> chrétien. – Idéal à réaliser au foyer de la Famille. – Mission
> réparatrice et sanctifiante de la douleur. – Toutes les joies
> d'ici-bas préparent celles de l'éternité.

Bonheur du « Catholique pratiquant ». Tout lecteur attentif et sincère, en achevant de parcourir l'« *Histoire des Faubourgs de la Ville de Saint-Omer* », doit conclure à l'évidente nécessité d'être un *catholique pratiquant*, s'il veut goûter, par avance ici-bas, un peu de ce parfait bonheur, dont Dieu lui réservera, selon ses mérites, l'ineffable épanouissement dans la Vie éternelle. Le vrai catholique ne cherchera donc pas, en dehors de la famille paroissiale, ce bonheur si légitime et tant désiré, dont il nous reste à préciser la nature, pour le plus grand bien spirituel de nos concitoyens.

Bonheur absolu et Bonheur relatif. **Rappelons d'abord qu'il faut distinguer deux sortes de bonheur,** l'un *absolu* qu'on peut définir « une plénitude de satisfaction, d'une durée assurée et, qui ne laisse place à aucun désir et à aucune crainte », l'autre, *relatif*, qui est « un état d'âme, un contentement intérieur, essentiellement variable et fragile en raison des vicissitudes de l'existence et, qui a sa source dans deux ordres de satisfactions : celles qui dépendent de nous-mêmes, et celles qui nous viennent des biens extérieurs ».

Le bonheur absolu et parfait n'a jamais été de ce monde, et le Ciel seul, nous le donnera. *Quant au bonheur relatif*, nous le possédons quand nous avons la conviction que nous sommes dans notre voie, c'est-à-dire dans l'ordre des desseins providentiels de Dieu sur nous. Aussi, quand Dieu secondant nos efforts, dans la mesure que Sa Sagesse choisit, nous bénit dans notre santé et dans nos biens ; quand nous recueillons des amitiés sincères et pures, quand nous sentons autour de nous comme une atmosphère de sympathie et d'estime, quand enfin, après les fatigues du travail, nous pouvons nous procurer quelques délassements récréatifs, si nous sommes bons chrétiens, tout alors s'épanouit en nous sous le regard de notre Père céleste.

Ce bonheur peut être le partage du pauvre et de l'ouvrier aussi bien que du riche, pourvu qu'ils le cherchent là où Dieu l'a placé.

Pourquoi, dira-t-on, les bons ne sont-ils pas mieux partagés que les pervers sous le rapport du bien-être et des plaisirs permis ? *Voici la réponse* catholique et évangélique à ce pourquoi. *D'abord*, Dieu bon et miséricordieux fait luire son soleil sur ses enfants ingrats comme sur ses enfants fidèles et Il récompense, même dès ce monde, certaines bonnes qualités naturelles des impies, afin de trouver le chemin de leur cœur et de les ramener à Lui. Il ne leur ménage pas non plus, dans ce but, les inspirations de la grâce. *De plus, Dieu veut, dans la société, l'inégalité des conditions*, sans laquelle toute société serait impossible, et chacun aura à rendre compte, dans l'éternité, des talents qu'il aura reçus. Si la Divine Providence exauçait toujours les justes quand ils demandent des biens temporels, ou si elle punissait immédiatement les pécheurs, où seraient les adorateurs de Dieu en esprit et en vérité ? On ne chercherait plus sa gloire, on n'agirait plus envers Lui par amour, et

Le prétendu bonheur apparent des gens sans religion.

mercenaires sans cœur et sans dignité, nous n'aurions plus d'autre objectif que les faveurs temporelles à obtenir. *Enfin, Dieu est patient,* car Il est éternel et, si tel impie est favorisé aujourd'hui de la santé et de la fortune, les possédera-t-il encore demain ? L'expérience quotidienne prouve que non.

Il est donc faux de dire que les gens sans religion réussissent toujours. et il est au contraire certain que l'homme vertueux, même au milieu des plus dures épreuves, nous allons le montrer, est seul vraiment heureux, parce que la Religion est la source la plus féconde des biens qui peuvent contribuer à notre bonheur terrestre. *Les Sages du monde,* les Saints et les grands Chrétiens, de concert avec la Sainte Écriture, proclament, à l'envi, que la route du bonheur se trouve dans la fidélité à la Loi divine.

Les étapes de la route mystérieuse du bonheur. La richesse.

Parcourons quelques-unes des étapes de cette mystérieuse route du bonheur tant recherchée de tous. *Et d'abord, la richesse* nécessaire pour l'entretien et l'agrément de la vie, est chose excellente en elle-même. *Ce qui est condamnable,* c'est le cœur étroit, égoïste, abaissé, qui ne sait pas partager avec ses semblables ; c'est aussi cet amour désordonné des richesses prôné par certaines doctrines modernes troublantes et pleines d'illusions, et qui rendent, à tort, le pauvre, l'ouvrier et le domestique jaloux et envieux à l'égard des favorisés de la fortune ; *ce qui est condamnable,* c'est aussi bien chez le pauvre que chez le riche, cet amour inquiet et passionné de l'argent qui fait sacrifier, Dieu, la vertu, la conscience, l'âme même au désir de s'enrichir, d'acquérir ou de conserver une place lucrative, et d'augmenter outre mesure ses gains dans le commerce et l'industrie.

Paroissiens de l'Immaculée-Conception, propriétaires et locataires, patrons et ouvriers, soyez sincères, et reconnaissez qu'en toute vérité, la Religion augmente votre fortune en modérant vos désirs et vos passions, toujours prêtes à se laisser entraîner par le superflu et un luxe dispendieux, en vous inspirant l'esprit de travail et, en attirant, sur vos familles, les bénédictions divines.

La santé, elle aussi, est une source de bonheur, et l'ordre, la sobriété et le calme des passions que comporte la vie vraiment chrétienne, nous aident à la conserver. Si nous venons à perdre ce trésor précieux entre tous, Dieu veille avec une providence spéciale sur la sympathique légion des souffrants de ce monde, et dans les maisons religieuses hospitalières comme aux foyers chrétiens, l'action divine intervient, dans tous les dévouements dont ils sont l'objet.

Mères, épouses, sœurs et filles chrétiennes, comprenez-le, de plus en plus, vous êtes les mandataires de la bonté de Dieu auprès des malades et des infirmes de votre grande famille paroissiale de l'Immaculée-Conception. *Ce mandat,* remplissez-le, de mieux en mieux, en devenant de ferventes chrétiennes et de vraies saintes et, en touchant les cœurs par vos admirables dévouements, vous les donnerez à Jésus-Christ, votre premier inspirateur. *Quant à vous, chers malades,* privés des joies si légitimes de la société, oubliés même peut-être de tous, à cause de votre grand âge, rappelez-vous que vous êtes toujours membres de la famille paroissiale. Unissez-vous donc de cœur à ses prières et à ses cérémonies et, avec la *visite du médecin* chrétien, sollicitez aussi avec confiance la *visite de vos prêtres.* Bien plus, sollicitez *la visite de Jésus-Christ Lui-même* à Pâques et aux grandes fêtes et, si Dieu vous y appelle, réclamez la grâce par excellence de la Sainte Communion que les règles liturgiques vous accordent, tous les quinze jours, si vous le désirez.

Après la richesse et la santé, la joie est pour l'homme sur la terre, une troisième source de bonheur. Elle consiste dans une sorte d'épanouissement plus complet, de satisfaction plus vive, plus profonde des facultés de l'homme à la rencontre et dans la possession du vrai, du bon et du beau.

La santé
source de bonheur.

Rôle admirable
de la
charité paroissiale
auprès de la
sympathique légion
des souffrants
de ce monde.

Les sources
de la
véritable joie.

Or la joie du chrétien, c'est *Jésus-Christ lui-même* qui disait à ses Apôtres « Si je vous parle de ces choses, c'est afin que ma joie soit en vous et que vous soyez remplis de cette joie ». De son côté, *l'Église notre Mère* dans son enseignement, dans ses cérémonies et par la joie des Sacrements, met à notre disposition les sources de la véritable joie, que tous les fervents chrétiens éprouvent dans la mesure de leur innocence et la vigueur de leur vertu. *La joie, en un mot*, est dans l'atmosphère de nos familles, de nos écoles et de nos pensionnats chrétiens. Nous la trouverons, toujours, quand nous saurons sacrifier les plaisirs dangereux tels que les bals mal fréquentés, les théâtres licencieux et les autres réunions mondaines du même genre, dont un philosophe autorisé a dit, que leur prospérité était comme le thermomètre infaillible de la dégradation des peuples.

Les lectures malsaines, chancre rongeur des âmes.

Adolescents sans expérience à l'entrée de la vie, n'attendez pas pour réfléchir, les tristes lendemains des journées où vous avez recherché les faux plaisirs, et ne désirez jamais que les *joies saines et honnêtes* que Dieu lui-même multiplie autour de vous. Mettez-vous surtout en garde contre les *lectures malsaines des romans* qui attaquent directement les mœurs ou la Foi, *des journaux* qui, par leurs articles de fond prétendus scientifiques, leurs faits-divers ou leurs feuilletons, ne cessent de saper dans les âmes l'œuvre du Christ et de son Église et d'empoisonner les mœurs chrétiennes. Il est question de balayer comme dans les autres Pays toutes les revues pornographiques, qui encombrent les bibliothèques des Compagnies de chemin de fer, ce n'est pas trop tôt ; puissent toutes les vitrines de notre ville avoir aussi le respect des âmes !

Jeunes gens qui voulez conserver la véritable joie, souvenez-vous que *les romans*, même passables et pris à petites doses, sont toujours nuisibles. En effet, ces romans dégoûtent toujours plus ou moins de la vie pratique et positive pour faire vivre leurs lecteurs dans un monde purement imaginaire et mettent, je ne sais quel vide et quelle inclination à *la mélancolie dans les âmes.* Enfin, ils refroidissent la piété et, font perdre le goût des lectures sérieuses et un temps précieux.

La Religion catholique qui exalte avant tout l'humilité. source de la véritable grandeur, à la suite de son Divin Maître, ne condamne pas pour cela la vraie grandeur des saints et des hommes éminents ; mais elle nous met en garde contre la *vaine gloire* qui consiste à se substituer à Dieu, comme si on était l'auteur de ce que l'on a, ou encore, à agir non par conscience et devoir, mais par le pur motif de plaire aux hommes. *La véritable gloire* que Dieu approuve, consiste, de son côté, dans la connaissance que nous avons nous-mêmes et qu'ont les autres des biens que Dieu a mis en nous, et dont nous reconnaissons et acclamons Dieu comme l'auteur, voulant que toute louange lui soit donnée avant tout.

Vaine gloire et vraie grandeur.

Une quatrième et dernière source de bonheur, c'est l'affection chrétienne. La première faculté de l'homme, créé à l'image de Dieu, *c'est son cœur ;* son premier besoin c'est d'aimer et d'être aimé. Or la Religion catholique non seulement fait, de *l'amour chrétien, la grande loi sociale ;* mais elle le met encore dans les cœurs, en les guérissant de la sensualité et de l'égoïsme et en leur infusant quelque chose des bontés, des dévouements et des tendresses du Cœur de Jésus-Christ. *Les premiers chrétiens,* que les perturbateurs modernes pourraient imiter au lieu de semer la haine inféconde, réalisèrent cette union des âmes, des vies et des intérêts de tous dans le Christ. L'intelligence pratique de l'« Oraison dominicale » renferme toute la science de la fraternité universelle et, nos Gouvernants devraient comprendre que les progrès des peuples dans la science de la divine charité, leur sont plus nécessaires que les progrès dans la littérature, dans les arts, dans le commerce et l'industrie, progrès eux-mêmes d'ailleurs très

L'importante loi sociale de l'amour chrétien.

respectables et à encourager. Quand le précepte de Jésus-Christ « *Aimez-vous les uns les autres* » aura été compris et mis en pratique, *la question sociale sera pleinement résolue.*

C'est surtout au foyer de la famille, quand elle est chrétienne, que la sainte affection opère ses merveilles. *Pères et Mères, soyez de vrais chrétiens,* donnez à vos enfants la crainte de Dieu et l'amour de Jésus-Christ, et la Religion fera, de votre foyer domestique, un parfait cénacle de félicités. *Maîtres et Maîtresses de maison,* qui vous plaignez tant de ne plus pouvoir retrouver dans vos employés ou vos domestiques la fidélité des anciennes générations, songez, avant tout, à la formation et à la sauvegarde de leurs âmes et, Dieu aidant, vous parviendrez à refaire cette race bénie de serviteurs d'autrefois qui s'attachaient et se dévouaient si généreusement à leurs maîtres et, contribuaient grandement au bien-être et au bonheur de leur famille adoptive. Quant à l'amitié chrétienne, nous n'en dirons qu'on mot en en donnant la définition. « *L'amitié est un attachement réciproque, basé sur l'estime et se traduisant, surtout, par la confiance. Il a pour but de procurer ici-bas plus de bonheur par plus de vertu* ». Le secret de la parfaite amitié consiste à aimer en Dieu, c'est-à-dire à placer en Dieu son principe, son motif et son but.

Si, comme nous venons de le voir, la pratique des vertus chrétiennes réserve aux âmes un véritable bonheur relatif, il faut avouer en même temps que **la douleur se mêle, toujours, à nos joies en ce monde.** Mais ici encore, le vrai chrétien instruit des fâcheuses conséquences de la faute originelle, sait que cette douleur l'aide à expier ses fautes personnelles et celles des autres, et il s'y résigne ; il ira même parfois, plus loin, et constatant avec bonheur que la croix éclaire et rend humble, qu'elle réveille la délicatesse de la conscience et dispose l'âme à s'élever aux vues les plus hautes de l'Évangile, il aimera, de toute son âme, comme les saints, cette croix qui n'est autre que celle de Jésus Crucifié.

*Ces âmes d'élite sont, heureusement, encore plus nom-
breuses qu'on ne pense* et, on les rencontre dans toutes
les classes de la société ; qu'elles sachent qu'avant tout,
la sainteté c'est l'union de notre volonté à celle de Dieu et,
par suite la recherche en toute chose de la perfection.
Pour savoir où nous en sommes sur cette voie, exami-
nons si, vraiment, nous cherchons Dieu. La souffrance
ennoblit et purifie les âmes et, elle les prémunit contre
les défaillances futures. Elle a aussi pour effet de nous
détacher des biens terrestres pour nous faire aspirer
après ceux de l'éternité. En un mot, elle mérite bien le
titre qu'un grand poète national, aimé, lui a donné :
« *La Bonne souffrance* ». Puisse la lecture de ces lignes
multiplier *les âmes saintes et ferventes dans la Paroisse
de l'Immaculée-Conception,* en raison même de la tiédeur
et de l'indifférence des temps présents.

**La joie de l'âme nous la trouvons encore dans
le pécheur sincèrement contrit et repentant.**
Combien de paroissiens des faubourgs sachant les faci-
lités du retour à Dieu, en sont cependant privés, par
leur faute, hélas ! Cette joie est aussi réservée à la vertu
qui ne procure pas nécessairement le plaisir et, demande même parfois le sacrifice, mais donne toujours
une part de vrai bonheur. *Enfin la charité, corporelle et
spirituelle, la chasteté et, surtout, la prière, réservent d'ineffables consolations aux âmes de bonne volonté.* Pour les
vrais serviteurs de Dieu la mort est une béatitude, car
elle est la fin du péché et de tous les périls de l'âme, la
fin de l'exil, de la douleur et de toutes les tristesses du
cœur ; en un mot, elle est l'entrée dans la joie éternelle
du Seigneur et, la prise de possession définitive du foyer
paternel. **Pensons plus souvent au Ciel qui, seul,
nous donnera le bonheur absolu,** et n'oublions
jamais, aussi longtemps que la Divine Providence nous
maintiendra, pour notre bien, sur la terre d'exil, que *la
joie de la bonne conscience constitue le premier idéal du
vrai bonheur réalisable ici-bas.*

> Toutes les joies
> d'ici-bas
> préparent
> celles de l'éternité.

15

CHAPITRE XXIII

CONCLUSION

Un dernier appel rempli des meilleures espérances à la grande famille paroissiale des Faubourgs.

L'amour du clocher et de la Paroisse. - L'esprit paroissial. - Devoir social et responsabilité des Paroissiens. - La Confiance des Familles ouvrières. - Arrière ! le lâche respect humain, le méprisable tyran des consciences. - Honneur ! au contraire, aux âmes vaillantes. - La « Paroisse de l'avenir », citadelle invincible.

L'amour du clocher
et de
la Paroisse.

Mieux instruits des intéressantes destinées de votre paroisse à travers les âges, dont nous avons ensemble parcouru la captivante histoire, nous avons la confiance, chers Paroissiens de l'Immaculée-Conception, que, désormais, vous aimerez davantage votre gracieuse église.

Mais ce que vous aimerez surtout ce sera votre paroisse, c'est-à-dire « la société des fidèles placée par l'Évêque sous la conduite et la juridiction d'un Pasteur auquel ils doivent obéissance et respect, en retour des secours spirituels qu'il est tenu de leur donner ».

L'esprit paroissial.

L'esprit qui vous animera, ce sera l'esprit paroissial, cette adhésion ferme, cette fidélité inébranlable et, cette affection pratique que tout bon chrétien doit avoir pour sa paroisse. Pénétrés de la majesté de la *résidence divine,* vous au rez, toujours dans le temple sacré, l'attitude recueillie réclamée par la présence de Notre-Seigneur Jésus-Christ au saint, tabernacle. *La prière par excellence*, la Messe dont nous avons expliqué le sens et les cérémonies liturgiques, retiendra toute votre attention, et vous vous en ferez un devoir rigoureux, chaque dimanche.

Le souvenir des grâces reçues par les Sacrements dans cette même église, ravivera, sans cesse, votre reconnaissance, et la réception au moins annuelle de la Sainte Eucharistie vous fournira l'occasion de prouver à Dieu et à la famille paroissiale que vous êtes des Catholiques sincères. *Votre attachement* au Souverain Pontife, à votre Évêque, à votre Clergé se manifestera enfin par votre entier dévoûment à toutes les œuvres paroissiales, que vous saurez soutenir, par vos généreuses offrandes.

N'est-il pas merveilleusement puissant le faisceau pacifique des forces paroissiales des faubourgs ? Que nous manque-t-il donc pour établir le règne de Jésus-Christ dans toutes les âmes sans exception ? C'est à chacun des paroissiens d'examiner sérieusement, devant Dieu, ses responsabilités, et de répondre à cette question apostolique. *A l'œuvre donc ! propriétaires et patrons chrétiens.* qui tenez dans vos mains les destinées matérielles de la classe ouvrière, de grâce, songez davantage à ses destinées surnaturelles et, n'oubliez pas que le mot *patron* est synonyme de celui de *Père. A l'œuvre ! représentants des carrières libérales et fonctionnaires,* car c'est de vous surtout que l'on attend l'exemple du respect de l'autorité divine et la pratique sérieuse d'une vie chrétienne exemplaire. Souvenez-vous qu'au jugement, Dieu sera en droit d'exiger davantage de ceux qu'Il aura, comme vous, comblés ici-bas. *A l'œuvre !* plus que jamais, Religieuses contemplatives, vaillantes Catéchistes volontaires, Zélatrices de la Bonne Presse et des Conférences populaires, heureuses « Femmes Françaises », vous avez le rôle consolant de mères et de sœurs dans la grande famille paroissiale, c'est à vous qu'il appartient de la donner à Jésus-Christ. *Pour cela* *soyez vous-mêmes les ferventes de l'Eucharistie*, car pour donner Jésus aux âmes, il faut être soi-même tout à Lui.

Et vous, chères familles ouvrières, comprenez qu'avant tout, vos bienfaiteurs et vos bienfaitrices, sous la paternelle direction de votre dévoué Clergé, veulent atteindre vos âmes, pour leur rendre la liberté des enfants de Dieu, en brisant les liens du respect humain qui les enchaînent. Oh ! saluez-les comme des anges libérateurs, car *ils vous rendront le vrai bonheur.*

En nommant le respect humain, nous venons de dénoncer la maladie générale de notre époque qu'il s'agit de guérir, sans tarder. *Le respect humain* peut se définir l'incompréhensible faiblesse d'une âme convaincue en son fond, mais qui rougit extérieurement de sa foi ; c'est l'apparent mépris de ce qu'elle respecte et le respect apparent de ce qu'elle méprise. *Lâcheté et hypocrisie, voilà les deux mots qui résument le respect humain.* Audomarois honnêtes, pouvez-vous rester encore à semblable enseigne ? *Sus donc à l'ennemi et au tyran des consciences !* C'est parce que le plus souvent les paroissiens ne sont que *des demi-catholiques*, c'est parce qu'ils ne communient plus au Pain des forts, que l'impiété moderne en fait ses esclaves.

Jeunesse Catholique, Catéchistes volontaires, jeunes gens et enfants des écoles libres ou neutres et des Patronages, serrez les rangs autour du drapeau paroissial qui n'est autre que celui de la France catholique, toujours fille aînée de l'Église. Agissez, et en priant même pour la conversion des indifférentes, que vos lèvres généreuses redisent surtout l'invocation, qu'on pouvait lire dans une rue de la ville, aux fêtes de la canonisation de la sainte héroïne nationale : *Sainte Jeanne d'Arc, multipliez les âmes vaillantes ».* Puisse la paroisse de l'Immaculée-Conception rester la fertile pépinière de ces âmes vaillantes, puissent les vocations sacerdotales et religieuses continuer à se multiplier au pied de ses autels, pour le plus grand bien des âmes et la régénération chrétienne de notre Société française.

Les « Paroisses » de France resteront, à jamais, les citadelles invincibles du Catholicisme, qui a fait notre bien-aimée patrie si grande dans le passé. *Réveillons donc,* avant tout et partout, *l'esprit paroissial,* car, là réside le salut pour la Société contemporaine, au XXe siècle.

La « Paroisse de l'avenir », citadelle invincible.

Notre dette sacrée d'éternelle reconnaissance

Nous avons donné, dans notre Volume « Cloche de Victoire et Renouveau Français », la liste complète des Combattants Audomarois, morts au Champ d'honneur ou des suites de leurs glorieuses blessures et des maladies contractées au service de la France, pendant la Guerre de 1914.

Nous tenons à faire passer ici, une fois de plus, à la postérité, les noms des Enfants des Faubourgs, que l'Union des Anciens Combattants a fait graver sur le monument funéraire, élevé dans l'église paroissiale de l'Immaculée-Conception au mois de novembre 1923.

Nous devons en effet, réserver aux morts de la Patrie le culte sacré du souvenir, qui constitue une véritable loi sociale et, en même temps, un besoin religieux du cœur humain. Rappelons-nous que nous sommes les débiteurs de leur héroïsme. Quels mots trouver pour élever notre reconnaissance jusqu'à leur grandeur, notre émotion jusqu'à leur sacrifice, notre piété jusqu'à leur renoncement sublime.

Souvenons-nous des jours tragiques de septembre 1914, où notre France a sauvé le monde en jouant sa vie. Souvenons-nous des batailles sanglantes de la Marne et de l'Yser, de l'Artois et de l'Aisne, de la Champagne et de Verdun, des Flandres et de la Somme. A qui devons-nous la Victoire, sinon, en grande partie à ceux qui ont exécuté à la lettre la consigne : « **Vaincre ou mourir** ». En face des autels du Dieu des armées, et en réservant à nos héros nos prières reconnaissantes redisons du fond du cœur : **O Morts sacrés de la Patrie,** c'est avec respect, c'est avec tendresse que nous saluons, là où elles sont, au milieu des champs, des prés, des bois, ou des tranchées, vos humbles tombes qui marquent à jamais l'obstacle inviolé que la barbarie allemande n'a pu franchir ! **Reposez en paix, dans votre gloire, au sein de Dieu.** Jusqu'à la fin des âges, l'Humanité gardera le souvenir de votre sublime sacrifice.

O Morts bien-aimés, du haut du Ciel, repoussez à jamais hors de nos frontières tout esprit de parti et de haine, tout esprit d'impiété, et qu'au souvenir de votre foi, de votre vaillance et de votre abnégation nous puissions acclamer avec amour le « Renouveau français », dans l'union, dans la justice et dans la liberté.

Pendant la guerre de 1870, douze enfants des faubourgs versèrent leur sang pour la défense du territoire. La guerre de 1914, hélas ! a fait parmi eux cent trente nobles victimes, dont voici les noms, également précieusement conservés au Livre d'or de la Municipalité Audomaroise.

Alcide-Louis Alexandre.	Charles Brillat.
Edouard-Victor Alloucherie.	Charles-Elie Brioul.
Maurice Bausière.	Edmond-Lucien Brioul.
Alfred Berteloot.	Edouard-Henri Brioul.
Albert-Benoni Berteloot.	Léon-Eugène Brioul.
Gabriel Berteloot.	Albert Brulein.
Jean-Marie-Joseph Berteloot	Léon Cabaret.
Joseph-Désiré Berteloot.	Henri Cailliau.
Julien-Abel-Justin Berteloot.	Georges Capelle.
Paul Beudaert.	Marius Caron.
Joseph Beyaert.	Abel Castier.
Maurice-Pierre Bogaert.	Jules Chaumette.
Albert Bonningue.	Albert Clay.
Léon-Désiré Bourgois.	Eugène Colin.
Alfred Brebion.	Paul Colin.

A nos Héros
gloire et merci.

Désiré Coulombel.
Victor Croquet.
Renaud Debast.
Alfred Debadts.
Albert Debast.
Georges Debast.
Léon Debaste.
Jean Debeghel.
Paul Declerck.
Cyrille Decool.
Georges Decrawer.
Georges Decrawer.
Gaston Decupper.
Paul Delahaye.
Jules Delattre.
Gustave Délégorgue.
Marcel Delys.
Fernand Devos.
Jules Dewerdt.
Marcel Dewerdt.
Jules Doncker.
Gaston Dourlens.
Georges Duhamel.
P. Dutelle de Negrefeuille.
Eugène Flandrin.
Jean Flandrin.
Joseph Flandrin.
Rémy Flandrin.
Léon Foucaut.
Eugène Franc.
Désiré Fromentin.
Émile Fichaux.
Léon Gérard.
Léon Gilliers.
Marcel Grave.
Albert-Augustin Guilbert.
Paul Guilbert.
Georges Hau.
Gustave Hau.
Eugène Hédin.
Marcel Hernout.

Alcide Lantial.
Eugène Lardeur.
Paul Lardeur.
Jules Leblond.
Adolphe Lefort.
Gustave Lemaire.
Henri Levignon.
Alfred Merlier.
Georges Merlot.
Alfred Mièze.
Gaston Mièze,
Jules Mièze.
Gabriel Monsterlet.
Gaston Monsterlet.
Léon Monsterlet.
Louis Monsterlet.
Léon Morieux.
Oscar Pacqueux.
Ferdinand Paindavoine.
Joseph Pépin.
René Pernand.
Léon Petit.
René Pouille.
Jules Pruvost.
Achille Pruvost.
Eugène Renard.
Henri Renard.
Alfred Robert.
Fernand Saison.
Paul Saison.
Arsène Salomé.
Joseph Salomé.
Julien Salomé.
Gustave Salomez.
Eugène Swartvagher.
Léon Thibaut.
Léon Tillie.
Maurice Tillie.
Paul Tillie.
Marcel Top.
Lucien Vandenabeele.

A nos Héros
gloire et merci!

Albert Vandenberghe.
Henri Vandenberghe.
Maurice Vandenbergue.
Raymond Vandenbergue.
Albert Vandenbossche.
Cyrille Vandenbossche.
Fernand Vanhallewyme.
Lucien Vannelle.
Gabriel Vanuxem.

Victor Verne.
Edouard Vernhes.
Maurice Vignion.
Lucien Villers.
Victor Westelynck.
Louis Westelynck.
Alfred Winocq.
Lucien Winocq.
Rémy Winocq.

A nos Héros
gloire et merci.

Gloire à eux sur la terre ! Gloire à eux, surtout, dans le Ciel qu'ils ont conquis au prix de leur sang généreux.

VICTIMES CIVILES DE LA BARBARIE ALLEMANDE

Lucienne Aspeele.
Charles Beckelynck.
Mlle Jeanne Beckelynck.
Mme V. Berteloot-Decupper.

Gaston Caffray.
Mme Bl. Cagnieux-Veraghe.
Mme Eug. Dupont-Blondel.
Charles Wynckel.

TABLE DES MATIÈRES

BIBLIOTHÈQUE NATIONALE
RF
">

CHAPITRE III

CHAPITRE IV

CHAPITRE V

CHAPITRE VI

CHAPITRE VII

CHAPITRE VIII

CHAPITRE IX

CHAPITRE X

CHAPITRE XVI

CHAPITRE XVII

CHAPITRE XVIII

CHAPITRE XIX

CHAPITRE XX

CHAPITRE XXI

CHAPITRE XXII

CHÁPITRE XXIII

CONCLUSION

Un dernier appel rempli des meilleures espérances à la grande famille paroissiale des Faubourgs.

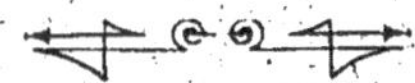

PUBLICATIONS AUDOMAROISES

de M. l'abbé Augustin DUSAUTOIR

Bénéficier à la Basilique Notre-Dame,
Membre titulaire
de la Commission des monuments historiques du Pas-de-Calais,
de la Société des Antiquaires de la Morinie
et de la Société Française d'Archéologie.

1º **Notre-Dame des Miracles, saint Omer et saint Bertin,** connus, aimés, honorés à travers les siècles.

Beau volume in-8º de 250 pages. — Nombreuses gravures et couverture artistique.

Cet ouvrage retrace tour à tour, *les Origines du Christianisme* dans l'antique *Sithiu* et les destinées, au point de vue historique, liturgique et archéologique, de la *Collégiale* de Saint-Omer, devenue *Cathédrale* au XVIᵉ siècle, puis *Paroisse* et *Basilique* au XXᵉ siècle. L'histoire du culte séculaire de la Vierge des Miracles dans sa chapelle de la Grand'Place, avant la Révolution, et de la restauration de son pèlerinage s'y trouve également exposée.

2º **Histoire de la paroisse du Saint-Sépulcre** depuis ses origines jusqu'au XXᵉ siècle.

Beau volume in-8º de 232 pages. — Nombreuses gravures et couverture artistique.

L'étude archéologique de l'église paroissiale qui remonte au XIIIᵉ siècle, ses fondations, ses confréries prospères, ses nombreuses communautés religieuses et ses établissements hospitaliers y sont successivement décrits. — La période révolutionnaire fut particulièrement mouvementée pour cette paroisse. — La restauration du culte, celle du mobilier de l'église et, surtout, de la vie paroissiale au XXᵉ siècle y sont traitées en détail. La paroisse du Saint-Sépulcre est enfin présentée comme la *Maison de Dieu*, le *Temple sacré de la prière*, la *Source vivifiante de toutes les grâces surnaturelles*, la *Maison de famille* et le *merveilleux Centre d'expansion de nombreuses œuvres sociales*.

La conclusion prouve que le vrai bonheur ici-bas se trouve dans la pleine vitalité de la paroisse et de l'esprit paroissial.

3° **Histoire de la paroisse Saint-Denis** depuis ses origines jusqu'au XXᵉ siècle.

Beau volume in-8 raisin de 352 pages. — Nombreuses et artistiques gravures.

Cet ouvrage expose l'intéressante histoire de la *Paroisse Saint-Denis* à travers les âges. Il rappelle, également, le souvenir des anciennes Paroisses de *Sainte-Marguerite*, de *Saint-Jean-Baptiste* et de *Saint-Martin*, autrefois sur son territoire, et disparues à la Révolution. Les Communautés religieuses et surtout l'illustre *Abbaye de Saint-Bertin* y sont aussi à l'honneur. Enfin, comme pour la Paroisse du Saint-Sépulcre, l'église *Saint-Denis* est présentée comme la *Maison de Dieu*, le *Temple sacré de la prière*, la *Source vivifiante de toutes les grâces surnaturelles*, la *Maison de famille* et le merveilleux *Centre d'expansion de nombreuses œuvres sociales*.

4° **La Tour Saint-Bertin, Glorieux souvenir d'un illustre passé, Trésor inestimable pour le présent, Superbe pierre d'attente pour l'avenir.**

Cette brochure illustrée de gravures très réussies (4ᵉ édition), décrit les ruines majestueuses qui projettent encore, au XXᵉ siècle, leur ombre protectrice et séculaire sur la Ville de Saint-Omer. Elle les replace dans leur remarquable cadre d'antan, et redit les destinées à travers les âges, de la célèbre Abbaye « le *Monastère des monastères* », dont elles évoquent l'immortel souvenir.

5° **Cloche de victoire** et **Renouveau français.**

Beau volume illustré in-8 raisin de 200 pages.

On y trouve l'histoire des cloches à travers les âges, et celle du « Bourdon » de la Basilique Notre-Dame à Saint-Omer, datant de 1474, et refondu, en 1920, comme cloche du « Vœu » et de la « Victoire ». La seconde partie expose la situation morale de la France au sortir de l'épreuve de la Guerre de 1914, et montre que le relèvement de la Patrie ne s'opérera en bonnes conditions, que par le retour à la pratique fidèle des préceptes divins du Décalogue et par le plein essor rendu à la liberté du Catholicisme. Le Renouveau français sera, avant tout, un travail d'âmes régénérées.

Le volume renferme aussi la liste glorieuse des audomarois morts au champ d'honneur pendant la Grande guerre.

6° **Saint Omer, apôtre de la Morinie et ses successeurs sur les sièges de Thérouanne, Saint-Omer et Arras.**

Beau volume in-8 raisin de 160 pages. — Nombreuses gravures.

Cet ouvrage résume la vie apostolique de saint Omer, et l'état religieux de la Morinie au VIIᵉ siècle. Il donne également tous les détails désirables sur le culte du saint évêque à travers les âges dans de nombreuses paroisses du Pas-de-Calais et du

Nord. — On y trouve enfin un aperçu de l'histoire des évêques ses successeurs, sur les sièges de Thérouanne, Saint-Omer et Arras.

7° **Histoire populaire de Notre-Dame des Miracles et de son pèlerinage** depuis ses origines jusqu'au xxe siècle. — Plusieurs gravures. — Couverture artistique.

Cette brochure de vulgarisation est destinée à faire connaître et aimer davantage la Très Sainte Vierge par le peuple audomarois et les pèlerins de la région.

8° **Vestibule du Paradis et Persévérance finale.** — Une gravure.

C'est la *Monographie* de l'Œuvre si admirable des Petites-Sœurs des Pauvres de Saint-Omer. Elle est présentée d'une façon pittoresque et attachante.

9° **Manuel pratique à l'usage des Catéchismes de Persévérance.** Très apprécié des catéchistes et de leurs élèves.

10° **Aux jeunes gens. — Entretien apostolique** au sortir d'une retraite fermée, suivi de « Çà et là » à travers une Œuvre de jeunesse. **Souvenirs** des patronages d'Arras. — Brochure d'un style vivant et enlevé.

11° **Saint Erkembode, Glorieux Patron et Bienfaiteur de la Ville de Saint-Omer.** — Une gravure. — *(4e édition)*.

La vie et l'histoire très curieuse de la destinée des reliques de ce saint évêque, à travers les âges, y sont exposées en détail. *Le culte de saint Erkembode* est toujours très suivi au xxe siècle, et les pèlerins rhumatisants continuent à obtenir, auprès de son tombeau miraculeux, qui remonte au viiie siècle, des faveurs remarquables dans l'ordre matériel comme dans l'ordre spirituel.

12° **Les Roses merveilleuses de l'ancienne Abbaye de Saint-Bertin** et « l'Arbre » des saints personnages Bertiniens. Épisode bertinien du xiie siècle.

13° **Souvenir du Triomphe Eucharistique** du 7 juillet 1901, à Saint-Omer. — Une gravure.

14° **Guide pratique du Visiteur dans la Basilique Notre-Dame,** ancienne Collégiale et Cathédrale, à Saint-Omer (Pas-de-Calais).

Cette brocure arrivée rapidement à sa *sixième édition,* n'intéresse pas seulement les amateurs d'archéologie, car elle a été mise à la portée de tous les visiteurs sans exception. *Elle permettra aux Audomarois,* de mieux apprécier la valeur du splendide monument dont ils sont si légitimement fiers, et d'en faire les honneurs à leurs parents et amis, ou aux étrangers qui visitent notre ville hospitalière.

15° **Échos d'invincible espérance d'un Carmel exilé**. — Deux brochures. — Une gravure.

Ces pages font connaître et aimer les âmes contemplatives, en exposant la sublime mission qu'elles remplissent au sein de la société moderne.

16° **L'Ame Bertinienne sous le regard de Notre-Dame**. — In-8°. — Une gravure.

Cette brochure est toute une pédagogie. On ne saurait trop la signaler aux éducateurs. Pleine de saveur locale, elle dépasse singulièrement son cadre par la portée des principes d'action, des perspectives qu'elle ouvre sur les vocations socialement conçues, sur le sacerdoce au premier chef.

17° **Le Guide des Touristes dans la Ville de Saint-Omer, ses Environs et son Arrondissement**. *(2e édition)*.

Beau volume in-16 de plus de 300 pages. — Illustré d'une cinquantaine de gravures choisies, avec un plan de Saint-Omer et une carte de l'Arrondissement.

Le **Guide** renferme :

1° *Une partie historique*.

2° *Une partie descriptive* de la Ville, avec ses nombreux monuments religieux, civils et militaires, ses rues et leurs curieux souvenirs.

3° *Le « Livre d'Or » Audomarois*, contenant les noms des principaux bienfaiteurs de la Cité, depuis le VIIe siècle jusqu'à nos jours.

4° *Tous les renseignements utiles sur l'Organisation civile, religieuse et militaire* de la Ville de Saint-Omer et de son Arrondissement.

5° *Des « Variétés Historiques »* concernant la remarquable « Horloge Astronomique » de la Basilique Notre-Dame et la « Tour Saint-Bertin » superbe pierre d'attente pour l'avenir.

6° *Une série de promenades pittoresques* dans toutes les Communes des environs de Saint-Omer.

7° *D'intéressantes excursions archéologiques* à travers les Villes d'Aire-sur-la-Lys, Ardres, Audruicq, Fauquembergues, Lumbres et tous les villages de l'Arrondissement.

Ces publications se trouvent dans toutes les librairies de Saint-Omer,
du Pas-de-Calais, et du Nord
et, à Paris, chez Gamber, rue Danton (VIIe arr.)

Imp. Indépendant, St-Omer.

Vue Générale de l'Abbaye de Saint-Bertin

Abbaye de St-Bertin

www.ingramcontent.com/pod-product-compliance
Lightning Source LLC
LaVergne TN
LVHW021148050726
842519LV00002B/547